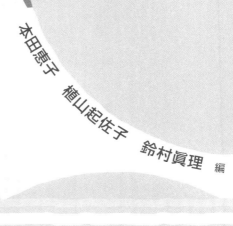

本田恵子 植山起佐子 鈴村眞理 編

改訂版

包括的
スクール
カウンセリングの
理論と実践

子どもの課題の見立て方と
チーム連携のあり方

金子書房

はじめに

　筆者らが「包括的スクールカウンセリング研究会」の活動を開始したのは、2001年に実施した「ニューヨーク、ボストン包括的スクールカウンセリング研修」が契機です。1994年、在留邦人子女が数多く在籍していた米国コネチカット州のスクールカウンセラーの活動を当時の町村文部大臣が視察し、ニューヨーク在住のスクールサイコロジスト・バーンズ亀山氏が資料提供した翌年の1995年からスクールカウンセラー活用事業の試行が開始されました。採用や活用方法については、地方の自主性に任せるためにあえて明確なガイドラインが出されないまま事業は進み、初期から当該事業に携わってきた当会のメンバーらは、その実践のなかで日本の学校や地域の状況に適応するスクールカウンセリングの構造や進め方についての核となる理論や技法の必要性を痛感するようになりました。海外では、常勤職として学校内に数名いるスクールカウンセラーと、週1日8時間の勤務で対応しなくてはならない日本のスクールカウンセラーとでは、資質も役割も異なる点が多くあります。海外のスタンダードやガイドラインをそのまま日本に持ち込んでも使うことは困難です。2001年に米国の最先端のスクールカウンセリングの現場を訪問して学ぼうと思い立ったのはこのような背景からでした。

　日本の30年先を行く米国のスクールカウンセリングの制度や専門の施設、スクールカウンセラー養成機関、研修の充実、学校と地域の連携のあり方などに驚くと同時に、ニューヨーク在住の日本人子女らがこのシステムのなかで受けている恩恵には学ぶところは大きく、帰国後、日本に適応する形の包括的スクールカウンセリングを築こうという目的で「包括的スクールカウンセリング研究会」（本田恵子・植山起佐子代表）を立ち上げました。私たちが感銘を受けたのは、不登校、非行、発達障害、虐待などどのケースに対しても徹底した「見立て」「個別支援計画の立案」「具体的な指導の標準化」の法制度と、学校・家庭・地域の連携システムの存在でした。ともすると人がシステムになりやすい日本の現状と異なり、「学校における子どもの達成と成功」のために、学校は「学習」「心理・社会」「進路」のために具体的に何をすべきなのかについて、幼児期から高校生まで発達課題に沿ったガイドラインができていました。

　2001年以後2006年までの5年間にわたり、ニューヨーク訪問と招聘研修（文部科学省子どもの夢基金後援事業の一環）を繰り返しながらメンバーが研修で学んだことをもとに、現場のスクールカウンセラーや教員、医師、教育相談員、児童相談所職員、警察心理相談担当の方等、学校に関わる専門家の方たちと研究会を続けながら、現場での実践を続けてきました。実践のなかから、日本の現状に合う形で活用できそうな理論的背景、技法を模索した成果が本書です。この間、虐待や校内暴力の増加、不登校の長期化、発達障害児の不適応など学校を取り巻く環

境は激動を重ねています。その変化に対応すべく、教育基本法、少年法、学習指導要領の改訂をはじめとして特別支援教育の制度化、児童虐待防止対策の強化等、専門機関にも変化が訪れました。実践開始から10年、ようやく日本における包括的スクールカウンセリングの進め方の方向性と効果的関わりが見えてきたところで、前著を作成しました。改訂版では、その後の実践から必要と思われた部分を加筆・修正しました。

すでに現場でスクールカウンセラーとして活躍されている方のガイドラインとして、またこれからスクールカウンセリングに関わりたいと考えている学生のテキストとして本書を活用していただけることを願っています。

1. 本書の構成

本書は、2部構成になっています。第1部は、学校現場を取り巻く現状や課題を理解していただくための基礎理論、第2部は、事例を用いた実践演習をまとめています。まず、第1部第1章で日本の学校の現状を統計をもとに概説するとともにスクールカウンセラーの役割を解説しています。第2章では、日本における最新の法整備および制度を紹介し、学校現場に関わる方が理解しておく必要のある法律や制度の理解を促しています。第3章は、包括的スクールカウンセリングの理論の構成を説明しています。包括的スクールカウンセリングは、子どもの課題を、学習、心理・社会、進路の3領域で見立て、学校、家庭、地域が連携して問題解決にあたるカウンセリングです。その基礎基本であるアセスメントとコンサルテーションについて、日本の学校現場で実践することを念頭に詳しく解説してあります。第4章では、実践をする際に理解しておくと役立つ発達などの理論を概説しています。包括的スクールカウンセリングの要である「見立て」を行うため、および、すべての児童生徒たちへの予防的教育を行ううえでも、発達の理論や予防教育の基礎理論を教員やスクールカウンセラーが理解しておくことは必須だからです。

第2部の事例編は、研究会メンバーがスクールカウンセラーとして15年以上にわたって実践しながら包括的スクールカウンセリングの概念構造との関係性を模索してきた事例を集めました。現場のスクールカウンセラーや教員としての疑似体験がしやすいように、よくあるケースを模擬事例として紹介しています。「ワーク」を実践しながら、事例がどう進むのかの理解を深めたり、模擬事例の対応がシミュレーションできるようになっています。

なお、本書ではスクールカウンセラーをSCと略記します。

2. 本書の対象

本書は学校に関わる専門家および専門家を志す学生の方たちを対象としています。教員、スクールカウンセラー、特別支援教育巡回相談員、教育相談室・センター相談員、児童相談所職員等、現場ですでに実践されている方のガイドラインとして活用していただくこともできます。

はじめに

また、教員養成テキストやスクールカウンセラー養成課程でのテキストとして活用していただけると幸いです。

　2019年　3月

本田恵子

改訂によせて

　ここ数年、子どもの健やかな育ちを守るための法整備には大きな変化がありました。2013年に「いじめ防止対策推進法」(同年施行)、「障害者差別解消法」(2016年施行)、2016年に「教育機会確保法」(2017年施行)が新しく制定され、「児童福祉法」「児童虐待防止法」も実情に合わせて改定が重ねられています。子どもの育ちの環境を保障するためには大きな前進ですが、実態がそれに伴っているかというと十分とは言えないのが現状です。SCやスクールソーシャルワーカーの役割について、2017年に「学校教育法施行規則」に規定されたことは大きな変化です。また、かねてから常勤化の希望が現場から数多く寄せられていましたが、自治体によっては独自の方法で常勤化、あるいは常勤と同様の人的配置を試行するところも出てきました。「公認心理師法」が制定され、有資格者が増えることへの期待もあるようですが、SC自体が独自に養成されているわけではありません。各自が持っている基礎資格の応用編として活動が実践されているわけで、現任者研修の充実が喫緊の課題です。文部科学省は、「教育相談等に関する調査研究協力者会議」の提言を受けて「SCガイドライン（素案）」(2017年)を作成していますが、敢えて素案のままです。それは、地域や学校の独自性に合わせた活用が望ましいと考えているからだと聞いています。実務者である現場のSCが、学校や地域の的確なアセスメントをしたうえで、実情に合わせた活動を展開することが求められていますが、勤務体制などの自治体差は大きく、それによって活動内容も限定的にならざるを得ない実態があります。現場のニーズにできるだけ応じようとするとボランティア的な動きをせざるを得ないという面もあります。地域差の是正は大きな課題ですが、そのために個人の努力に頼るだけでは持続可能な活動にはなりません。

　このような状況のなかで、SCに求められているのは、「子ども若者育成支援推進法」の理念でもある「子どもたちの自立に向けた切れ目のない適切な支援」の提供であると言えます。今現在の「学校での達成と成功」だけでなく「大人になった時の達成と成功」も視野に入れ、地域コミュニティをも視野に入れた「育ちの環境保障」の一翼を担うのがSCです。本書が、日々の活動と専門性向上のための研修を重ねていくための一助となればと願っています。

　2019年　3月

植山起佐子

目　次

はじめに　　i

改訂によせて　　iv

第1部　理論編　　1

第1章　日本の学校の現状と課題　　3
　第1節　社会の変化と学校教育　4
　第2節　学校で見られる子どもたちの問題　6
　　1．不登校　6
　　2．特別支援教育　9
　　3．いじめ　13
　　4．自殺・自傷行為　16
　　5．校内暴力　19
　　6．非行　22
　　7．虐待　25
　第3節　学校組織の諸問題　29
　　1．校内組織　生徒指導／教育相談／特別支援教育　29
　　2．校内組織とSCの位置づけ　29
　　3．組織対応の必要性　29
　　まとめ：教育の目的と専門家の責任　31

第2章　ここまで進んだ子どもへの支援　　33
　第1節　法的な理解の必要性　34
　　1．なぜ法律を知る必要があるのか　34
　　2．法律の読み方　35
　第2節　障害のある児童生徒への教育　38
　　1．インクルーシブ教育に向けた障害児教育の動向　38
　　2．障害児者をめぐる法律　40
　　3．問題点　43
　第3節　児童虐待防止について　45
　　1．児童虐待の防止等に関する法律（児童虐待防止法）　45
　　2．民法規定と児童虐待　46
　　3．問題点　48
　第4節　学力の問題と課程認定　51
　　1．日本での進級規定　51
　　2．PISAの結果からみる日本人の学力の問題点　52
　　3．問題点　54
　第5節　UDL（学びのユニバーサルデザイン）　56
　　1．UDL：授業デザインの概念的フレームワーク　56

2．カリキュラム　61
　　3．UDL：米国と日本　64
　　4．合理的配慮とUDL　65
　　5．SCに求められること　66
　第6節　不登校対策　68
　　1．不登校の現状と法的規定　68
　　2．さまざまな不登校対策　69
　第7節　非行予防　71
　　1．少年法　71
　　2．少年犯罪の種類と動向　72
　　3．触法少年の処遇　75
　第8節　学校の安全管理　76
　　1．安全管理について　76
　　2．教職員の安全配慮義務について　76
　　3．学校事故が発生した場合の責任　77
　　4．授業その他の教育活動の実施を妨げる行為への対応　78

第3章　子どもの教育を包括的に考える─包括的スクールカウンセリングの概念─　81

　はじめに　82
　第1節　包括的に子どもを理解することの重要性　84
　第2節　3つの領域を統合的に伸ばす：何を提供するか　85
　第3節　コンサルテーションとアセスメント　86
　　1．コンサルテーションとは　86
　　2．コンサルテーションのパターン　86
　　3．コンサルテーションの進め方　87
　第4節　4方向からのアプローチ：どうやって提供するか　91
　まとめ　92

第4章　実践のための基礎理論　95

　第1節　包括的スクールカウンセリングの理論的な枠組み　97
　　1．理論と現場をつなげる　100
　　2．ステップ1　情報収集のポイント：客観的に記録する　100
　　3．ステップ2　見立てた情報を意味づけする　101
　第2節　感覚統合　105
　　1．感覚統合の仕組み　106
　　2．感覚統合の障害　109
　第3節　認知：ピアジェによる思考の段階　112
　　1．感覚運動期：口と手足で考える時期　0～2歳　112
　　2．前操作期：見えた通りに考える時期　3～6歳　112
　　3．具体的操作期：具体的なものを使って法則を見つけ、論理的に考えはじめる時期　7～10歳　113
　　4．形式的操作期：抽象的概念を自由に扱い、命題、原理に挑戦する時期　11歳以上　113
　第4節　道徳性　115
　　1．0段階：欲求指向　3～5歳　115

2．第1段階：罰と服従への指向　5〜7歳　115
　3．第2段階：道具主義的な相対主義　8〜11歳　116
　4．第3段階：対人的同調、「良い子」指向　11〜17歳　117
第5節　感情　119
　1．感情　119
　2．愛着　121
第6節　ソーシャルスキル　126
　1．ソーシャルスキルのアセスメント　127
　2．ソーシャルスキルのプログラム　128
　まとめ　130
第7節　学校全体で取り組む学びの場つくり（PBIS）　133
　1．学校全体で適切な行動を学ぶためのアプローチ：PBIS　133
　2．PBISは三層構造　133
　3．PBISの実践チーム　134
　4．子どもたちとともに進めるPBIS　134

第2部　事例編　135

事例編の読み方　136

1．不登校　137

小学校事例　138
　　校内委員会で支援策を立て、学習支援室の利用で改善した女子児童の事例　138
　1．A子と学校の様子　138
　2．初期介入と情報収集　140
　3．6年生前期の様子　141
　4．学校でのカウンセリングのあり方　143
　5．6年生後期の様子　144
　6．中学校移行のための支援　146
　7．事例へのコメント　146
　8．事例の問題点　147

中学校事例　148
　　相談室登校、適応指導教室を経て、教室に復帰し高校合格した女子生徒の事例　149
　1．生徒と学校の様子　149
　2．校内支援チーム結成時の留意点　151
　3．不安・喪失感が強い生徒への対応におけるSCの役割　151
　4．教室復帰に向けて　153
　5．事例の経過と介入のまとめ　155

2．いじめ　157

小学校事例　158
　　個別対応と学級へのSSTを通じていじめを軽減した事例　158

1．事例の概要　158
　2．学校の初期対応　160
　3．専門家とのチームの結成　161
　4．チーム対応による学級経営方法の変化　163
　5．本事例へのコメント　166

中学校事例　168
　　いじめの発覚から介入までを慎重に行った危機介入事例　168
　1．事件が発覚した状況　168
　2．対応のための情報収集　169
　3．チームの結成　171
　4．いじめの関係者全員への対応策の協議　171
　5．生徒指導体制の変容に向けたチームの判断　172
　6．対応開始後の状況　173
　　まとめ　177

3．非行　179

小学校事例　180
　　家族支援・地域連携により非行の初期対応を行った事例　180
　1．事例の概要　180
　2．これまでの経過　184
　3．見立ての軸の作り方　185
　4．対応の流れ　187

中学校事例　191
　　複数生徒の非行から学校崩壊の危機に陥ったB中学校　191
　1．B中学校の様子　191
　2．学校全体の機能不全　193
　3．中核生徒・周辺生徒各個人の状況分析　193
　4．学習支援ボランティアの導入　194
　5．学校全体への支援　195
　6．アンケート調査　197
　7．再発防止のための取り組み　197
　8．事例介入のポイント　198

4．特別支援教育　203

小学校事例　204
　はじめに　204
　　大学と民間相談室が連携して子どもの社会性の発達を支援した事例　205
　1．民間相談室「A相談室」の親子SSTの概要　205
　2．事例　208

中学校事例　217

特別支援員が巡回相談員らと協力して校内の支援チームを構築した事例　217
　　1. 問題発覚と初期対応の誤り　217
　　2. 対応の流れ　218
　　まとめ　222

5．虐待　227

小学校事例　228
　　　愛着形成のゆがみの発見から学校・地域連携による在宅ケアを実現した事例　228
　　1. A子と学校の様子　228
　　2. 児童理解研修と情報交換会の重要性　230
　　3. 通告後1か月ごとの展開　232
　　まとめ　237

参考文献　239

- コラム 1-1　不登校生徒の進路　8
- コラム 1-2　米国ニューヨークの中学校における校内停学の実際　20
- コラム 1-3　矯正機関と学校とをつなぐもの：米国の更生学校、SOS　24
- コラム 1-4　虐待の連鎖を断つための親教育・親支援　28
- コラム 1-5　非常勤専門職としてのSC　30
- コラム 1-6　守秘義務と校内体制　31
- コラム 2-1　「性に関するアイデンティティ」について　39
- コラム 2-2　米国の児童虐待への法的対応　48
- コラム 2-3　虐待事例　50
- コラム 2-4　海外における課程主義　53
- コラム 2-5　UDLの始まり　58
- コラム 2-6　学習上のバリア（障壁）　59
- コラム 2-7　いろいろな表出方法　61
- コラム 2-8　流暢性　62
- コラム 2-9　フィードバック　67
- コラム 2-10　刑事罰と少年への適用について　74
- コラム 3-1　「達成と成功」について　90
- コラム 3-2　「キャリア教育」について　94
- コラム 4-1　日本のソーシャルスキル　130

1 理論編

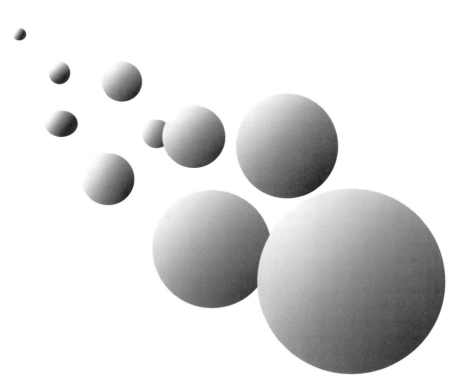

第 **1** 章

日本の学校の現状と課題

学校内での暴力・非行の低年齢化が進み、遊びといじめの境目がつけられず知らぬ間に相手を追い詰めてしまう子どもたちが増えている一方で、人と関わるのが苦手で一人でいることを好む子どもたちもいます。著しい身体発達に比較して、体力や心の成長が追いついていないためストレス耐性や共感性に乏しく、問題解決をするための基本的なソーシャルスキルが活用できていないようです。

本章では、子どもたちに何が起こっているのか、統計的に把握すると同時に、日本の学校がどのような対応策を打ち出しているかの現状を学びます。

● 第1部 理論編 ●●●

第1節　社会の変化と学校教育

　現代社会は著しく変化しています。価値観の多様化、少子高齢化、ゆがんだ権利意識の弊害はもとより、機能不全家族の増加、子どもの貧困が大きな話題となった格差社会の広がりは就学困難・就職難などを生み、社会の劣悪な状況は学校にも大きな影響を与えています。また、環境問題など国内にとどまらず地球規模の視野を持たざるをえない状況が展開しています。ここでは、3つの点を取り上げます。

　① 福祉的な支援を要する家庭や子どもの増加、さまざまな格差の問題

　流行語のようになった「格差社会」「貧困の連鎖」が浮き彫りにしたように、これまでの一億総中流という幻想が崩れ、社会装置としての「貧困の連鎖」があることが実証されはじめました。「貧困」は、低所得に加え、情報の不足や社会的ネットワークの不足、健康や文化などあらゆる面に影響し、その結果、限られた教育機会しか得られず、職に恵まれず、低所得となり、低い生活水準となる、いわゆる「負の世代間連鎖」が生まれます。とくにひとり親家庭、0〜2歳の乳幼児のいる家庭、若い父親を持つ子ども、多子家庭の貧困率（相対的貧困率）が急増していることが憂慮されています。乳幼児期の貧困は健康やIQ、将来の学歴への影響が大きいというデータがあり、対策が急がれるからです。学齢期の子どもの貧困は給食費や教材費の未払い問題が大きく報道されたところから表面化しました。お金があっても払わない親の価値観や意識の問題だとする意見と義務教育システムのあり方そのものへの疑義などさまざまな意見があります。しかし、貧困の連鎖の視点から見ると、教育に対する意識や意欲が十分育つことなく親になった人たちが増えているためとも考えられ、単純に親の問題だと断罪することはできません。これらの流れを受けて、政府は2010年度より「子ども手当」の支給、「高等学校授業料無償化」を決定しました。これにより少なくとも最低限の教育や学力（高校までと考える人が多い）は保障される確率が高まりました。さらに、近年増加しているのが、DV（ドメスティックバイオレンス）被害から逃れるために戸籍姓や住民票の記載事項を伏せて転入してくる子どもたちです。主に、DV被害により地域の女性相談や民間の支援機関のシェルターを経由しての転入です。着の身着のまま、逃げてくることも多く、学習用具もそろっていません。探し回る配偶者から身を潜めて、周囲の目を気にしながら暮らすひとり親との生活は、心理的負担も大きく、保護者も含めた十分な配慮が必要です。また、虐待の問題も多発しています。学校や近隣などからの通告によって児童相談所に一時保護、あるいは児童養護施設に措置される場合以外は、在宅支援になります。こうしたケースについては、通常以上の配慮をするとともに、異変に気づく感度を上げていく必要があります。

② 地域社会の機能低下とネット社会

　地域の異年齢集団の中で、子どもたちが学び合う機会が減少しています。理由は、少子化だけでなく塾や習い事の多さもあります。きょうだい数だけでなく、その他の家族成員数も少なく（核家族化、ひとり親家庭の増加）、社会の最小単位としての家庭が対人関係のスキルを学ぶ場として機能しにくくなってきているのです。また、路地裏のような子どもだけで自由に遊べる環境が減少し、不審者対策として保護者など来校者がプレートをつける学校が増えました。安心して育ち合える子ども社会や地域社会の中で子どもたちが親以外の大人たちから見守られ、時に叱られながら社会性を身につけていく環境が失われてきています。これは同時に支え合う親たちの社会の弱体化も意味します。

　また、インターネットの普及により、生身の関係性、「縁」「つながり」の希薄な社会となっているといわれています。インターネットの普及は、直接顔を合わせなくても用が足りる便利さと匿名性から発生する犯罪被害のリスクをあわせ持っています。1995年にインターネット環境がパソコンに標準装備されるとIT環境は完成期を迎え、IT機器の存在しない時代を知らない「デジタルネイティブ」世代が誕生しました。彼らと親世代の意識や感覚の違いは大きく、またIT機器やインターネットに関する情報量の格差（親子逆転）が大きいため、ネット利用に関する課題に親や教員が適切に対応できないという事態に陥っています。インターネットは、正しい理解と適切な使い方をしなければ、リスクが高まります。最たるものは、ライン（LINE）をはじめとするSNS（ソーシャル・ネットワーキング・サービス）などによるネットいじめやサイバー犯罪ですが、依存症となって現実世界から撤退してしまうケースも出てきています。

③ 学校環境の格差と学校教育への期待の多様化

　財政状況の悪化が、耐震工事のような緊急性の高い学校環境整備、指導用教材や実習設備の購入、教職員の人件費などにも影響を及ぼしている自治体があります。財政状況による格差が生まれているのです。その一方で、21世紀型スキルの育成や不登校・いじめ・校内暴力・非行・虐待などへの対応、食育、健康教育、キャリア教育、メディア・リテラシー教育など次々と新しい教育課題への対応が求められます。小中一貫教育校・中高一貫教育校など新しいタイプの学校も増え、学校の体制や教育内容の多様化が進んでいます。学校評議委員会や学校支援地域本部など地域と学校の関係も変化し、より地域に開かれた生涯学習の拠点としての学校が期待されるようにもなりました。しかし、正規職員数はほとんど変わらず、業務量だけが増加し、教員の本務である児童生徒との日常生活時間の共有が困難になったり、心身の不調を訴える教員の数が増加したりするなどの問題が未解決のまま存在しています。

● 第1部 理 論 編 ● ● ●

第2節　学校で見られる子どもたちの問題

1. 不登校
1）実　態

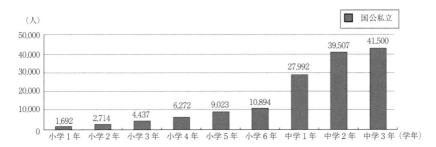

図1-1　2017年度学年別不登校児童生徒数（文部科学省、2018b）

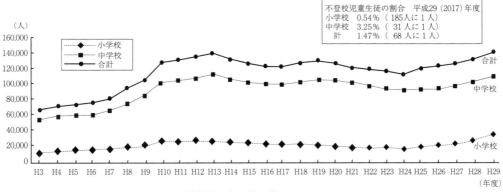

図1-2　不登校児童生徒数の推移（文部科学省、2018b）

　図1-1は、2017年度の不登校児童生徒数（学年別）です。ここでの不登校とは、文部科学省（文科省、2018b）によると、何らかの心理的、情緒的、身体的、あるいは社会的要因により、児童生徒が登校しない、あるいはしたくてもできない状況にあるが、病気や経済的理由によるものは除く年間30日以上の欠席者としています。2017年度の小中学校における不登校児童生徒数は、14万4,031人（前年度13万3,683人）であり，前年度より1万348人増加（約1.07％増）し、在籍児童生徒数に占める不登校児童生徒の割合は1.5％で前年度1.3％より0.2％増加しています。図1-2は、1991年度からの不登校児童生徒数の推移を表しています。これを見ると、

2007年度から2012年度まで緩やかな減少を続けていた不登校児童生徒数が微増に転じています。また、不登校児童生徒が在籍する学校は中学校では87.3％で、大半の学校に不登校生徒が在籍（31人に1人）しています。この数字からは、出席とみなされる適応指導教室通級者やフリースクール通学者、別室登校児童生徒は除かれている可能性があり、実質的な不登校児童生徒数はもっと多い可能性があります。

2）理解と対応

不登校は「学校に行っていない」という状態像であり、その原因や要因は単一ではありません。背景にある生活習慣や家族関係の問題、経済的な問題、発達障害などの神経学的な問題、少数ではありますが精神疾患、虐待などを考慮に入れる必要もあります。図1-3は、不登校の経過を示したものです。

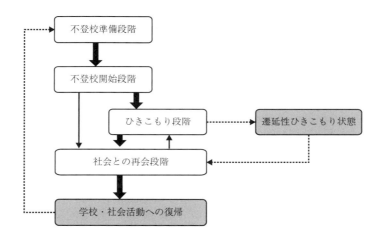

図1-3　不登校の経過（齊藤編、2007、p.168より）

3）SCの役割

不登校の未然防止への協力、初期対応、回復期まで以下のように関わります。①未然防止への協力；行動観察や学校適応に関する質問紙調査の分析などから児童生徒の適応状況を把握し、教師と共に支援策を検討、②見立てと初期対応の立案；欠席や遅刻早退が増えてくる初期段階では、担任や養護教諭などと家庭訪問の頻度やプリント類の届け方、友だちの訪問など具体的な対応についてともに考え、時には個別相談に導入、③保護者対応や家庭訪問など担任の補完的役割、④医療機関や教育相談室、適応指導教室などの外部専門機関との連携支援；不登校の背景への治療的関わりや再登校に向けての準備の具体的な支援策の検討、連携先への情報提供書の作成、⑤再登校時の対応支援；保健室や相談室への登校を促すのが適切か否かなどの判断、再登校時の受け入れ態勢の整備への協力などが求められます。

このように、不登校対応には、臨床心理学的見立てと当該児童生徒への心理臨床的アプローチが必要です。学習や進路選択などの現実的課題だけでなく、「自分探し」「自律・自立」を支援しながら学校への再適応が可能になるよう定期的な相談面接を行います。また、別室登校が始まると、担任を中心とした学年や校内の教育相談委員会などで適応指導や学習指導が行えるよう体制を整えていきます。担任への不満や不信を持っている児童生徒や保護者もいるので、調整役を担うことも大切です。

4）課 題

① 中学校での不登校の急増と困難事例の増加

中1ギャップに見られる学習内容や量、スピードの増加、学校生活様式の急変は、移行期の生徒には大きなストレスとなり、乗り越えるためには、一般の生徒でも学習支援やSST（ソーシャル・スキル・トレーニング）など心理教育的なサポートを必要とします。小学校時代の問題を蓄積したまま進学した場合、中学校から新たに不登校になりやすく長期化する傾向にあります。この場合は外部専門機関と連携した長期支援が必要になります。また困難な事例が複数ある場合、SCと担任、養護教諭だけでは対応が追いつかなくなりますので、校内委員会が十分に機能できるよう、事例に対応しながら組織作りを行います（事例編参照）。

② 「不登校」児童生徒への的確な理解と支援とは何か

不登校児童生徒のうち、学校の内外で何らかの支援をまったく受けていない児童生徒（いわゆる無支援）は、2割以上いることがわかっています（文部科学省、2018b）。2016年9月発出の文部科学省通知では、「休んでいる期間が意味ある場合もある」ことを認識することや「学校復帰だけを目指さず」「児童生徒が自らの進路を主体的に捉えて，社会的に自立することを目指す」必要があるとの認識の変化がありましたが、このことの意味をどうとらえるかは課題です。文部科学省が認識を転換したことの意味を十分に理解し、適切な対応を行う必要があります。

コラム 1-1　不登校生徒の進路

中学は不登校でも高校への進学を希望する生徒がいます。彼らは内申書や学力によらない入学選考をする高校（東京都のチャレンジスクールなど）や単位制、定時制、通信制の高校、専門学校や専修学校、フリースクールやサポート校などを選択します。進路決定にはその生徒の発達状況に合った丁寧な指導が必要ですが、通常の学級の進路指導だけでは情報が不足しがちですので、教育支援センター（適応指導教室）等と連携することが大切になります。上記高校の担当者を招聘しての学校説明会の開催、生徒を引率しての学校見学、作文や面接指導などきめ細かな指導を行って成果を上げている学校もあります。

2. 特別支援教育

「特別支援教育」とは、障害のある幼児児童生徒の自立や社会参加に向けた主体的な取り組みを支援するという視点に立ち、幼児児童生徒一人一人の教育的ニーズを把握し、その持てる力を高め、生活や学習上の困難を改善または克服するため、適切な指導及び必要な支援を行うものです（文部科学省、2007）。その需要は全児童生徒数減少のなか拡大を続け、約38万人を超え、特別支援学校、特別支援学級、通級（学内、学外）による社会性の指導や学習の指導等多岐にわたる支援形態が展開されています。また、2018年からは高等学校においても通級による指導が制度化されました（図1-4）。

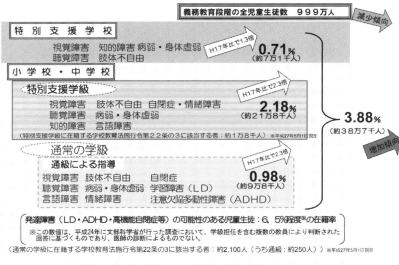

図1-4　特別支援教育の対象の概念図（義務教育段階）（文部科学省、2017b）

1）多様な教育の場とその利用

特別支援教育では、多様な障害に応じる必要から独自の教育課程を展開しています。たとえば、自閉症の児童生徒が学びやすいように教育環境や学習方法を個人の特性に合わせて構造化し、就労に向けての社会性支援に重点をおいた教育課程を組む学校、病院内学級や家庭への訪問教育、寄宿舎のある学校もあります。個に応じた専門的な指導を受けられるため、特別支援学校の就学者は増え続け、とくに高等部在籍者は6万人を超え、幼稚部から高等部までの在学者数は、13万9千人になっています（文部科学省、2017c）。

また特別支援学級も、1979年の2万学級から、現在は3倍近い5万7千学級に増えました。知的障害、肢体不自由、病弱・身体虚弱、弱視、難聴、言語障害、自閉症・情緒障害の障害種別ごとに学級が設置されます。さらに、通常の学級にもLD，ADHD，高機能自閉症の児童生徒が6.5％いることがわかり（文部科学省、2012a）、ガイドライン（文部科学省、2004、2017a）にそった対応が進められています。在籍にこだわらず支援を受けるために、通級によ

第1部 理論編

学籍	支援の場所	支援の様態	
通常の学級	通常の学級	支援なし	小 ↑ 制度利用の条件や手続き ↓ 大
		担任による支援	
		支援員が学級内で学習の支援	
		支援員が学級外で学習の支援	
	通常の学級 ＋通級指導	自校通級（言語・学習・SST等）	
		他校通級（言語・学習・SST等）	
特別支援学級	特別支援学級	通常の学級との交流あり	
		通常の学級との交流なし	
特別支援学校	特別支援学校	居住地校との交流あり	
		居住地校との交流なし	

図1-5　特別支援教育の現状

る指導も制度化され（1993年）、言語障害、自閉症、情緒障害、弱視、難聴等の児童生徒が週に1～3時間程度、通級指導教室で特別な指導を受けられるようになりました。2006年にはLDやADHDもその対象に加えられ、さらに2018年度からは高等学校でも可能となりました。通級による指導は、校内に設置されていれば校内通級ができますが、すべての学校に設置されているわけではありません。そこでなかには、特別支援教室の全学校への設置を考える自治体も出てきました。現状を整理すると図1-5のようになります。インクルージョンを進めていくために、学籍の異動や送迎など、「制度を利用するための条件や手続き」をできる限り減らしていくことが望まれます。また、文部科学省は、「交流および共同学習ガイド」を作成し、「交流」や「共同学習」を積極的に行い、相互理解を図るよう求めています。

2）就学までの流れ

特別支援教育を受ける手続きとして、まず、就学指導委員会が就学基準に照らして障害の状態を評価し、保護者の希望、受入校の体制などを総合的に判断します。子どもの権利条約批准後、保護者の意見が尊重されるようになり、2002年度からは「特別の事情があると認める者」は希望する小中学校に就学できる（認定就学）道が開かれました。インクルーシブ教育が推進されるなか、2013年に学校教育法施行令を改正し、保護者からの意見聴取を義務化するとともに、保護者の意向を「可能な限り尊重する」ことが明記されました。ただし、希望すれば誰でも、就学指導委員会から「適する」と判断された学校以外でも就学できるのではなく、その児童生徒の特性を学習上、生活上、対人関係上等、総合的にアセスメントし、受け入れ側の学校で必要とされる支援が提供できるのか、その環境が児童生徒の健全な育成にとって最も適切であるといえるのかなど、状況を十分に検討したうえでの変更になっていることに留意してください。現状では、LDの児童生徒は、知的には適しているのでほとんどが通常の学級に在籍しますが、学び方は適していないのに支援が受けられていなかったり、ADHDの児童生徒は、学習上は通常の学級に適しているのに、生活面の支援が必要なために特別支援学級を勧められたりするケースもあり、適切な総合的なアセスメントの整備が望まれます。

第1章　日本の学校の現状と課題

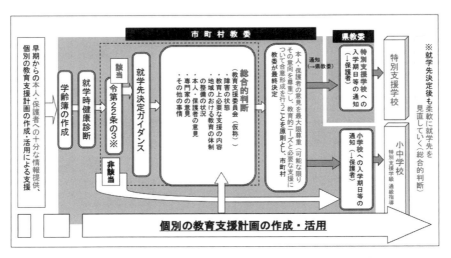

図 1-6　インクルーシブ教育システム構築事業（文部科学省、2015a）

3）校内外のシステム整備

多様化する障害児のニーズに既存の学校制度を対応させるためには、通常の学級ですべての教員がLD、ADHD、高機能自閉症に対応するための知識と具体的対応策を獲得する必要がありますが、教員養成段階での力量形成では十分ではなく、現職教員も含めて研修の充実が求められます。この数年で特別支援教育コーディネーター指名や校内委員会設置は、公立学校では9割を超え、ほぼ整備が完了しています。そのうえでそれらをバックアップする地域システムとして、地域の医師、大学教員、心理士等を特別支援教育の専門家チームや巡回相談システムを機能させることが求められますが、十分とはいえません（図1-7）。また、小学

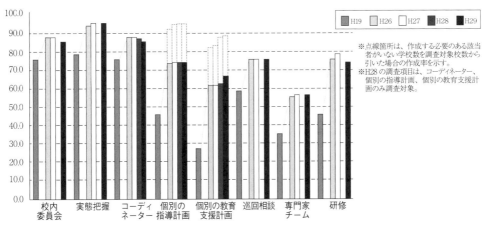

図 1-7　特別支援教育体制整備状況年度別推移（国公私立計）（文部科学省、2018a）

校と中学校では「通級による指導」の理解や活用方法に差があります。小学校では約10万人が通級による指導を受けているのに比し、中学校の利用者は約1万2,000人にとどまっています（文部科学省、2018a）。背景には、通級の学級が不登校生徒の居場所になっていたり、指導教員の専門性の不足や在籍級の授業を抜けるデメリット、本人の障害受容の問題等があげられます。設備、資格、研修の充実と同時に家族の障害受容や施策への理解が課題です。

4）個別の教育支援計画と指導計画

特別支援教育においては、個々の児童生徒に応じた目標や内容を計画するために学習指導要領の規定として個別の指導計画作成が求められています。また医療、福祉、労働など就学から就労に至るまで多領域にわたってその児童生徒に一貫した支援を実現するために、個別の教育支援計画を作成します。つまり、個別の教育支援計画は、その児童生徒が関わる教育以外の領域も含め、多面的で、長期的な計画です。一方、個別の指導計画は、学校教育の単年度の計画になります。これらは、通常の学級の児童生徒についても必要に応じて作成が求められています。校内委員会や担任が作成に当たりますが、長期目標、短期目標が的確に設定できるかどうかが鍵になります。なお、合理的配慮の提供についても、個別の教育支援計画に明記し、移行支援に活用することが求められます。

5）SCの役割

特別支援教育の担い手は、特別支援教育コーディネーターを中心としてすべての教職員および支援員などです。SCに求められるのは、当該児童生徒の学習や心理適応を図るための心理教育的アセスメントを多面的に行い、担任、特別支援教育コーディネーター、児童生徒や保護者と相談しながら特性に応じた学習方法の提案、SST、保護者の障害受容の支援や外部機関との連携、当該児童生徒が所属する学級でのノーマライゼーションへの支援や教員へのコンサルテーションになります。

6）課題

ニーズに合わせた支援を実現するためには、次のことが必要です。

① 就学支援システムの充実

就学前から教育相談を重ね、適正就学を図る。

② 校内体制の構築

実態把握の方法、個別の指導計画の作成など、教員研修の実施。

③ 支援効果の啓発

特別支援学級や通級の利用を先送りせず、早期の支援を実現するための特別支援教育の活用効果や通常の教育に戻れること等の理解・啓発。

④　合理的配慮の提供

　障害者差別解消法を受けて、障害ゆえの差別をしないことに加え、人権保障としての合理的配慮が求められることの理解・啓発とともに、指導時と評価時にも合理的配慮を実施し、それを進路先にも申し送る権利擁護の実践。

3. いじめ
1）実　態

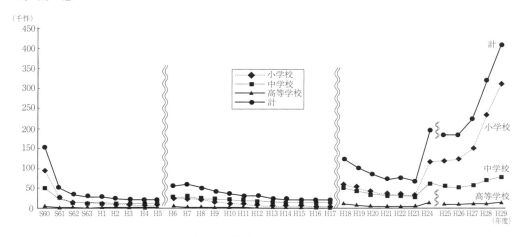

図 1-8　いじめの認知件数の推移（文部科学省、2018b）

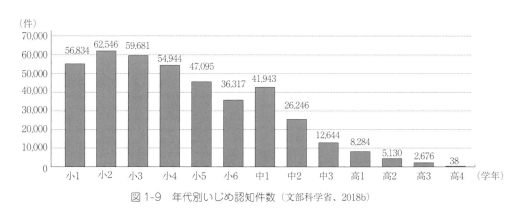

図 1-9　年代別いじめ認知件数（文部科学省、2018b）

　いじめの認知件数は、図 1-8 のとおりです。定義の変更の度に報告される認知件数が急増し、その後再び急減する傾向がみられていましたが、2013 年以降は増加が続いています。これは文部科学省がいじめに対する考え方を大きく転換し、「いじめは早期発見、早期対応が望ましい」「認知件数の多さは、いじめ発見と早期対応に積極的に取り組んでいることの表れ」であると発信し続けているためと考えられます。しかし、自治体別の認知件数をみると大きな差が

● 第1部 理論編 ● ● ●

あり、児童生徒 1,000 人当たりの認知件数の自治体差は 2017 年は 12.9 倍（前年度 19.4 倍）です。確かにいじめは大人にわかりにくい状況で生じやすく、実態把握は難しい部分もあります。しかし、国立教育政策研究所の調査で明らかになったように、小学校 4 年生から中学校 3 年生までの 6 年間にいじめの被害経験や加害経験が一度もなかった児童生徒は、それぞれ 9.6％で、ほぼ 9 割の児童生徒がどちらかは経験していると回答しています（国立教育政策研究所、2016a）。

2）理解と対応

事例編「2　いじめ」の 157 ページにあるように、いじめにはさまざまな様態があり、加害側の抑制や仲裁者の介入がないと複雑化・深刻化していきます。いじめが発生する機序や持続する要因について理解し、未然防止や早期対応を行うことが必要です。図 1-10 はいじめのグループダイナミクスを示したものです。ストレス対処力や問題解決力の育っていない児童生徒が八つ当たり的なストレスのはけ口として誰かをターゲットにすると、周囲の子どもたちがそれぞれの事情で観衆や傍観者としてそれを容認する結果が生じます。観衆は代理満足として、他の傍観者は自己防衛の気持ちからそれぞれ加害行為を黙認してしまいます。つまり彼らは、自分がなぜいじめに加担しようとしているのかに気づく（自己認知）ことができず、また気づいても適切な対処法をとることができないので、結果的に自己の尊厳を損なっていることにも気づきません。このことに気づける力を年齢相応に身につけるための予防啓発的教育を意識的に行うことが第一に必要です。次に、いじめに対する感度を上げて発見を早期に行い、速やかに校内体制を整えて介入することです。被害児童生徒の安全確保を第一にした事実確認のため

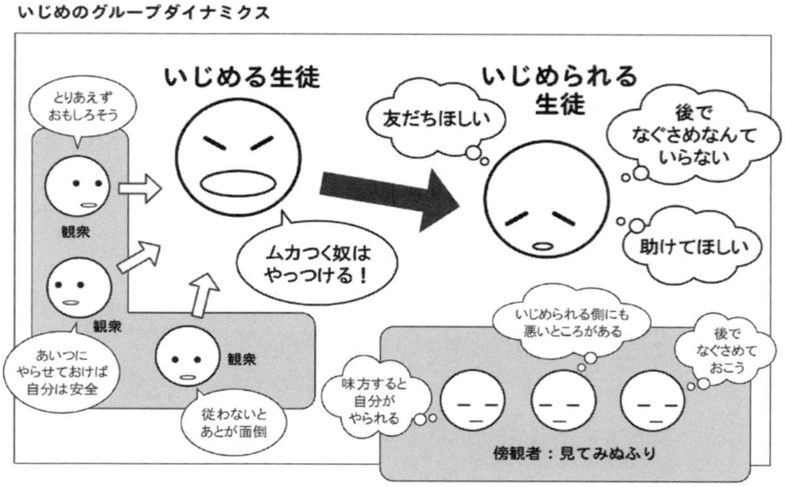

図 1-10　いじめのグループダイナミクス　（本田恵子 作）

に、複数の関係者への同時聞き取りを行い、被害児童生徒を傷つけることなく問題を公にして、学年や学校全体で意識化し、行動の自己制御ができるように働きかけます。

3）SCの役割
① 被害者へのメンタルケア

心的外傷を受けて不登校になる児童生徒へのメンタルケアとその保護者への支援を行います。

② 加害側児童生徒への対応

加害側児童生徒の背景には、虐待や発達障害など複数の問題が重複することもあり、当該事実の問題解決だけでなく背景への根本的な支援も求められます。

③ 再発や未然防止のための予防啓発教育

学級や学年、学校全体を視野に入れた再発予防教育や発生を未然に防ぐためのストレスマネジメント、ソーシャルスキルトレーニング（SST）やピアサポート、PBIS（第4章第7節参照）などの予防教育的対応が求められることが多くなりました。また、学校全体の多様性の容認度の低さ（差別や偏見の存在）が加害行為を助長している場合もあります。学校内外の大人の持つ、基本的人権に関する理解や態度が子どもたちの行動に影響を与えるので、その課題への対応も重要な役割です。

4）課　題
① 加害側児童生徒への対応

加害に至る背景や行為自体が自らの尊厳を傷つける結果となることに気づかせること、向社会的な方法で対処する力を身につけるための支援が必要です。それには、懲戒的な対応だけでは不十分であり、より心理教育的な、時には心理治療的な対応も必要になります。医療的ケアや矯正教育が必要な場合もありえますので、その判断と専門機関へのスムーズなつなぎが必要です。

② ネットいじめ対応とメディア・リテラシー教育

ネットいじめの場合、加害者が特定できないことが多く、ターゲットになった生徒は、クラス全員、学校全体が加害者と感じられ、不安や恐怖から不登校になります。誹謗中傷や個人情報の無断書き込みに対しては、警察や法務局の人権相談、財団法人日本インターネット協会をはじめとする各種団体との連携による即時的な対応（削除要請など）が必要です。また、児童生徒全員を対象に情報モラル教育の拡充が急務です。この場合、保護者の意識を高めることを並行して行う必要があります。

③ "いじめ"が発生しにくい学級や学校環境の整備

いじめが発生しにくい学級や学校の環境整備、つまり、児童生徒が安心して自分の気持ちや考えを伝え合うことができ、不安や困難な状況では必要な助けが得られる安心安全な教室・学

校つくりが不可欠です。この基盤があれば、万一いじめが起こったときにも早期に発見でき、適切な対処が可能です。

④ 人権感覚や共感性の育成

生徒たちや関係する大人たちの人権感覚が鋭敏になれば、いじめ行為は減少します。共感性や想像力、あるいは、人間存在に対する全面的な肯定感とそれを脅かすものへの鋭敏な感受性の育成が必要です。

⑤ 非行や犯罪行為との弁別と専門機関との連携

"ボス争い型（権力争い）"や"みにくいあひるの子型（異なる特徴の子どもを孤立化させる）"は校内対応が可能ですが、「脅迫、恐喝、暴力、人権侵害に至る暴言」など明らかな非行や犯罪であるものは早期に外部専門機関（警察や少年センター、少年鑑別所の法務少年支援センター、家庭裁判所、児童相談所など）と連携することが重要です。

4. 自殺・自傷行為

1）実　態

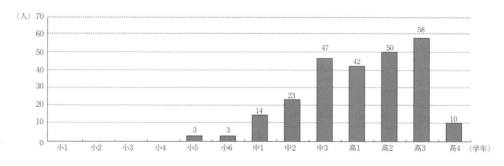

図1-11　2017年度の学年別児童生徒の自殺の状況（文部科学省、2018b）

日本の自殺者は、1998年に3万人を超え、以後高い水準で推移しています。

2017年度、文部科学省に学校から報告のあった自殺者数は、250名です（図1-11）。成人の自殺者数と比べると少ないように感じられますが、年代別の死因順位は、15〜19歳では第1位、10〜14歳でも第2位です。また、中学生・高校生における未遂者やリストカット、過量服薬などの自傷行為の生涯経験率は8.0〜14.3％に及び、その約半数に10回以上の自傷経験があると言われています（松本ら、2009）。

2）理解と対応

① 個別事例について

いじめを苦にした自殺がセンセーショナルに報道されますが、いじめは早期に適切な対策を

行えば、死に直結することはありません。しかし、10代の心理状態は不安定で極端な思考に陥りがちなので、大人から見れば些細なことで絶望し、衝動的に自殺に至る可能性は高いのです。いじめだけでなく、不登校や非行、摂食障害などの問題を抱える児童生徒のなかにも同様の危険があります。自傷（リストカットや過量服薬など）や自殺のほのめかしなど危険因子のある児童生徒の声には注意深く耳を傾ける必要があります。彼らは決して死にたいのではなく、死にたくなるくらい苦しいのです（文部科学省、2009b）。

　自殺や自傷への対応を保護者やその他の専門機関も交えて行おうと提案しても、拒否する生徒もいます。しかし、生命の危険が予測される場合には守秘義務の例外規定となります。逆に生命を守るための対策を講じることが専門家の責務であり、講じないことの方が倫理規定に抵触します。ただし、当該児童生徒が納得することが望ましいので、丁寧なインフォームドコンセントは不可欠です。彼らは知られたくないが理解されたいという相反する気持ちを抱えているので多くの場合、納得してくれます。

　② 校内体制について

　自殺の危険のある個別事例への対応だけでなく、予防教育の充実が必要です。これは、自殺予防教育と同時に、子どもの心の安全・安心を守る健康教育としても位置づけられます。日常の教育相談活動の充実に加えて、"いのちの教育""生と死の教育"などを保健体育や倫理社会、総合学習の時間などで実施し、学校状況に合わせた体制作りを行う必要があります。表1-1にある3段階すべてを視野に入れて体制を作ります。

　「子供に伝えたい自殺予防～ 学校における自殺予防教育導入の手引～」（文部科学省 児童生

表1-1　学校における自殺予防の3段階（文部科学省、2009b）

段　階	内　容	対象者	学校の対応	具体的な取り組み例
予防活動	自殺予防教育や子どもの心の安定	すべての児童生徒	日常的教育相談活動	・生と死の教育 ・心理教育 ・相談週間 ・アンケートなど
危機対応	自殺の危険の早期発見とリスクの軽減	自殺の危険が高いと考えられる児童生徒	校内危機対応チーム（必要に応じて教育委員会への支援要請）	・緊急ケース会議（アセスメントと対応） ・本人の安全確保とケア
	自殺未遂後の対応	自殺未遂者と影響を受ける児童生徒	校内危機対応チーム（必要に応じて教育委員会への支援要請）	・緊急ケース会議 ・本人および周囲の児童生徒へのケア
事後対応	自殺発生後の周囲への心のケア	遺族と影響を受ける児童生徒	校内危機対応チーム、教育委員会、関係機関による連携	・ケア会議 ・周囲の児童生徒へのケア ・保護者会

徒の自殺予防に関する調査研究協力者会議）が2015年7月に出されているので参照することをお勧めします。また、不幸にして自殺が起こった後の対応についても同省から資料が出ています（文部科学省、2014）。

3）SCの役割
①　自殺予防への対応
　児童生徒の自傷、自殺の可能性の見立てやその予防的対応についてコンサルテーションを求められます。本人からの聞き取り、保護者に知らせることを拒否した場合の対応や重篤な場合の医療や専門機関へのつなぎ方をはじめとして、家族支援、周囲の児童生徒へのケアを担います。また、予防教育の立案や実施を求められることもあります。

②　自殺企図時の緊急対応
　自殺予告や自殺未遂事案への対応、また既遂後の遺族対応や在校生・保護者・教員へのメンタルケアが重要な職務です。思春期の自殺は、後追い自殺や群発自殺などの二次被害を生む確率が高いと言われています。管理職によって招集された危機対応チームと協働し、児童生徒への情報伝達のタイミングと方法の検討、保護者会開催の時期や進め方の検討、マスコミ対策、通夜や葬儀への参加、学校の正常化の時期と方法などについて臨床心理学的コンサルテーションを行います。配置校での事案の場合、SC自身も同様に衝撃を受けていることを認識し、外部専門機関からの応援要請をする必要性も判断します。心的外傷後ストレス障害（以下、PTSDとする）予防のための心理教育（急性期ストレス反応の知識と対処法など）や心身の健康調査、PTSD発症時（1か月以降）の対応と記念日反応（亡くなった人の命日や誕生日など思い出が深い特別な日が近づくと、気持ちの落ち込みや体調不良など、亡くなった直後のような反応や変化が生じること）などへの長期的なケアも必要です。とくに、当該児童生徒と親しかった児童生徒や逆にトラブルがあった児童生徒、もともと不安定さのあった児童生徒など影響を受けやすいハイリスク群への対応は慎重かつ迅速に行います。事案発生後、1〜2週間は児童生徒とともに保護者に対しても必要に応じていつでも相談できる体制を整えます。保護者の動揺が児童生徒に影響するのを防ぐと同時に不安や憶測から噂が広まるのを防ぐためでもあります。

③　自殺の再発予防対応
　再発防止のための自殺予防教育やグリーフワーク（死別などによって大切な対象を失った後、大きな悲しみである「悲嘆（grief）」からの回復の過程のことを指す）への協力を学校から要請されることもあります。逆に、SCがこれらを提案しても拒否される場合もあります。拒否される場合には、学校全体が傷つきから回復するよう促進的に働きかけることを優先し、抵抗感のない形で再発予防教育を実施できるよう工夫します。

④ 自傷行為への対応

自傷行為は本人への継続支援と目撃した児童への対応が必要です。困難な状況を脱する方法が他に見いだせない場合は習慣化しやすく、またネット上で自傷による傷の写真を公開する、自傷の方法について詳しく書き込むなどの行為へと発展し、自傷行為を広めていくこともあります。SCは当該児童生徒と個別面接を行い危険性のアセスメントを行うとともに、保護者や専門機関と連携した適切な治療へとつなぐ橋渡し役を担います。

4）課題：自殺予防教育の不十分さ

授業時数確保の難しさに加えて、教員自身の死生観が問われる重いテーマでもあり、また、もし希死念慮を持つ児童生徒が受講していた時にどう対処すればよいのか、など不安になることが多く、抵抗を感じる教員が多いようです。また、発達レベルに即した適切なプログラムの開発も十分とは言えないことも不安の要因です。しかし、2014年7月に文部科学省は「子供に伝えたい自殺予防」を「児童生徒の自殺予防に関する調査研究協力者会議」を設置してまとめ、HP上に資料提供しています。それを受けていくつかの自治体でも取り組みが始まっています。単発の「自殺予防教育」の授業として実施するだけでなく、日常場面での総合的な学習として無理なく導入し、定着を図るためには、大人自身が自殺や自傷行為についてどう考え、どのように理解するか、腑に落ちる形での学びが必要です。そのための研修の充実が望まれます。

5. 校内暴力

1）実　態

2017年度、暴力行為が学校の管理下で発生した学校数は、全学校の約3割。加害児童生徒数は、小学校で増加、中学校、高等学校では減少しています。学年別では、小学校3年生から急増し、

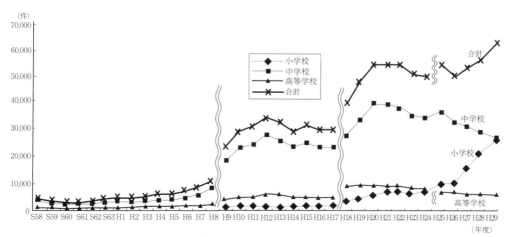

図1-12　校内暴力発生件数の推移（文部科学省、2018b）

第1部 理論編

表1-2a 2017年度校内暴力発生件数（学年別）（文部科学省、2018b）

校種	小学校						
学年	1年生	2年生	3年生	4年生	5年生	6年生	合計
男子	2,090	2,667	3,530	3,863	4,412	4,713	21,275
女子	266	353	363	411	394	378	2,165
合計	2,356	3,020	3,893	4,274	4,806	5,091	23,440

校種	中学校				校種	高校				
学年	1年生	2年生	3年生	合計	学年	1年生	2年生	3年生	4年生	合計
男子	11,134	9,551	6,865	27,550	男子	3,129	2,370	1,400	47	6,946
女子	716	525	398	1,639	女子	211	152	86	4	453
合計	11,850	10,076	7,263	29,189	合計	3,340	2,522	1,486	51	7,399

表1-2b 校内暴力発生件数（校種別）（文部科学省、2018b）

校種	学校総数	発生学校数	発生学校の割合	発生件数	加害児童生徒数
小学校	20,143	4,470	22.2%	26,864	19,665
中学校	10,426	4,546	43.6%	27,389	25,136
高　校	5,067	2,234	44.1%	5,944	6,588
合　計	35,636	11,250	36.6%	60,197	51,389

表1-3 校内暴力発生件数の前年比（文部科学省、2018b）

	2016年度	2017年度	増加件数
対教師暴力	8,018	8,627	609
生徒間暴力	39,484	42,605	3,121
器物損壊	10,590	10,787	197
対人暴力	1,352	1,306	▽46

コラム 1-2　米国ニューヨークの中学校における校内停学の実際

　ニューヨークの平均的公立中学校であるマリーキュリー中学校では、授業中に許可証を所持せず教室から出ることは許されていません。また、授業を妨害したり、教師や生徒の尊厳を損なうような言動をしたりすると懲戒の対象になることが決まっており、生徒・保護者ともに年度初めにその旨を了解したという署名をして学校生活をスタートします。ルールを破って懲戒の対象となった生徒は、校内に設けられた停学者用の部屋ALPSルーム（Alternative Learning Placement for Students）で決められた時間学習することになります。そこには、学校で使用しているすべての教科書とワークブック、辞書などあらゆる教材がそろっているため、忘れ物をしたから学習できないという言い訳は通じません。監督役の教師（監督するだけ）が見ているなかで、自分の学級と同じ課題を1人で学習しなければならず、不名誉で寂しく辛い時間となります（ランチも1人）。こうして1人で自分の行為をふり返り、責任の取り方を考える時間を作っているのです。

中学1年生まで増加しますが、中学2年生は微減、中学3年生から激減します。また、「生徒間暴力」の増加が顕著です（図1-12 校内暴力発生件数の推移、表1-2a 校内暴力の学年別発生件数、表1-2b 校種別発生校の割合、表1-3 校内暴力件数の前年比　参照）。

2）理解と対応

　校内暴力の背景には、ストレス対処能力や葛藤・問題解決能力の未成熟があります。基盤となる自尊感情や自己効力感、感情の制御や上手な自己主張・自己表現などのスキルも不足し、言葉によるコミュニケーションでは問題解決には至れず、衝動的に行動化してしまいます。また、規範意識や道徳観も十分でないためTPOに応じた適切な異議申し立てができないと考えられます。背景に発達障害や虐待が存在する例もあり、基礎学力の不足や学習意欲の低下などから学校内での居場所を失いかけている児童生徒が多いようです。それでも、まだ校内にとどまっているということは、たとえそれがマイナス面での注目であっても教員や他の生徒から注目されることで自己顕示や対人希求の欲求を満たしていると考えられます。

　加害児童生徒に対しては出席停止を含む厳しい対応が望まれるようになっています。出席停止は、「慢性的な暴力的行為にさらされることで、直接被害に遭っていなくてもPTSDなどの被害を生じる可能性」（本田、2010）から他の児童生徒を守るためであり、学習権や発達権を守るためです。しかし、家庭に保護能力が期待できない場合、加害児童生徒の学習権や教育権の保障ができないこともあるので留意が必要です。

3）SCの役割

　未然防止のための学校全体へのスキルアップ教育（SSTやピアサポートなど）や加害児童生徒個人への自己理解と自己制御を促進する心理教育的カウンセリング、暴力の被害を受けた児童生徒へのメンタルケアなどが求められます。また、保護者も含む学校全体の力動を見立て、望ましい学校のあり方を目指す校内体制作りを行う際の心理社会的側面からの助言などが期待されます。

4）課　題

①　教員の認識の転換と研修機会

　暴力を力で抑え込むことが解決ではなく、児童生徒自身が暴力の起こる背景について理解し自己制御可能にすることが真の解決であるという共通認識と指導スキルを持つ必要があります。教員間で認識と対応に差があると、その一環性のなさを批判することで児童生徒が自身の言動を正当化するなど秩序を維持しにくい状況になります。2010年3月に作成された生徒指導提要では、発達に即した生徒指導について網羅的に記載されています。各人が熟読すると同時に、具体的な児童生徒理解と対応についての研修機会が必要です。

● 第1部 理論編 ● ● ●

② すでに悪循環に陥っている学校・地域への支援

これまで培ってきた指導法の効果がない、家庭や地域からの学校批判が続出するなどの状態が続くと教員の自尊感情が傷つき、学習性無力症、あるいは抑うつ症状を呈します。意欲的で生徒指導に熟達した教員を同時に数多く配置し、管理職や教育委員会から校内状況を家庭や地域に適宜正確に伝えて事実を共有することで、指導の目的と目標が一致し、学校・家庭・地域の協働が可能になります。

6. 非 行

1) 実 態

非行少年とは、犯罪少年（罪を犯した14歳以上20歳未満の少年）、触法少年（刑罰に触れる行為をした14歳未満の少年）、ぐ犯少年（将来犯罪少年や触法少年になるおそれのある少年）のことを指します。不良行為少年とは、飲酒、喫煙、深夜徘徊、万引き、自転車盗、ひったくり、その他自己または他人の特性を害する行為をしている少年のことです（詳細第2章参照）。犯罪白書（法務省、2018）によると、少年による刑法犯などによる検挙人員の推移は、全体としては減少傾向にあり、2017年度は戦後最少の5万209人（前年比11.5％減）です。少年による刑法犯の検挙人員は、2004年以降減少し続けており、人口比が最も高かった1981年（1,432.2）の約5分の1になっていますが、成人の人口比と比較すると、依然として約1.7倍と高いです。また、再非行少年の人員は、2004年から毎年減少していますが、再非行少年率は、1998年から毎年上昇を続けています。一方、少年による家庭内暴力の認知件数の総数は、2012年から毎年増加しており、2017年は2,996件（前年比12％増）でした（警察庁、2018a）。

表1-4　2017年度の非行少年の動向（警察庁、2018bより作成）

	検挙・補導人数	前年比	前年比割合
刑法犯少年検挙数	26,797人	4,719人減少	15.0％減少
触法少年の補導件数	8,311人	276人減少	3.20％減少
不良行為少年の補導件数	476,284人	60,136人減少	11.20％減少
成人刑法犯検挙人員	226,376人	12,979人減少	5.40％減少

2) 理解と対応

非行少年の背景には、①基本的な生活訓練の不足により、自律した生活を維持し管理する能力の障害である「生活能力障害」や、②他者とのコミュニケーションが円滑に行えないために暴力的なかかわりしか持てず、すぐにキレてしまって衝動的な攻撃性をコントロールできない「対人関係障害」があるといわれています。どちらも幼小児期からの情緒発達や自己制御、適切な自尊感情やストレス耐性の育成などが阻害されているためと指摘されており、虐待の連鎖

や貧困、発達障害が加わっている場合もあります。検挙・補導後の対応は、警察や家庭裁判所など司法や矯正機関が行いますが、審判不開始や不処分となった場合、あるいは処遇後の試験観察や保護観察中は学校での適切な教育的配慮が必要です。

その際、保護者や家族も視野に入れ、地域の協力者も含めた少年サポートチームで支援するなど、多面的・包括的な対応が求められます。学校関係者だけでなく、警察（少年センターや所轄の少年係）や地域の協力者（保護司や民生児童委員、健全育成地区委員など）による日常的な声かけ、地域行事（スポーツ大会や子ども会行事など）への協力要請をするなど当該児童生徒の承認欲求や対人希求の充足と自尊感情や自信の獲得をめざし、社会性の獲得をめざします。同時に、保護者にも保護義務者としての責任と自信を持って対応できるよう力づけます。

3）非行少年の処遇の流れ

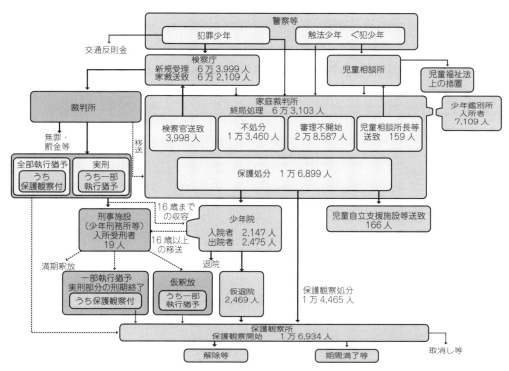

注　1　検察統計年報、司法統計年報、矯正統計年報および保護統計年報による。
　　2　「検察庁」の人員は、事件単位の延べ人員である。例えば、1人が2回送致された場合には、2人として計上している。
　　3　「児童相談所長等送致」は、知事・児童相談所長送致である。
　　4　「児童自立支援施設等送致」は、児童自立支援施設・児童養護施設送致である。
　　5　「出院者」の人員は、出院事由が退院または仮退院の者に限る。
　　6　「保護観察開始」の人員は、保護観察処分少年および少年院仮退院者に限る。

図 1-13　非行少年に対する手続の流れ（法務省、2018）

4) SCの役割

非行の心理社会的背景について教員にコンサルテーションし、エスカレートさせない手立て、例えば、きめ細かな声かけや個別学習指導、生活場面での達成可能な課題の設定などを行います。学校と家庭の協働態勢を作るための保護者相談も実施します。生徒指導は、主に懲戒的あるいは道徳的内省を求める現実対応的な指導となることが多いので、SCは非行事実に至るまでの感情や思考過程、指導や処遇後の気持ちや考えの変化などを意識化・言語化し、同様の事態に向社会的に対する力（ストレスマネジメントやアサーション、問題解決技法など）を得られるよう促します。児童生徒との個別相談を行い、学校内に居場所を確保します。同時に保護者を親の会や福祉的支援につなぐなど多面的な支援が得られるよう管理職と協議します。

5) 課　題

① 学校からのドロップアウト防止と校内での影響の最小化

自己理解や多様性の受容が可能なクラスや学年運営をめざし、当該児童生徒が疎外感を感じずに自分自身の課題（学習や対人関係、校内行事や課外活動など）に向き合える環境が必要です。規律や秩序を重視し軸のぶれない指導（ゼロトレランス）を行う生徒指導担当者と不安や怒りなどの感情を受け止める担任、養護教諭や課外活動担当者、SCなどとの役割分担を行い、情報共有を定期的に行います。

② 保護者や家庭への支援

保護者や家族自体が問題を抱え、対応に苦慮し投げ出しそうになっている場合も多く、福祉的対応や医療機関、子ども家庭支援センターなどとの連携が必要です。保護司や民生児童委員などを含む支援ネットワークを活用して保護者や家族が地域内で孤立しないよう配慮します。

コラム　1-3　矯正機関と学校とをつなぐもの：米国の更生学校、SOS

米国の学校では、問題行動による懲戒の最も重い場合は放校処分となりますが、代替の教育プログラムが開始されます。フロリダ州のマティ・ヴィ学校（6～8年生）やニューヨークのSOS（Secondary Opportunity School）は更生学校として高い更生率（約70％）を上げています。SOSは、12～21歳の青少年を対象とした非行矯正専門の学校で、ニューヨーク市教育委員会・NPOのThe Door・警察の三者が共同で学校運営にあたっています。生徒の90％に逮捕歴があり、一人で通常学校全体を混乱状態に陥れるくらい深刻な問題をもつ生徒たちです。ここでは、NPOとの協働により、アートセラピーや音楽療法も行われています。このプログラムは、非行問題で一度は学校から出た生徒を再び学校に戻し、社会適応を可能にするためのつなぎの役を担っています。

7. 虐　待

1) 実　態

　児童虐待防止法が施行された2000年以来、児童相談所などへの相談件数は増加の一途をたどり、2015年には年間相談件数が10万件を超え、これまで見えにくかった児童虐待が顕在化してきたと考えられます。相談内容も、2006年には6千件あまりだった心理的虐待の相談件数が2016年には6万件を超え、面前DVなどの心理的虐待に関する理解が広がっているといえます。身体的虐待の相談件数は2倍以上に、ネグレクトも2倍近くになっており、児童虐待への理解が深まっているといえる半面、性的虐待については1.4倍程度と発見が難しいことを推測させます。また、主な虐待者は、2000年から継続して実母が約半数（2016年には48.5％）を占め、次に実父（2016年には38.9％）です。学校からの通告は、2006年には15％ありましたが、2018年には7％と減少し、代わって警察からの通告が45％と増加しています。続いて、近隣・知人からの14％となり、警察からの通告が突出しています。

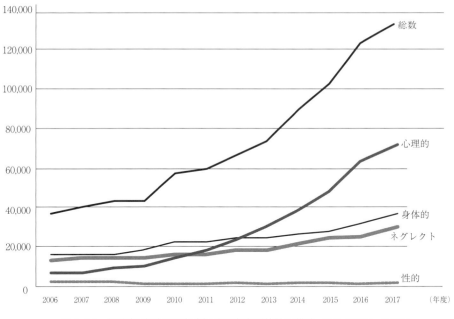

図1-14　児童相談所での虐待相談の内容別件数の推移（厚生労働省、2018b）

2) 理解と対応

　虐待が発生しやすい要件は、①虐待する親に身体的・情緒的不安定さや被虐待体験がある場合、②親から見て子どもを愛せない状況である場合（望まぬ妊娠、身体疾患や発達の問題、育児困難な子どもの要因など）、③失職や離婚などによる経済的不安定、家庭内不和などの危機

● 第1部 理論編 ● ● ●

的状態が生じた場合、④危機的な状態に対して支援してくれるネットワークがない場合が考えられます。しかし、虐待の疑いのある児童生徒が自ら助けを求めてくることはほとんどなく、教員などが疑いをいだいても保護者もまたその事実を認めないことがほとんどです。そのため、児童相談所への通告に際して伝聞や推測情報が中心となることから迷いが生じやすいのですが、速やかに児童相談所や子ども家庭支援センター（市区町村）などの専門機関と情報連携を行って対応を検討します。子どもが安心して真実を話せるような安全・安心な環境を整え、タイミングを逃すことなく対応する必要があります。

3）児童相談所通告後の対応の流れ

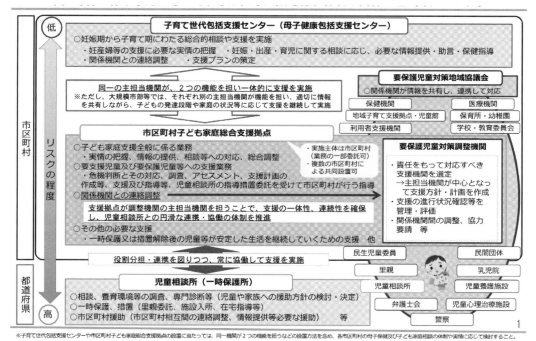

図 1-15　市区町村における児童等に対する必要な支援を行う体制の関係整理（イメージ図）
（厚生労働省、2018a）

4）SC の役割

① 予防啓発

子育てに困難を感じている保護者が安心して相談に来られるような広報活動や保護者間の相互支援態勢作りを、保護者会や相談室便りなどで行います。児童生徒に対しても、相談することが自分や家族にとって助けになることを伝えます。子育て中に「虐待してしまうかも」と思った体験を持つ保護者は少なくありません。思っても実際に虐待にまで至らないのは、安心

して相談できる人や場の存在や心身の休養のための一時預かりなどの具体的支援があるからです。救援要請を出しやすい環境（学校や地域コミュニティなど）があることは重要な虐待防止の要因です。

　②　初期対応

　他の主訴での相談開始後や自由来室が頻回な児童生徒の背景に虐待が疑われる場合があります。感度を上げて聴き取り、的確な緊急性の判断を行い、管理職に報告します。緊急性が低い場合も、保護者が児童生徒に対してより適切な対応ができるようになり、児童生徒が安全・安心な状態になるように働きかけます。

　③　危機介入

　虐待の事実が当事者から告げられた場合、話せた勇気を肯定し安全を確保します。管理職に報告し、児童相談所あるいは市区町村の子ども家庭支援センターなどに通告して指示を待ちますが、方針決定までの間、児童生徒が安心していられるよう配慮します。児童相談所などの担当者の聞き取りに同席して安心感の確保をすると同時に、事実関係確認の側面支援を行います。最終方針が決定し安全が確保されるまで当該児童生徒の心理支援を行うとともに方針決定の協議にも協力します。要請があれば、要保護児童対策地域協議会への参加なども行います。

　④　事後対応

　児童相談所での一時保護を経て、在宅支援になった場合、当該児童生徒や保護者への継続支援が必要になります。定期面接や外部専門機関との窓口役割を期待される場合もあります。

5）課　題

　①　通告の円滑化と在宅支援のモニタリング機能の充実

　介入後の学校と家庭との関係悪化を危惧するため、学校が虐待通告をためらうことがあります。成功事例の共有などによる情報連携と行動連携を強化する必要があります。また、在宅支援時のモニタリング機能の充実が望まれていますが、教員だけでは難しく、SSW、子ども家庭支援センター、保健所などの専門機関や民生児童委員など地域協力者との有機的連携が必要です。

　②　加害者支援の不足

　通告後の対応は主に被虐待児童生徒の保護と治療にとどまり、加害側への支援は十分ではありません。継続的な治療グループや相互支援のためのサポートグループなどへの期待が高まっています。2014年3月に、厚生科学研究助成を受けて「児童相談所における　保護者支援のための　プログラム活用ハンドブック」が作成されています。それによると全国の児童相談所で保護者支援プログラムの導入が始まったのは2002年頃からです。2007年以降に急速に導入が進んでいますが、まだまだ十分とはいえないようです。

● 第1部 理 論 編 ● ● ●

> **コラム 1-4　虐待の連鎖を断つための親教育・親支援**
>
> 　虐待の加害者もまたかつて虐待を受けていたケースが多いことが知られています。そのため、自尊感情や自信に乏しく、自己主張ができず、養育スキルも十分でないなど子どもとの関係がうまくいかないため、怒りの感情を制御できずに結果的に虐待に至るという悪循環に陥ってしまうのです。この悪循環を断ち切るためには、親のための治療や教育が必要です。親たちが何も変わらないままの家庭に戻すことは子どもを繰り返し傷つけることにもなりますし、事態がエスカレートして重大な結果を招く可能性もあります。欧米では、さまざまな親のための教育プログラムが用意されています。日本では、1980年代に翻訳された「親業」や2000年代に広まった「セカンドステップ」や「Nobody's Perfect 」等があります。それぞれ特徴がありますが、子ども理解や自身の感情制御、コミュニケーションや養育のスキルなどについて学べるように考えられています。しかし、これらは欧米文化の中で生まれたものであり、その普及活動も民間団体によって行われていて、虐待防止や再発予防のためにその受講が法的に義務づけられているわけではありません。日本の文化や歴史、制度に合った親教育や親支援を担える人材育成やシステム作りなどが急がれます。2010年以降、親教育の導入が活発化し、2014年には厚生科学研究の助成を受けて「児童相談所における保護者支援のためのプログラム活用ハンドブック」が作成されましたが、人員や時間などの不足から実施の困難さを抱え、十分機能できていないようです。

第3節　学校組織の諸問題

1. 校内組織　生徒指導／教育相談／特別支援教育

　子どもたちの支援に資する校内組織としては、生徒指導部や教育相談部、特別支援教育校内委員会があります。生徒指導と教育相談とは、時として対立概念を意味するかのごとく使われますが、「すべての児童生徒の自己実現を支援する」目的は同じです。子どもと関わる際に「相談的姿勢と技法を用いる」ことも共通し、現実的な対処も含めた広い意味での生徒指導に、教育相談が含まれると位置づけている学校が多いようです。また、教育相談は、個別的な相談面接を主としたカウンセリングと理解されがちですが、これは狭義のカウンセリングであり、本来、学校における教育相談は、面談や保護者会に加え、授業やガイダンスプログラム、コンサルテーションなど多角的な活動を含みます。SCだけでなく、学校におけるすべての教員が取り組む活動です。

　特別支援教育校内委員会も、特別な教育的ニーズのある子どもの支援を実行していく中枢です。近接領域に、複数の組織がある場合、その活動の範囲や連携の仕方は重要です。たとえば、不登校傾向の子どもに発達障害が疑われる場合、教育相談部と特別支援教育校内委員会が連携することによって、アセスメントにそった学習支援を行うことで授業への参加が意欲的になったり、対人トラブルが続発していた生徒に対して生徒指導部と教育相談部が協働することによって、対人関係のスキルを学ぶことができトラブル予防が可能になったりします。

2. 校内組織とSCの位置づけ

　SCの多くは生徒指導部や教育相談部に所属します。支援の対象は、不登校、暴力や非行など多岐にわたります。また、発達障害児の支援や予防教育においても寄与することが期待され、職務内容が拡大しています。SC出勤日に合わせて会議を開催するなど、SC活用の位置づけが明確な学校も増えてきましたが、非常勤職員であるSCを組織内にどう位置づけ、どう活用するかは学校組織の大きな課題です。

　教育相談部などが教員組織の相談活動を推進し、その中の一員としてSCが位置づいている学校では、非常勤のSCが勤務していない日にも相談部の教員が必要な対応を行うことができ、ケース検討などでも力をつけていくよさがあります。

3. 組織対応の必要性

　現在の学校ではこれまで以上に学校全体での組織対応の必要性が強調されています。例えば、①保護者対応のための協働（スムーズな連携や子どもの実態を伝える際の伝え方の工夫など）、②緊急支援（大規模災害や学校内での事件事故、教職員の不祥事など）、③予防啓発教育（ス

● 第1部 理論編 ● ● ●

> **コラム 1-5　非常勤専門職としての SC**
>
> 　日米の SC の大きな差は雇用形態と養成システムです。米国の場合、大学院修士課程での実践家養成プログラムとライセンス取得制度があり常勤職ですが、日本の場合は非常勤職で、養成も独自にはなされておらず、臨床心理士はじめ児童思春期心理や教育臨床関連の民間資格を有する者や各分野の専門家と見なされた者が担当します。各基礎資格の応用として SC 業務にあたっているためミニマムスタンダードと呼べるものがまだ存在しません。これは日本における SC 活動の大きな課題です。学校現場からは SC の常勤化を望む声が大きく、いくつかの自治体では独自に常勤配置を始めています。教育事務所に常勤 SC を置き、管内の学校を担当させる形や 1 校に複数人を配置することで常駐できるようにしたところ、単独校配置の常勤化など自治体ごとに特徴があります。また、2015 年 9 月に「公認心理師法」が公布、2017 年に施行され、2018 年 9 月に第 1 回試験が行われ、日本で初めての心理職の国家資格ができました。これを受けて文部科学省は SC の基礎資格として公認心理師を第一に挙げているため、今後、常勤化に向けての動きが加速する可能性があります。そのためにも専門の養成機関や養成プログラム、スタンダードの作成が急務といえます。

トレスマネジメントやアンガーマネジメント、上手な自己主張の仕方、ピアサポート、PBIS など）、④学習指導（21 世紀型スキルの育成、発達特性のある児童生徒や不登校児童生徒などへの指導の工夫など）、⑤キャリア教育（将来展望を具体的に持たせるための体験的進路指導など）、⑥地域連携（福祉や医療などの専門機関連携だけでなく教員の補完的な機能を持った地域支援者との協働など）があります。

　2015 年 12 月には、中央教育審議会から「チームとしての学校の在り方と今後の改善方策について（答申）」が出され、「専門性に基づくチーム体制の構築」を目指すことが推奨されています。これは、①「社会に開かれた教育課程」の役割を果たすには、「アクティブ・ラーニング」の視点を踏まえた授業改善と「カリキュラム・マネジメント」を通した組織運営の改善に取り組むことが必要であること、②校長のリーダーシップのもと、心理や福祉等の専門家（専門スタッフ）や外部専門機関と連携・分担する体制を整備し、学校の機能を強化していくことが重要である、ことからです。外部専門スタッフの協力を得ることで、教員の業務の軽減につながることも目的とされていますが、提言通りの結果が得られるのかの疑問や危惧を感じている教員もいるようです。

　とはいえ、個々人の力だけでは対応しきれない問題が山積していることは自明なので、各学校で、それぞれの特徴を生かした"チーム"としての学校が機能するように創意工夫することは重要であるといえます。

> **コラム　1-6　守秘義務と校内体制**
>
> 　教員とSCの守秘義務理解の相違から摩擦が生じることがあります。週に1～2日の勤務であるにもかかわらず相談内容を教員に伝えず、教員がSC不在時の指導に苦慮したという報告や、逆に、児童生徒理解のために必要と判断してSCが伝えた内容が教員によって不用意に保護者や児童生徒に伝わり、両者の信頼関係が損なわれるという事態の報告もあります。現在では「指導の責任は教員にあり、SC不在の間の指導に必要な情報は集団守秘の考え方によって共有すべきである」と考えられるようになっています。集団守秘の適切な運用のためには、当該児童生徒や保護者に情報の共有の目的とその範囲についてあらかじめ説明し了承を得ておくことが必要です。危機介入と見なされるケースは何か、児童生徒の情報から担任が指導上知っていたほうがよい情報は何か、相談者との間のみでとどめるべき内容は何かなど、集団守秘の目的を絶えず明確に意識しながらの"報告・連絡・相談（ほう・れん・そう）"を心がけ、程よい連携のコツを双方が身につける必要があります。

まとめ：教育の目的と専門家の責任

　子どもの全人的・包括的な発達保障を支援する専門家として依って立つべき最高位の法律は国際法である「子どもの権利条約」です（詳細は第2章第1節参照。この条約締結に至るまでの長い経緯は条約の理念の深い理解に不可欠です）。第28・29条に教育に関する項目があり、その目的として、「児童の人格、才能並びに精神的及び身体的な能力をその可能な最大限度まで発達させること」と規定しています。つまり、教育は子ども自身のためにあるのです。では、そのために学校は何をどのように為すべきなのか、熟慮する必要があります。少なくとも義務教育を終えたとき、社会人として最低限の適応力を身につけていることが求められますが、それは具体的には何を指すのか、個々の子どもたちに合った形でそれが提供されているのかどうか等、専門家一人ひとりが広い視野と長期的な展望を持って自らの仕事をふり返り、理念の実現によりふさわしい実践を行う工夫と努力が求められています。

● 第1部 理論編

●ワーク● 1-1
不登校について次のことを考えてください。
1．小学校に比べて、中学校1年生からの不登校の数が激増する要因には、何があると思いますか。学習、心理・社会、進路、それぞれの面で、小学校と中学校で何が変わるのかを列記してみましょう。
2．理解と対応を読み、前駆段階として登校しぶりやさみだれ式不登校が現れたときの対応として、今後必要な学内の組織について小学校、中学校それぞれ提案してください。
3．不登校が長期化している場合は、学外の専門機関との連携が不可欠です。不登校の教育支援センター（適応指導教室）と学校はどのような連携をしたらよいでしょうか。不登校の初期、重篤期、回復期、に分けて提案してください。

●ワーク● 1-2
特別支援教育について次のことを考えてください。
1．実態を読み、通常学級には現在どのような特性を持つ児童生徒がいるかを考えてください。
2．LD、ADHD、アスペルガー症候群、高機能自閉症、広汎性発達障害等については、すべての教員が対応することになっています。通常学級で特別支援教育を進めていくうえで、担任教師、教科担当教師としてどのような知識が必要かを列記してください。
3．課題にある、ニーズに合わせた支援を実践するために、どのような校内組織や専門機関との連携が必要かを列記してください。

●ワーク● 1-3
校内暴力への対応について次のことを考えてください。
1．校内暴力の特徴を整理してください。どのような暴力を何に対して振るう傾向が増加していますか。その背景として考えられる要因を列記してください。
2．校内暴力に対応するためには、加害生徒のみならず、学級経営の工夫が必要です。学級がどの生徒にとっても（加害生徒も含め）安心できる居場所になるために、学校組織としてどのような対応策が必要かを提案してください。

●ワーク● 1-4
虐待への対応について次のことを考えてください。
　児童虐待への対応策や制度があるにもかかわらず、初期対応が遅れるケースがあります。
　虐待の予防と初期対応のために、学内でどのような組織や運用が必要でしょうか。発見から終結までの一連の流れ図を作りなさい。

第2章
ここまで進んだ子どもへの支援

　学校と家庭、地域が連携した子どもの支援をスムーズに行うためには、法的な整備が不可欠です。残念ながら日本の学校教育をめぐる問題解決が進まないのは、この法整備が進んでいないことがひとつの要因として挙げられます。本章では、子どもの支援を包括的に進めるうえで必要な地域支援、法的整備と日本の現状について説明していきます。

● 第1部 理論編 ●●●

第1節　法的な理解の必要性

1. なぜ法律を知る必要があるのか

1）教員の義務と責任

子どもの支援には義務と責任、および倫理が発生します。専門家として子どもの支援に当たる場合には、この3つを的確に理解し、どういう場面でどのような行動をとる必要があるのかを把握しておくことが大切です。自分の意思決定や行動の基盤となる法令を知らず、事故を防ぐための予防活動を怠ったり、必要な事後対応を行わなかった場合には、法的責任が問われる可能性があるためです。

2）上位法規・下位法規の理解

法的な理解をするうえで大切になるのが、上位法規と下位法規の関係です。日本では、憲法、各種の法律、法律を施行するための政令、省令（施行規則）という順になります。これに国際法が影響を与えることになります。

教育に関しては、「日本国憲法」を頂点に、教育全般に関わるものとして「教育基本法」、学校教育に関係するものとして「学校教育法」「学校教育法施行令」「学校教育法施行規則」「学校保健安全法」「いじめ防止対策推進法」「義務教育の段階における普通教育に相当する教育の機会の確保等に関する法律（以下，教育機会確保法とする）」、児童福祉に関わるものとして「児童福祉法」「児童虐待の防止等に関する法律（以下、児童虐待防止法とする）」「障害者基本法」「発達障害者支援法」「障害を理由とする差別の解消の推進に関する法律（以下、障害者差別解消法とする）」、犯罪予防や対応については「少年法」、公立学校教職員の職務については「地方公務員法」「教育公務員特例法」を理解してください（表2-1）。

3）改正された時期と内容の理解

法律を読むときには、制定年と改正年およびその内容を理解することが大切です。近年では、教育基本法、少年法、児童虐待防止法の大幅改正があり、発達障害者支援法、障害者差別解消法、いじめ防止対策推進法、教育機会確保法が新たに制定されました。法律が時代や教育を取り巻く現状にそぐわない状況が出たり、いじめ防止、虐待防止、不登校児童生徒に対する学力の保障、インクルーシブ教育の推進等への対応など新たな問題に対応する必要が出てきたためです。それぞれの改正内容を理解してください。

2. 法律の読み方
前文、目的の理解の重要性

　前文や目的には、その法律の意義や何を規定するかが凝縮されています。例えば、児童虐待防止法の目的条項には、「児童虐待が児童の人権を著しく侵害し、その心身の成長及び人格の形成に重大な影響を与えるとともに、我が国における将来の世代の育成にも懸念を及ぼすことにかんがみ」とあり、国および地方公共団体はその早期予防と対応を迅速に行うとあります。「児童の人権」とは何か、「心身の成長」「人格の形成」とは具体的にどのようなことかを的確に理解し、法律の内容を読み過ごしてしまわないために、現状についてのデータも同時に収集し、法律で定義している言葉を具体的にイメージできるようにしておくことが、現場での早期対応、早期介入になります。本章を読む場合は、第1章のデータと合わせて理解を進めてください（表2-1参照）。

表2-1　日本における児童生徒の健全育成に関する法律の概観

法律名	特徴	学校教育に関連する項目
日本国憲法 1946年制定	国内における最高法規	11条：基本的人権の尊重、14条：法の下の平等、23条：学問の自由、26条：教育を受ける権利、義務、義務教育の無償
教育基本法 1947年制定 2006年改正	前文 1章：教育の目的及び理念 2章：教育の実施に関する基本 3章：教育行政 4章：法令の制定	改正のポイント 前文：福祉の向上、豊かな人間性と創造性の育成、伝統の継承、未来を切り拓く教育 3条：生涯学習の理念、4条：教育の機会均等、4条2項：障害がある者の教育支援、6条：学校の設置主体について、7条：大学、8条：私立学校、9条：教員、10条：家庭教育、自立心の育成、心身の調和、13条：学校、家庭及び地域住民の相互連携、協力、16条：教育行政
学校教育法 1947年制定 2007年改正	学校の種類、運営基準、罰則規定 就学義務をになう学校の限定	16-21条：義務教育、22-28条：幼稚園、29-44条：小学校、45-49条：中学校、50-62条：高等学校、63-71条：中等教育学校、72-82条：特別支援学校、83-114条：大学、115-123条：高等専門学校、124-133条：専修学校
学校教育法施行令 1953年制定 2007年改正	学校教育法を実施するための政令	1-22条：就学義務、19-21条：就学督促、22条の2：行政手続、22条の3：障害の程度、23-31条：課程変更届、許可、40条：認証評価、41-43条：審議会の設置など
学校教育法施行規則 1947年制定 2017年改正	学校教育法を施行するに当たって必要となる具体的な規定を定めた省令	1-19条：設置、廃止、20-23条：管理者の資格、29-35条：義務教育、36-39条：幼稚園、40-48条：小学校、50-58条：教育課程、69-79条：中学校、80-104条：高等学校、118-141条：特別支援教育 改正のポイント 　SC、SSWの役割を規定、学齢経過者への特別の教育課程（夜間中学の奨励）

第1部 理論編

法律名	特徴	学校教育に関連する項目
いじめ防止対策推進法 2013年制定	いじめの防止のための基本理念を定め、国および地方公共団体等の責務を明らかにし、いじめ防止対策を総合的かつ効果的に推進するための法律	7条：学校の設置者の責務、8条：学校及び教職員の責務、以下、すべてに学校のとるべき措置や処を規定
教育機会確保法（義務教育の段階における普通教育に相当する教育の機会の確保等に関する法律） 2017年制定	不登校児童生徒に対する教育機会の確保、夜間等において授業を行う学校における就学機会の提供その他の義務教育の段階における普通教育に相当する教育の機会の確保等を総合的に推進する法律	第2章 不登校児童生徒等に対する教育機会の確保 第3章 夜間その他特別な時間において授業を行う学校における就学の機会の提供等 例）不登校児童生徒の状況に合わせた教育機会の確保、学校外の場で学習する不登校児童生徒の状況把握と支援等
学校保健法 1958年制定 学校保健安全法へと改称 2008年改正	学校における児童生徒および職員の健康維持と安全をはかるための法律 1章：総則、2章：学校保健、3章：学校安全、4章：雑則	9条：保健指導（心身の状況把握、保護者への助言） 26条：学校安全に関する設置者の義務（事故、加害行為、災害による危険防止） 27条：安全計画の策定、29条：危機発生時のマニュアル、研修、被害対応支援、30条：地域連携
障害者基本法 1970年制定 2004年改正 2011年改定	障害者の自立および社会参加の支援のための基本理念と施策の法律	2条：定義（身体障害、精神障害、知的障害） 6条：国民の責務、14条：教育、16条：雇用促進 改正のポイント 障害の有無によって隔てられることなく、すべての国民が「共生社会をつくる」ことをめざすことが目的として加えられた
発達障害者支援法 2004年制定 2016年改正	発達障害者（自閉症、PDD、LD、ADHD等）の支援について定められた法律	2条：定義、4条：国民の責務、8条：支援教育、10条：就労支援、14条：支援センター 改正のポイント 5条3項：当該保護者への継続的支援、8条11項：共生教育、個別の教育計画、19条の2：発達障害者支援地域協議会の新設
障害者差別解消法（障害を理由とする差別の解消の推進に関する法律） 2013年6月制定・公布 2016年施行	障害者基本法の基本的な理念にのっとり、全ての障害者が、障害によって差別されることない社会の実現に向けた国および地方公共団体の責務を定めた法律	3-16条：任免、給与、分限、懲戒、17-20条：服務 21-28条：研修、大学院修学休業
国家賠償法 1947年制定	学校で事故が生じた場合に教職員が直接責任を取るのではなく国や地方公共団体が責任取ることを定めた法律	日本国憲法17条規定に基づく規定 「何人も、公務員の不法行為により、損害を受けたときは、法律の定めるところにより、国又は公共団体に、その賠償を求めることができる」
児童福祉法 1947年制定 2004年改正 2008年改正 2011年改正 2016年改正	児童の健全育成に向けて、国および地方公共団体の責務を規定した法律	25条：要保護児童（虐待）の通告・対応 27条：非行少年の対応、33条：一時保護 改正のポイント 親権喪失制度等の見直し（親権停止の新設）、未成年後見制度等の見直し（法人や複数でも可、児童相談所長の代行）児童福祉法の理念の明確化、家庭と同様の環境における養育の推進、国・都道府県・市町村の役割と責務の明確化、市町村における支援拠点の整備、要対協調整機関への専門職配置の義務化、児童相談所設置自治体の拡大、児童相談所から市町村への事案送致を新設、里親委託の推進など、18歳以上の者への支援の継続、自立支援ホームの対象者の拡大

法律名	特徴	学校教育に関連する項目
児童虐待防止法 2000年制定 2004年改正 2007年改正 2016年改正	児童に対する虐待の禁止、児童虐待の予防及び早期発見その他の児童虐待の防止に関する国及び地方公共団体の責務、児童虐待を受けた児童の保護及び自立の支援のための措置等を定め、児童の権利利益の擁護に資することを定めた法律	5条：児童虐待を発見しやすい立場にあることを自覚し、早期発見に努め、被虐待児童の保護、自立への支援や児童虐待の防止のための教育や啓発に努めること、と規定。 改正のポイント 主な虐待者に「親以外の同居人」が加えられた。通告義務が「虐待を受けた児童」から「虐待を受けたと"思われる"児童」に変更。学校や教職員、福祉施設の役割を位置付けたこと、虐待行為が「子どもへの人権侵害」であると明記。 「しつけに際して、監護・教育に必要な範囲を超えて児童を懲戒してはならない」旨明記。 児童相談所から市町村への事案送致を新設、臨検・捜索手続きの簡素化、児童相談所への学校や医療機関からの資料提供可能に、親子関係再構築支援
民法 1896年制定 2006年改正 2011年改定 2018年改正 2022年4月1日施行	私的生活関係の規律（物件、親族）	820-833条：親権の効力 834条：親権の喪失の宣告 改正のポイント 成人年齢の引き下げ　20歳→18歳
少年法 1948年制定 2010年改正 2014年改正	少年の保護事件や刑事事件、一定の福祉犯罪を犯した成人の刑事事件に関する刑事訴訟を規定した法律	3条：審判に付すべき少年、6条：通告義務、送致（家庭裁判所、児童相談所） 改正のポイント 少年法における年齢区分の見直し（刑事処分対象年齢の引き下げ）、凶悪重大犯罪を犯した少年に対する処分の在り方の見直し（厳罰化）、保護者の責任の明確化、少年審判の事実認定手続の適正化、被害者への配慮の充実。
子ども若者育成支援推進 2009年制定 2015年改正	子ども若者（〜39歳）が社会生活を円滑に営むことができるようにするための支援、その他の取り組みについての基本理念、国および地方公共団体の責務ならびに施策の基本となる事項を定めた法律	4-6条：家庭，学校，職域，地域その他の社会のあらゆる分野におけるすべての構成員の相互協力を求める中で、教育、学校を明示。
自殺対策基本法 2006年制定 2016年4月一部改正	自殺予防に関する国および地方自治体の責務を明らかにした法律	基本理念2条4：自殺対策は、国、地方公共団体、医療機関、事業主、学校、自殺の防止等に関する活動を行う民間の団体その他の関係する者の相互の密接な連携の下に実施されなければならない、と規定。
子どもの権利条約 1989年国連採択 1994年日本批准	18歳未満の子どもの基本的人権を守るための法律 第1部：子どもの権利 第2部：情報の公開、委員会の設置	第1部：2条：差別の禁止、19条：虐待・放任からの保護、23条：障害児の権利の国際協力、28条：教育への権利、39条：搾取からの保護、40条：少年司法
公認心理師法 2015年制定 2017年施行	心理職に関する初めての国家資格試験・運用制度・義務・罰則等について規定した文部科学省と厚生労働省の共同所管	1条：資格を定める、2条：定義、41条：秘密保持義務、42条：保健医療、福祉、教育等の密接な連携

● 第1部 理論編 ● ● ●

第2節　障害のある児童生徒への教育

1. インクルーシブ教育に向けた障害児教育の動向

　全世界的な障害児教育の流れは、「分離教育」から「統合教育」そして普通教室への「インクルジョン」へと進んでいます。NASP（National Association of School Psychology）は、インクルーシブ教育をダイバーシティ教育とし、民族、文化、言語の多様性、ジェンダー、性的なオリエンテーション、障害等、どの分野においても対応できる心理学的な知見を持ち、SCとして働くものは異文化間コミュニケーションやニーズの異なる児童生徒に対応できる必要があると述べています。

　「障害者の権利に関する条約」が2006年に国連により採択され、①一般原則（障害者の尊厳、自律および自立の尊重、無差別、社会への完全かつ効果的な参加および包容等）、②一般義務（合理的配慮の実施、障害に基づくいかなる差別もなしに、すべての障害者のあらゆる人権及び基本的自由を完全に実現することを確保し、及び促進すること等）、③障害者の権利実現のための措置（身体の自由，拷問の禁止，表現の自由等の自由権的権利及び教育，労働等の社会権的権利について締約国がとるべき措置等を規定。社会権的権利の実現については漸進的に達成することを許容），④条約の実施のための仕組み（条約の実施及び監視のための国内の枠組みの設置。障害者の権利に関する委員会における各締約国からの報告の検討）、となっています。日本では2014年1月20日に批准され2月19日に効力を発するようになりました。

　日本では、まず、2006年に「教育基本法」が全面改正されてから、障害児教育のノーマライゼーションにおいては、3つの方向づけがなされてきました。第1は、これまでの盲・聾・養護学校は、特別支援学校として統合され、それに伴い特別支援教育における教員免許の変更も行われたこと。第2は就学時健診（学校保健法施行令第1条）において特別支援学校適（学校教育法施行令第22条3）とされても小・中学校において適切な教育を受けることができる特別な事情があると認められる場合には、普通学級に就学することも可能となったこと。第3は交流教育の奨励です。政府は教育の機会均等の実現のために、「教育振興基本計画」を2008年7月に閣議決定しましたが、この方向性には議論が分かれました。障害児教育は、専門性、設備、進路・就職指導等において高度な専門性を要するため「分離教育」こそが障害者の福祉に役立つという立場と、「分離教育」は、障害者を差別しているから積極的に「統合教育」を実現すべきだという考え方です。発達障害者支援法は、特別支援学校適の児童は対象になっていないので、普通学校の中では対応できる施策がありません。また、実施方法は、各地方公共団体に方策がゆだねられていることもあり、地域差がありました。

　2012年には、文部科学省は「共生社会の形成に向けたインクルーシブ教育システム構築のための特別支援教育の推進（報告）」をまとめ、「同じ場で共に学ぶことを追求するとともに、

コラム 2-1 「性に関するアイデンティティ」について

　ダイバーシティ教育を行うなかで欠かせないのが、性に関する児童生徒のアイデンティティの理解です。アイデンティティは「自分らしさ」の核になるもので心身ともにその要素が含まれます。そのため、体の性、心の性の理解を深めると同時に、思春期には誰を好きになるかについても、周囲は理解し適切な対応ができることが大切です。

　海外では、ジェンダー・アイデンティティ（心の性）に基づいて戸籍の性別を変更したり、同性結婚が認められた国もあれば、性同一性障害の診断や性転換手術・ホルモン治療などが行われないと認められない国など、LGBTQ（Lesbian,Gay,Bisexual,Transgender,Queer）については理解や対応に差があります。日本では、2003年、「性同一性障害者の性別の取り扱いの特例に関する法律」が制定されて以来、文部科学省が全国調査を行いその結果をまとめて2015年に「性同一性障害に関わる児童生徒に対するきめ細かな対応の実施等について」の通知を出しました。LGBTの割合は5～8％といわれており、性に関するアイデンティティについて相談をしている児童生徒は606件ありましたが、そのうち「アウティング（事情を周囲の人たちに伝えている）」して配慮を行っているのは2割程度にとどまっており、公表することで差別やいじめを受けたり、就職や昇進で不利になった等の報告もあります。

　そのため、文部科学省は、2016年に「性同一性障害や性的指向・性自認に係る、児童生徒に対するきめ細かな対応等の実施について（教職員向け）」の資料を配布し、相談体制および、学校内の支援体制を充実し、医療機関と連携しながら、学校生活の各場面で服装（体操服、水着等含む）、髪型、更衣室、トイレ、呼称、授業、修学旅行での居室や入浴への配慮を行うよう解説しています。また、卒業証明書の氏名、性別の記載、卒業後に証書を請求された場合も戸籍変更があった場合には対応する等、当事者や保護者の意思を尊重しながらきめ細かい対応をすることが求められています。

［引用文献］法務省人権擁護局（2015）人権の擁護（平成27年度版）

　個別の教育的ニーズのある幼児児童生徒に対して、自立と社会参加を見据えて、その時点で教育的ニーズに最も的確に応える指導を提供できる、多様で柔軟な仕組みを整備することが重要である。通常の学級、通級による指導、特別支援学級、特別支援学校といった、連続性のある『多様な学びの場』を用意しておくことが必要である」と述べています。

　2014年には、先の障害者の権利に関する条約が批准されインクルーシブ教育に向けて制度の構築が急がれるようになりました。2013年「障害を理由とする差別の解消の推進に関する法律（障害者差別解消法）」が制定され、2016年から施行されてからは、障害者の積極的な雇用促進をはじめとして、障害のあるなしにかかわらずできるだけ同じ場で学ぶことを推奨するインクルーシブ教育システムの構築が進められるようになりました。その実現のために、障害のある児童生徒が通常の学級で学ぶために必要な「合理的配慮」およびその基礎となる環境整備、さらに、特別支援教育を充実させるための教職員の専門性向上や医療、保健、福祉、労働等の関係機関との適切な連携が重要になってきました。従来の特別支援学校や特別支援学級（固

定級)、通級指導での支援の他に、学内でさまざまな学びの場を設置して学習や社会性の支援が行われたり、通常の学級に専門の指導員を派遣したりするなど、多様な形態での支援が展開されつつあります(第1章第2節2.特別支援教育を参照)。

一方で、通常の学級の教育の質を保障する必要もあります。インクルーシブ教育システムを効果的に展開し、通常級の中で特別な配慮を要する児童生徒の個別のニーズに応える教育をするには、これまでの教員主導の一斉授業のあり方を変容する必要が出てきました。「何を学ぶのか」「なぜ、学ぶのか」という授業のゴールを明確にしたうえで「どのように学ぶのか」は、児童生徒が自ら選ぶ学びのユニバーサルデザイン化が進みつつあります(第2章第5節UDL(学びのユニバーサルデザイン)を参照)。

2. 障害児者をめぐる法律

障害者の教育に関する法律には、「発達障害者支援法」と「障害者基本法」、および「障害を理由とする差別の解消の推進に関する法律(障害者差別解消法)」があります。それぞれがカバーしている対象を明記すると以下のようになります。

1) 発達障害者支援法

発達障害者支援法は2004年12月10日に制定され、2016年に改正されました。目的は、発達障害者の「早期発見」「発達支援」に関する国および地方公共団体の責務を明らかにし、「学校教育における支援」「就労の支援」「発達障害者支援センターの指定」などを行うことで発達障害者の自立および社会参加に資するための福祉の増進に寄与する(第1条)としています。

対象者は、「発達障害(自閉症、アスペルガー症候群その他の広汎性発達障害、学習障害、注意欠陥多動性障害などの脳機能の障害で、通常低年齢において発現する障害)があるものであって、発達障害及び『社会的障壁』によって日常生活または社会生活に制限をうけるもの」(第2条)となっています。この法律に基づき、特別支援教育の実施のための専門家の派遣制度の制定が義務づけられるようになりました。幼・小・中学校を専門家チームが分担して年3回、巡回相談に当たっています。学校・保護者が特別支援教育の対象としてサービスを受けたいという申請を指導チームに上げる、巡回指導時に行動観察、担当者からの情報収集後、アセスメントを医療機関あるいは教育相談機関に依頼する、発達障害の査定結果が出た段階で特別支援教育の指導員を市区町村から派遣するという流れです。指導員の活用方法は、教室内での支援と取り出しによる個別指導に分かれています。課題は、特別支援教育の支援員の専門性の向上、および保護者の理解の促進です。そのため、2015年の改正においては、責務(第3条)において相談体制の整備、児童の発達障害の早期発見(第5条)を実現するために発達障害のある児童の保護者への情報提供、助言や、発達障害者支援センターの設置(第14条)において「家族が身近な場所で支援を受けられるようにする」、就労支援(第10条)、労働、捜査及

び裁判に関する業務従事者における専門家の確保（23条）、個人情報に留意しつつ、支援に資する情報の共有を促進（第9条）して地域連携がしやすくする等が追加されました。

2）障害者基本法

　障害者基本法は、1970年に制定され「身体障害」「精神障害」「知的障害」を持つ人の保護、自立のための福祉政策、学校教育政策が規定され実施されてきています。第16条で、国および地方公共団体は、障害者がその年齢、能力および障害の状態に応じて、十分な教育が受けられるようにするため教育の内容および方法の改善および充実を図るなどの必要な施策を講じなければならない、とし、「障害のある児童および生徒と障害のない児童および生徒との交流および共同学習を積極的に進めることによってその相互理解を促進しなければならない」、としています。2004年の改定において強調されたのは「自立の支援」「差別の撤廃」です。この改定に基づき特別支援学校の改変が行われました。さらに、2011年に大幅な改定が行われ、「障害児・者」は「障害（生物学的特性）」と「社会的障壁」により「継続的に日常生活または社会生活に相当な制限を受ける状態にあるものをいう」として定義し直され、バリアフリーに向けての合理的配慮が推進されるようになっています。

3）障害を理由とする差別の解消の推進に関する法律（障害者差別解消法）

　障害者差別解消法は、2012年に制定され2016年に施行されました。第4条の基本原則に差別の禁止を提示し、第一項で、差別による権利侵害を禁止、第二項で社会的障壁の除去を怠ることによる権利侵害の防止、第三項では、国による啓発、普及を図るための取り組みを提示し、具体化として「合理的配慮」を国・地方公共団体には義務化、事業者には努力義務としました（表2-2）。例えば、教員、支援員等の確保、施設・設備の整備、個別の教育支援計画や個別の指導計画に対応した柔軟な教育課程の編成や教材等の配慮等です。

4）障害者虐待の防止、障害者の擁護者に対する支援等に関する法律（障害者虐待防止法）

　障害者虐待防止法は、2011年に公布され、2012年に試行されました。目的は、「障害者の虐待防止、養護者に対する支援等に関する施策の促進を行い障害者の権利利益の養護に資すること」とされています。虐待の内容を①身体的、②放棄・放置、③心理的虐待、④性的虐待、⑤経済的虐待の5つとし、虐待を行う人を①養護者、②障害者福祉施設従事者等、③使用者としています。児童虐待と異なり、経済的虐待が含まれているのは、養護者または障害者の親族が当該障害者の財産を不当に処分することその他当該障害者から不当に財産上の利益を得ることを禁止するためです。また、養護者に対する支援を第14条に規定し、「負担の軽減のため、養護者に対する相談、指導及び助言その他必要な措置を講ずるものとする」とし、福祉サービスの提供や支援施設の利用などの指導助言をすることになっています。この法律では、障害者虐

● 第1部 理論編 ● ● ●

待防止のための責務を課すとともに、障害者が虐待を受けたことを発見した者に対する通報義務も課されています。

表 2-2 合理的配慮の例（文部科学省、2010b）

1. 共通	バリアフリー・ユニバーサルデザインの観点を踏まえた障害の状態に応じた適切な施設整備
	障害の状態に応じた身体活動スペースや遊具・運動器具等の確保
	障害の状態に応じた専門性を有する教員等の配置
	移動や日常生活の介助及び学習面を支援する人材の配置
	障害の状態を踏まえた指導の方法等について指導・助言する理学療法士、作業療法士、言語聴覚士及び心理学の専門家等の確保
	点字、手話、デジタル教材等のコミュニケーション手段を確保
	一人一人の状態に応じた教材等の確保（デジタル教材、ICT機器等の利用）
	障害の状態に応じた教科における配慮（例えば、視覚障害の図工・美術、聴覚障害の音楽、肢体不自由の体育等）
2. 視覚障害	教室での拡大読書器や書見台の利用、十分な光源の確保と調整（弱視）
	音声信号、点字ブロック等の安全設備の敷設（学校内・通学路とも）
	障害物を取り除いた安全な環境の整備（例えば、廊下に物を置かないなど）
	教科書、教材、図書等の拡大版及び点字版の確保
3. 聴覚障害	FM式補聴器などの補聴環境の整備
	教材用ビデオ等への字幕挿入
4. 知的障害	生活能力や職業能力を育むための生活訓練室や日常生活用具、作業室等の確保
	漢字の読みなどに対する補完的な対応
5. 肢体不自由	医療的ケアが必要な児童生徒がいる場合の部屋や設備の確保
	医療的支援体制（医療機関との連携、指導医、看護師の配置等）の整備
	車いす・ストレッチャー等を使用できる施設設備の確保
	障害の状態に応じた給食の提供
6. 病弱・身体虚弱	個別学習や情緒安定のための小部屋等の確保
	車いす・ストレッチャー等を使用できる施設設備の確保
	入院、定期受診等により授業に参加できなかった期間の学習内容の補完
	学校で医療的ケアを必要とする子どものための看護師の配置
	障害の状態に応じた給食の提供
7. 言語障害	スピーチについての配慮（構音障害等により発音が不明瞭な場合）
8. 情緒障害	個別学習や情緒安定のための小部屋等の確保
	対人関係の状態に対する配慮（選択性かん黙や自信喪失などにより人前では話せない場合など）
9. LD、ADHD、自閉症等の発達障害	個別指導のためのコンピュータ、デジタル教材、小部屋等の確保
	クールダウンするための小部屋等の確保
	口頭による指導だけでなく、板書、メモ等による情報掲示

3. 問題点

福祉が活性化するためには3つの条件が必要です。エリジビリティ（その施策を受ける資格がある）、アベイラビリティ（適切な施策がある）、アクセスビリティ（施策が利用しやすい状況にある）というものです。日本の特別支援教育では、アクセスビリティに問題があるようです。

1) 最終決定は誰が行うのか

障害者基本法は、最終決定が行えるのが誰なのかについて、あいまいな状態を残しています。そのため、学校や専門家が巡回して特別支援教育が必要であると判断した場合でも、保護者や本人が拒否したら支援を行っていない場合が多いのが現状です。支援に関しては、発達障害者支援法第3条2項において「国及び地方公共団体は、発達障害児に対し、発達障害の症状の発現後できるだけ早期に、その者の状況に応じて適切に、就学前の発達支援、学校における発達支援その他の発達支援が行われるとともに、発達障害者に対する就労、地域における生活等に関する支援及び発達障害者の家族に対する支援が行われるよう、必要な措置を講じるものとする。」としていますが、一方、この実施にあたっては、第3条3項で「施策が講じられるに当たっては、発達障害者及び発達障害児の保護者（親権を行うもの、未成年後見人等）の意思ができる限り尊重されなければならないものとする。」となっており、この条項をどうとらえるかによって地方公共団体で学校では特別支援教育の対象者としての教育を行いたいにもかかわらず保護者が拒否することによって円滑な運営ができない問題があがっています。

ただし、同第6条では、「市町村は、発達障害児が早期の発達支援を受けることができるよう、発達障害児の保護者に対し、その相談に応じ、センター等を紹介し、又は助言を行い、その他適切な措置を講じるものとする。」となっています。したがって、支援の開始については、保護者や本人の意思を尊重はするけれども、適切な措置を講じるという強い表現になっているため最終的には市町村が適切な措置をとる必要性、責任があると述べていることになります。文部科学省も障害のある子どもの教育にあたっては、その障害の状態等に応じて可能性を最大限に発揮させ、将来の自立や社会参加のために必要な力を培うという視点に立って、一人一人の教育的ニーズに応じた指導を行うことが必要である。このため、就学先の決定に当たっては、早期からの相談を行い、子どもの可能性を最も伸長する教育が行われることを前提に、本人・保護者の意見を可能な限り尊重した上で、総合的な判断をすることが重要である、としています（文部科学省、2012b）。

判例が出ていない現段階においては、学級担任や特別支援教育コーディネーターの責任は、保護者が発達障害について理解を促進できるような広報、啓発活動を行い、保護者が自ら支援を受けたいと思うような情報や関係作りをすることが大切です。また、就学に際して、保護者に十分な理解を促すような就学相談を行う必要があります。法律では、学校に障害児を受け入れる設備、施策がある場合には特別支援学校適とされても普通学校に入学を許可することがあ

るとしているため、小学校の入学、中学校の入学に際して十分な配慮が必要になります。いったん普通学級に入学してから特別支援学校や固定級への移動は保護者や本人の抵抗感も強く、学校との関係も悪化しやすいためです。

2) 学校における安全配慮義務との関係

　公立学校の教職員は、学校教育法によって「児童・生徒を親権者等の法的監護者に代わって監督すべき義務を追う」と規定されています。未成年の責任無能力者については（知的障害、精神障害等、自己の行為の責任を弁護する能力を欠くもの）、民法714条でその監護責任を持つ者が責任を負うことになっています（代理責任）。したがって、児童が突然教室から飛び出す、ものを投げるなどの行為をする場合には、その児童および周囲の児童の安全管理のための適切な措置をとることが必要になります。この場合、介助員の申請や別室での授業などの実施に際しては、保護者が許可しないから措置ができないというものではありません。

　学校における安全配慮を行いながら、障害のある児童生徒の自立と社会参加を実現するためには、「個別の支援計画」「個別の指導計画」が学校現場、地域連携機関との間で実際的なものになっていることが重要になります（第1章第2節を参照）。

第3節　児童虐待防止について

　児童虐待に対しては、以下の3つのアプローチの方法が考えられます。①暴行罪、傷害罪、保護責任者遺棄罪等として警察が介入する刑事法的対応、②家族維持のために親権制限をするための民法的対応、③虐待されている児童、および家族への福祉的対応です。

1. 児童虐待の防止等に関する法律（児童虐待防止法）

2000年に制定。2004年、2007年、2016年に改正。

1）目的

　児童虐待が心身の成長および人格の形成に重大な影響を与えることをかんがみ、早期発見、予防、迅速な対応を行う等、児童虐待の防止等に関する施策を促進し、もって児童の権利利益の擁護に資すること、と述べています。

2）虐待の定義

　第2条で、身体的虐待、性的虐待、養育放棄、心理的虐待の4つが規定されています。また、第3条では、「何人も、児童に対し、虐待をしてはならない」とし、虐待の絶対的禁止を下記のように規定しています。

　身体的虐待：児童の身体に外傷が生じ、または生じるおそれのある暴行を加えること
　性的虐待：児童にわいせつな行為をすることまたは児童をしてわいせつな行為をさせること
　養育放棄：児童の心身の正常な発達を妨げるような著しい減食または長時間の放置、保護者以外の同居人による前二号又は次号に掲げる行為と同様の行為の放置その他の保護者としての監護を著しく怠ること
　心理的虐待：児童に対する著しい暴言又は著しく拒絶的な対応、児童が同居する家庭における配偶者に対する暴力（配偶者（婚姻の届出をしていないが、事実上婚姻関係と同様の事情にある者を含む。）の身体に対する不法な攻撃であって生命又は身体に危害を及ぼすもの及びこれに準ずる心身に有害な影響を及ぼす言動をいう。）その他の児童に著しい心理的外傷を与える言動を行うこと

3）国および地方公共団体の責務

　第4条では、「児童虐待の予防及び早期発見、迅速かつ適切な児童虐待を受けた児童の保護及び自立の支援」を行うことを国および地方公共団体の責務としています。そのために、第4条第3項で「児童虐待を受けた児童の保護及び自立の支援の職務に携わる者の人材の確保及

第1部 理論編

び資質の向上を図るため、研修等必要な措置を講ずるものとする」とあり、2007年に改正された第4条第5項では、児童相談所の職員や学校教員などが早期発見、予防、保護者の指導ができるように「心身に著しく重大な被害を受けた事例の分析を行う」ことが加えられています。学校や児童相談所が状況を把握していたにもかかわらず、適切な措置がとれなかった事例の研究を行うことで予防に役立てるためです。学校、児童福祉施設、病院その他児童の福祉に業務上関係ある団体の職員は、その専門性からいち早く虐待を発見して通告する責任があると第5条第1項では規定しています。また、第8条の2では、都道府県知事が、虐待が疑われたときの出頭方法や保護者が児童を伴っての出頭を拒否した場合に家庭への立ち入り調査ができることを規定しており、保護者が訪問拒否をした場合にも「臨検、捜索」ができるように家庭裁判所に許可状を発行してもらうことができると規定しています（第9条の3）。

4) 措置について

児童虐待が通告された場合、保護者は児童相談所に児童を伴って出頭するよう要求されることがあります（第8条）。拒否した場合には、出頭の再要請が行われ、それも拒否されると臨検、捜索が始まります。立ち入り調査に当たっては、保護者からの暴力や拒否への対応として警察を同伴することも許されています。家庭裁判所への臨検許可状の申請や警察への協力要請についても第9条の3に詳細に規定されています。学校および児童相談所の教職員は、早期対応を迅速に行う場合には、この手続きを熟知しておく必要があります。また、不登校状態が7日間以上ある場合には、学校教育法施行令の就学督促の規定があることも理解しておいてください（本章の第6節を参照）。

2. 民法規定と児童虐待

1) 親権の範囲

日本において、児童虐待の予防が難しいのは民法に規定される親権の効力が大きいことによります。親権には、次の4つの権利が含まれています。居所の指定（第821条）、懲戒権（第822条）、職業の許可（第823条）、財産の管理及び代表（第824条）です。つまり、日本の法律では、親のしつけに従わせるために親が子どもを懲戒することが認められており、しつけと虐待の線引きが難しいのです。また、親権者が子どもの住む場所を決めることができるため、児童相談所がとりうる措置として一時保護（児童福祉法第33条）で児童相談所に入所させても、保護者が引き取りに来た場合に拒否することができません。2010年埼玉県蕨市で起きた4歳児童の虐待死事件（死亡時、4歳児の平均体重より6kg軽い10kg、頭部、顔面、両足に打撲やかすり傷が複数あり、死因は急性脳症と栄養失調）は、被害児が乳児院、児童養護施設に入所していたにもかかわらず、保護者が引き取りに来て引越した結果、生じています。

2) 親権の制限に関する民法の 2011 年改正による変化

　虐待の事実が明らかになった場合には、最終手段として、家庭裁判所は親権喪失宣言（民法第 834 条）を行うことができますが、親権喪失制度は、親権を無期限に奪うため親子関係を再び取り戻すことができなくなるおそれがあります。そのため、児童虐待の現場では、虐待する親の親権を制限したい場合でも、「親権喪失」の申立てはほとんど行われていないという実情がありました。そこで、虐待する親の親権を制限する新たな制度を設けることなどを目的に、児童虐待防止の視点から、2011 年民法の改正が行われ、親権が子どもの利益のためのものであることが明記され、濫用した場合の「親権喪失」以外の方法も規定されました。その結果、親権制限制度の利用件数は、増加傾向にあります（図 2-1）。

　また、親権喪失などを家庭裁判所に請求できるのは子どもの親族、検察官、児童相談所長（親権喪失のみ）に加え、子ども本人、未成年後見人および未成年後見監督人も請求できることとされ実情に合う形に近づきました（詳細は、政府広報オンライン参照）。

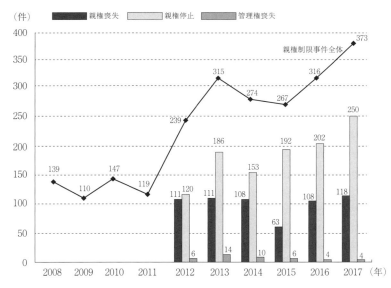

図 2-1　親権制限事件の新受件数の推移（2008 〜 2017 年）（最高裁判所事務総局家庭局、2018）

3) 児童相談所と地域の連携

　児童相談所と関係諸機関との連携については、児童福祉法第 25 条の 2 に規定されています。ここでは、地方公共団体は、単独で又は共同して、要保護児童およびその保護者に関して、要保護児童対策地域協議会（以下、協議会とする）を置き、情報収集、対応に協力することが規定されています。2009 年、2016 年改正では、協議会の機能強化が求められ、調整機能を担う

地方自治体への専門職の配置が義務づけられ、要保護児童への介入が迅速かつ的確に行われるように規定されました。また、保護者が児童虐待防止法第12条の4第1項に違反し、面接の拒否や、子どもにつきまとってはならないなどに反する行為を行った場合、1年以下の懲役または100万円以下の罰金が科せられる可能性があります（同法第17条）。

3. 問題点

方策や制度を見た限りでは、発見から対応まで施策が整っているように見えますが、それでも虐待が増加の一途である背景には以下の問題点が考えられます。①親権の権限緩和と親教育の必要性、②通告を怠った場合の専門家への罰則規定がない、③虐待の規定の不備、④児童福祉に関わる法律の理解不足、です。

1）親教育の必要性

これまで問題であった親権の緩和や制限に関しては平成23年度改正で実情に合う形に近づきましたが、親教育は法的遵守事項としては規定されていません。一時保護を行っても継続支援や保護者への介入ができておらず、二度と虐待が生じない措置はとられていないのです。

コラム　2-2　米国の児童虐待への法的対応

❖通報から措置までの流れ

　児童虐待の通報があると、警察と児童福祉事務所職員が家庭に捜査に入り、児童の身体検査や聞き取りを行い、虐待が認められた場合にはその場で子どもを保護します。虐待専門の裁判所も作られており、保護者に対して「ペアレントトレーニング」が課され、子どもの面会や家庭への訪問について裁判所で厳密に取り決められ、その措置に従って対応が進みます。

❖児童虐待の定義の違い

　児童虐待の定義で日本と異なるのは、ネグレクトの中に教育ネグレクトと医療ネグレクトが含まれていることです。義務教育年齢の児童が学校に行かない状態は、教育ネグレクトと見なされます。身体的精神的な症状があるにもかかわらず医療機関にかかっていない場合は医療ネグレクトが問われます。この規定があることで、義務教育年齢における不登校は予防されているのです。つまり、7日間以上（州によって日数に変化はあります）欠席が続く場合に、医者や教育センターからの所見が出されなければ児童福祉局の調査が始まることになります。その結果、家庭内に問題があれば介入が始まり、学校でのいじめや暴力などの要因で不登校ならその対応が学校内でなされなければなりません。発達障害で対人関係が築けないのであれば、障害者教育法に基づいてアセスメントが行われ、IEPが立てられることになります。

PL 93-247 (Public Law)、Child Abuse Prevention and Treatment Act

2) 通告を怠った場合の専門家への罰則規定がない

　年々、児童虐待に関する認識は変化し、多くの国民が通告義務を意識しはじめていますが、虐待を疑っても、実際にはどうすればよいかわからず結果的に通告に至らないケースが多いようです。また、学校内での意思決定機関が決まっていないのも問題の要因となります。最前線にいる担任や養護教諭に、まずその異常に気づく知識があるかどうか、その研修計画が必要です。また、気づいた場合の学校内での意思決定はどのようになされるかについても組織ができていなければなりません。疑わしい児童生徒がいても通告されないケースも多々あります。

　これは、近年、児童相談所の相談ケースが激増し、児童相談所に通告を受けてもケース会議が開かれるまでに相当な時間を要しているという状況も影響しています。学校側は通告するまでが義務だと思っている場合「通告しても児童相談所が動いてくれない」、児童相談所は、「学校から深刻さの情報が上がってこないので動けない」という声も上がっています。一方、児童相談所の動きが速い地区では、「通告すると、その日のうちに（一時保護で）連れていかれる」という認識が学校にある場合、学校が通告を躊躇しているという例もあります。これらを改善するには、教員が虐待についての理解を深め、どの段階で通告するかという共通認識を作ると同時に、児童相談所との日頃からの連携を強化しておくことが大切になります。

3) 児童虐待の規定の不備

　日本の児童虐待防止法では、養育放棄のなかに、児童に教育を与えないこと、および医療ネグレクトは入っていません。虐待を早期発見するためには、子どもが学校に来ていないことが発覚した段階で介入したり、訪問して健康状況が悪化していると気づいた段階で病院で健康診断を受けさせることが大切になります。児童虐待防止法では、医師からの通告が増えてきており、早期発見に役立っていますが、受診しないまま虐待が続いているケースに対する介入手段が必要なのです。就学督促については、学校教育法施行令で定められていますが、周知の程度も低く行使されにくいのが実情です。不登校と合わせて、法令の整備が望まれます。

　虐待が行われる家庭には、経済的に貧困で福祉的支援を必要とするところも少なくありません。しかし、日本の福祉政策は申請してきたものにだけ手続きが始まるというシステムをとっているため、法令や施策を知らないと適用されません。生活保護や児童手当の支給、母子家庭における職業指導など福祉施策が用意されています。児童虐待防止や非行予防の一環として次の法律についても理解を深めておいてください。児童福祉関係で、母子及び寡婦福祉法、母子保健法、児童手当法、児童扶養手当法、社会福祉関係で、社会福祉法、民生委員法、生活保護法、精神保健及び精神障害者福祉に関する法律、職業に関するものとして、職業安定法、最低賃金法、勤労青少年法、などです。

コラム 2-3　虐待事例

　2010年1月に東京都江戸川区で起きた小学校1年生の男児が虐待されて死亡した事例においては、男児が長期にわたって欠席しており、歯科医が児童相談所に通告し、児童相談所も学校側も児童虐待の事実を把握していたにもかかわらず、児童は死亡しました。児童相談所と学校の連携が不足しており、学校側も児童虐待防止法を十分に理解していなかったことが要因として考えられます。この事例では、初回に児童相談所が訪問した際に、保護者が「しつけとして暴力をふるったが、二度としない」と言ったためその後の親教育、子どもの保護などの措置がとられていませんでした。また、家庭からの情報収集は学校に任せていたため、長期にわたる欠席の情報を児童相談所は得ていませんでした。担任教員が数度にわたって家庭訪問しても保護者が児童に会わせることを拒否しましたが、臨検の許可申請が行われておらず、警察の同伴要請も行われていません。児童虐待防止法は、改正の度に行政の介入が強められているにもかかわらず、それが適切に行動に移されていなかったということになります。この事例から、学校教員が法的な知識を十分に獲得し、保護者の面会拒否などへの対応も含めて専門家としての責務を遂行するための具体的事例に基づいた研修や、わかりやすいマニュアルを作成することが必要であることが理解できます。

　なお、この事例は、傷害致死罪に問われた継父と実母の裁判員裁判判決公判が2010年10月4日、東京地裁であり、継父に懲役8年（求刑懲役10年）、実母に懲役5年（同懲役7年）が言い渡されました。弁護側の「頭部は殴っていない。しつけのつもりだった」の主張は退けられ、継父が幼少期に家庭内暴力を受けていたことを考慮しても実刑が適当とされました。実母は最高裁に上告しましたが棄却され地裁判決が確定しました。

　この事例後も、虐待による死亡事件は毎年起きています。2019年には、千葉県野田市で、学校に虐待を訴えていた小学4年生の女児が死亡する事例がありました。2019年3月現在、両親は検察に起訴され、これから裁判となります。子どもの生命が失われた事実を重く受け止め、検証委員会や裁判の行方に関心を持ち続けることが重要です。児童相談所、教育委員会、学校の情報共有とリスクアセスメントにどのような不備があったのか、どこで止めることができたのか、再発防止のために専門職として、一人の大人として、自身がすべきことを熟考し、的確な行動を行う心構えをしておかなければなりません。

第4節　学力の問題と課程認定

　日本人児童生徒の学力低下が問題になってきています。国際学習到達度調査（PISA: Programme for International Student Assessment）では、2000年度は、科学、数学は上位でしたが、読解力は8位でした。また、科学、数学も3年ごとの調査で順位を下げてきており、その要因の分析と対策が急がれています。科学、数学が下がっている背景にはもともと低めだった読解力がさらに下がっており、言語能力や考える力が育っていない状況が推測されます。また、学年相応の学習力を獲得しないまま進級していく日本の年齢主義による進級制度も要因の1つと考えられます。教育基本法の改正、新学力観の規定など、自主的に学ぶ教育環境をつくる努力はなされていますが、本節では、学力が学年相応に到達していない場合にとりうる対策について説明していきます。

1. 日本での進級規定

1) 年齢主義と課程主義の問題

　年齢主義では、学習者・入学志願者の年齢によって学年・学習内容・合否が決定されますが、課程主義では、学習者・入学志願者の学力（習熟度・到達度）や履修状況（学歴）によって学年・学習内容・合否が決定されます。日本は年齢主義をとっているため、学力が不足する場合には、学年を留め置きすることができますが、その年齢が入りうる最高学年に入ることもできます。一方、学年以上に優れた能力を有する場合でも年齢相応の最高学年までしか進むことができず、海外のように年齢を超えた飛び級は許されていません。

2) 課程の修了認定

　最終的に課程の修了の認定を行い、進級の可否を決定するのは校長です（学校教育法施行規則第58条（小学校の課程修了・卒業の認定）、第79条（中学校への準用規定）、第104条（高等学校への準用規定）、第135条（特別支援学校への準用規定））。なお認定の基準については、市町村教育委員会の規則で規定されることがあります。小学校、中学校など、前期中等教育以前の学校では、下の学年を履修していなくても、所属できる最高学年（いわゆる年齢相当学年）に編入学できます。それまでの課程が未履修状態の高年齢児童生徒であっても年齢相当学年に所属できることが、学齢期（15歳以下）の学校（義務教育諸学校）に共通する特徴です。卒業認定は、それぞれの学校長が行うことになっていますが、その際には、「各学年の課程の修了又は卒業を認めるに当たつては、児童の平素の成績を評価して、これを定めなければならない」（小学校は第57条、中学校は第79条、高等学校は第104条）とあるため、卒業要件に関する規定が必要になります。

3）教育課程

学校教育法施行規則第53条に「小学校においては、必要がある場合には、一部の各教科について、これらを合わせて授業をすることができる」と規定し、第54条では、「児童が心身の状況によつて履修することが困難な各教科は、その児童の心身の状況に適合するように課さなければならない」とあります。これは、到達度に達していない児童については、その児童の状態に適合する内容を学習できるようにする必要があるためです。また、不登校や特別な配慮を要する児童については、第56条においては、「学校生活への適応が困難であるため相当の期間小学校を欠席していると認められる児童を対象として、その実態に配慮した特別の教育課程を編成して教育を実施する必要があると文部科学大臣が認める場合においては、文部科学大臣が別に定めるところにより、第50条第1項（教育課程の編成の規定、国語、社会、算数、理科、生活、音楽、図画工作、家庭科、体育の各教科、道徳、特別活動、総合的な学習の時間の実施）、第51条（総授業時数の標準）又は第52条の規定（教育課程の基準）によらないことができる」と規定されており、特別なカリキュラムでも進級要件、卒業要件を満たすと見なされることがあります（カッコ内は筆者による要約）。

2. PISAの結果からみる日本人の学力の問題点

PISA（Programme for International Student Assessment）は、OECDが勧めている国際的な学習到達度調査であり、2000年から3年ごとに実施され、科学的リテラシー、読解力、数学的リテラシーの国際比較を行っています。表2-3は、2000年からの経年変化です。3領域とも、初年度から2006年まで下降し、そこから2015年まで初年度レベルにまで上昇しました。

表2-3　PISAにおける日本人児童生徒の得点と順位の経年変化（国立教育政策研究所、2016bより作成）

		2000年	2003年	2006年	2009年	2012年	2015年
科学的リテラシー	得点	550	548	531	539	547	538
	順位（OECD/参加国）	2/2	2/2	3/6	2/5	1/4	1/2
読解力	得点	522	498	498	520	538	516
	順位（OECD/参加国）	8/8	12/14	12/15	5/8	1/4	6/8
数学的リテラシー	得点	557	534	523	529	536	532
	順位（OECD/参加国）	1/1	4/6	6/10	4/9	2/7	1/5

1）科学的リテラシー

科学的リテラシーとは、以下のような内容です。

① 現象を科学的に説明する：自然やテクノロジーの領域にわたり、現象についての説明を認識し、提案し、評価する。
② 科学的探究を評価して計画する：科学的な調査を説明し、評価し、科学的に問いに取り組む方法を提案する。
③ データと証拠を科学的に解釈する：さまざまな事象のなかで、データ、主張、論（アーギュメント*）を分析し、評価し、適切な科学的結論を導き出す。

*アーギュメント：事実と理由づけを提示しながら、自らの主張を相手に伝える過程を示す

　この分野は到達度の得点が高い一方で、「生徒の科学に対する態度」では得点が低くなっています。「理科学習に対する道具的な動機づけ」は、OECD 平均からやや低い以外は「科学の楽しさ」「理科学習者としての自己効力感」「科学に関連する活動」はいずれも 0.4 〜 0.8 ポイント低くなっています。
　学校で生徒が交流しながら思考する活動（「科学コンクール」「学校新聞、雑誌の編集」「将棋や囲碁」「吹奏楽、合唱」等）を行っている学校に通う生徒は科学的リテラシーが有意に高いという結果も出ています。

2）読解力

　読解力とは、自らの目標を達成し、自らの知識と可能性を発達させ、社会に参加するために、書かれたテキストを利用し、熟考し、これに取り組むことです。読解力には、連続テキス

コラム 2-4　海外における課程主義

　米国では、課程認定（GED：General Educational Development）という 5 科目（数学、国語 1 表現、国語 2 読解、社会、科学）からなるテストが行われます。これに合格すると高校卒業レベルの学力があると見なされます。ホームスクーリング対象者や高校中退者が受けることで大学進学への道が開かれます。日本のかつての大学入学資格検定、現在の高等学校卒業程度認定試験に似ています。
　また、米国では、学年を進級するときに認定試験を受け、各学年相応の学力が獲得できているかを測定します。飛び級制度も普及しているため、年齢に達していなくても能力によって相応の学年に属することができるようになっています。一方で義務教育年齢は、16 歳までと決まっており、高校は 20 歳までしか在学できないという規定がある州もあります。このように、海外でも課程主義と年齢主義を取り混ぜて使っているようです。
　ドイツでは、課程主義がとられているため、義務教育段階でも原級留置が行われています。
　PISA の上位グループに属しているフィンランドは、教育の機会均等をうたっており、教育の無償制、高い教員の質、教育現場が教育内容に関する大きな裁量権を持つことを挙げています。また、問題解決に向けた知識や情報の活用を重視する教育が、PISA の求める学力観と共通していることも、フィンランドの学力が PISA で継続的に高い要因です。

ト（文章）および非連続テキスト（図表やグラフ、地図などを含む文章）の両方を読み解く力が要求されています。

詳細分析（国立教育政策研究所、2016c）では、「自分の考えを説明する事」「複数の課題文の位置づけや構成や内容を理解しながら回答することができていない」ことを課題として指摘しています。

3) 数学的リテラシー

数学的リテラシーとは、さまざまな文脈の中で数学的に定式化し、数学を活用し、解釈する個人の能力のことです。それには、数学的に推論することや、数学的な概念・手順・事実・ツールを使って事象を記述し、説明し、予測することを含みます。この能力は、個人が現実世界において数学が果たす役割を認識したり、建設的で積極的、思慮深い市民に求められる、十分な根拠に基づく判断や意思決定をしたりする助けとなっているものです。

得点順位は高いものの、解答傾向では、選択肢で正答率が高い一方で自分で回答を作る問題になると正答率が下がっています。

文部科学省（2016）は、2018年実施の新学習指導要領において「主体的・対話的で深い学び（アクティブラーニングの視点からの授業改善）」を推進するように求めています。

3. 問題点

1) 進級規定、卒業規定

ほとんど学校に登校していないにもかかわらず、卒業資格が与えられてしまうため、学校に就学する機会を逸している児童生徒がいます。これは、学校教育法施行規則第57条に規定されている「平素の成績を評価し」が何を指すのかが明確に規定されていないことが要因と思われます。小学校・中学校の卒業要件には、出席日数は入っていません。したがって、1日も出席しなかった場合でも卒業が認められているのが現状です。一方、高等学校の場合には、出席日数が極端に少なかったり、成績が一定の基準を満たしていない場合には、進級も卒業もできません。これは、学校教育法施行規則第96条で、「生徒の高等学校の全課程の修了を認めるに当たつては、高等学校学習指導要領の定めるところにより、74単位以上を修得した者について行わなければならない」という規定があるためです。平素の成績を考慮するのであれば、普通学級では適応しにくい児童生徒としてその状況に合わせたIEP個別の教育計画を立案し、それを評価していくという積極的な姿勢が必要になります。

2) 中学校卒業程度認定試験の活用

これは、心身の状況で学校に就学できない就学免除者が中学校卒業程度の学力があるかどう

かを判定する試験です。これは、就学義務猶予免除者等の中学校卒業程度認定規則によるもので、義務教育の就学免除をされた者が高校に入学する場合に適用される法令でした。受験資格には、2004年からは、就学免除を受けていない不登校生徒や外国人子女も受験できるようになっています。国語、社会、数学、理科、外国語（英語）の5教科が実施されます。中学校の基礎的な学力を測るように作成されているため、学力の認定のためには、もっと積極的に活用する必要がありそうです。毎年11月に実施されており、各都道府県の教育委員会に受験案内があります。文部科学省のホームページに過去の問題と解答も掲載されています。不登校は、小学校高学年から長期化し、中学校3年間全く出席しないケースが増えているため、安易な卒業認定はやめてこの試験を受験するような指導に改善していくほうが、適応指導教室での学習指導、家庭内での学習指導が計画的になります。

　高等学校に行かずに、大学に入学したい場合には、高等学校卒業程度認定試験を受験することになりますが、中学校の卒業証書がない、あるいは中学校卒業程度認定試験を受けていなくても高等学校卒業程度認定試験を受験できるようになったため、この試験を受けられなくても大学や専修学校への進学の道はあります。しかし、学力保持のためには積極的に導入してほしいものです。

　また、義務教育を終えたという認定試験であるため、小学校卒業程度認定試験はありません。小学校での学力を保持するためには、小学校卒業程度認定試験も必要と思われます。

●第1部 理 論 編 ●●●

第5節　UDL（学びのユニバーサルデザイン）

1. UDL：授業デザインの概念的フレームワーク

　学びのユニバーサルデザイン、UDL（Universal Design for Learning）は、米国の研究機関 Center for Applied Special Technology（CAST）によって脳科学、発達心理学、神経心理学などの研究をもとに開発された、すべての子どもが学べる授業デザインの概念的フレームワークです。UDLでは、障害の有無にかかわらず、すべての子どもの学習の伸びを助け、子どもたち自身が学びのエキスパートになれるように支援することを目的としています。UDLのめざす学びのエキスパートとは、目的を持ち、やる気があって、いろいろな学習リソースや知識を活用できて、方略を使って目的に向けて学べる学習者であり、自らの学習に主体的に関わり、舵取りしていく学習者です。これを実現するためにUDLガイドラインがあり、指導のあり方や環境づくりの指針を説明しています（次ページのガイドラインの一覧表を参照してください。UDLガイドライン本文につきましては、CASTのホームページ http://udlguidelines.cast.org で日本語のものが入手可能です）。

　UDLは、ロン・メイスが提唱した、できる限り多くの人が建物へのアクセスを持てるように設計の段階からバリアの解消を考える建築のユニバーサルデザインにそのアイデアを得ています。しかし、UDLではアクセスにとどまりません。さらに学習者が学習を積み上げ、自分のものにしていくプロセスをサポートしていくわけです。

1）UDLの三原則

　UDLでは、学習に関わる脳の「感情」「認知」「方略」の3つのネットワークを反映した「取り組み」「提示（理解）」「行動・表出」の3つの原則を提示しています。「取り組み」はなぜ学ぶのか、つまり学習者がどう興味を持ち続けて学びに主体的に関われるかについての原則です。「提示（理解）」は何を学ぶか、またその情報の認知・吸収の仕方についての原則です。「行動・表出」はどのように学ぶのか、つまり自分の知識や意思の伝え方に関する原則であり、実行機能（行動計画、注意の維持、問題解決、理由づけ、作業の取り掛かり、自己モニタ等）を使うことにも関わる原則です。

　3つの原則はさらに学習者としての成熟に沿って「アクセスする」「積み上げる」「自分のものにする」の3段階合計9つのガイドラインに整理しています。そして、各ガイドラインには、2～5個のチェックポイントが設けられています。学習をするときの人間の脳は、誰一人として同じ反応をする人はいません。個々の学習者の認知特性、既知情報、体験のみならず、その場の状況、環境、背景文化や言語など、たくさんのことが複雑に混じり合って反応を起こすわけです。したがって、「学びやすさ」や「手ごたえ」は一様ではありません。UDLでは、その

表 2-4 学びのユニバーサルデザイン UDL ガイドライン
(http://udlguidelines.cast.org/binaries/content/assets/udlguidelines/udlg-v2-2/udlg_graphicorganizer_v2-2_japanese.pdf)

	取り組みのための多様な方法を提供しましょう 感情のネットワーク「なぜ」学ぶのか	提示(理解)のための多様な方法を提供しましょう 認知のネットワーク「何を」学ぶのか	行動と表出のための多様な方法を提供しましょう 方略のネットワーク「どのように」学ぶのか
アクセスする	興味を持つためのオプションを提供する (7) ・個々人の選択や自主性を最適にする (7.1) ・自分との関連性・価値・真実味を最適にする (7.2) ・不安要素や気を散らすものを最小限にする (7.3)	知覚するためのオプションを提供する (1) ・情報の表し方をカスタマイズする方法を提供する (1.1) ・聴覚情報も、代替の方法でも提供する (1.2) ・視覚情報を、代替の方法でも提供する (1.3)	身体動作のためのオプションを提供する (4) ・応答様式や学習を進める方法を変える (4.1) ・教具や支援テクノロジーへのアクセスを最適にする (4.2)
積み上げる	努力やがんばりを続けるためのオプションを提供する (8) ・目標や目的を目立たせる (8.1) ・チャレンジのレベルが最適となるよう(課題の)レベルやリソースを変える (8.2) ・協働と仲間集団を育む (8.3) ・習熟を助けるフィードバックを増大させる (8.4)	言語, 数式, 記号のためのオプションを提供する (2) ・語彙や記号をわかりやすく説明する (2.1) ・構文や構造をわかりやすく説明する (2.2) ・文字や数式や記号の読み下し方をサポートする (2.3) ・別の言語でも理解を促す (2.4) ・様々なメディアを使って図解する (2.5)	表出やコミュニケーションのためのオプションを提供する (5) ・コミュニケーションに多様な媒体を使う (5.1) ・制作や作文に多様なツールを使う (5.2) ・練習や実践での支援のレベルを段階的に調整して流暢性を伸ばす (5.3)
自分のものにする	自己調整のためのオプションを提供する (9) ・モチベーションを高める期待や優念を持てるよう促す (9.1) ・対処のスキルや方略を促進する (9.2) ・自己評価と内省を伸ばす (9.3)	理解のためのオプションを提供する (3) ・背景となる知識を活性化または提供する (3.1) ・パターン, 重要事項, 全体像, 関係を目立たせる (3.2) ・情報処理, 視覚化, 操作の過程をガイドする (3.3) ・学習の転移と般化を最大限にする (3.4)	実行機能のためのオプションを提供する (6) ・適切な目標を設定できるようガイドする (6.1) ・プランニングと方略の向上を支援する (6.2) ・情報やリソースのマネジメントを促す (6.3) ・進捗をモニターする力を高める (6.4)
ゴール	学びのエキスパートとは… 目的を持ち, やる気がある	いろいろな学習リソースや知識を活用できる	方略的で, 目的に向けて学べる

udlguidelines.cast.org ¦ © CAST, Inc. 2018 ¦ Suggested Citation: CAST (2018). Universal design for learning guidelines version 2.2 [graphic organizer]. Wakefield, MA: Author.

ような多様性を念頭に置いて、特定の学習者にバリアができてしまわない、柔軟な授業デザインを促しています。

三原則のそれぞれを説明しましょう。

① 取り組みに関する原則（感情のネットワーク）

脳科学研究の発達とともに、意欲と学習効果との間に密接な関係があることがますます明らかになってきました。脳の中枢部にある感情のネットワークは、周りの環境をモニタしながら、優先順位を決めたり、やる気を起こさせたり、自分の行動をモニタします。学びの内容や方法や環境に対して学習者がどう感じるかということが学習効果に大きく影響するのです。つまり、不安が大きかったり、興味が持てなかったり、努力の維持が難しかったりすると、学習効果は

第1部 理論編

> **コラム 2-5　UDLの始まり**
>
> 　CASTは1984年にハーバード大学の教育学部の教授らによって設立された、誰もが学習できるように支援するための研究機関です。その当時、小型化し広まってきたコンピュータの技術を使えば障害のある人たちが学習しやすくなるのではないかと考え、最初は、例えば手が不自由な生徒のために足で操作できるキーボードなどを開発していました。しかし、そのように個々の障害に合わせて何かを作っていたのでは追いつかないことが明白になるにつれ、こんなにも授業に参加できない人が出てしまうのは、むしろカリキュラム自体がまずいのではないか、と気づいたのです。つまり、障害があるのは人ではなくカリキュラムの方であり、子どもをカリキュラムに合うように変えるのではなく、カリキュラムを子どもの中に存在する多様性に対応できるように変える必要があるという考えにたどり着いたのでした。ここに重要なパラダイムシフトがありました。そして、授業を計画するとき、つまり、授業・学習のゴール、使用する教材、学習・指導の手段・方法、評価のあり方や方法を考えるときに、その判断基準となる枠組みとしてUDLを開発し、提唱したのです。

落ちてしまうわけです。したがって、不安要素を取り除くことは重要となります。何のためにするのか、これを達成できるとどうなるのか、ということがわかれば頑張りやすくなります。また、どれくらいのエネルギーをどれくらいの期間維持すべきなのかを学習者本人が調整できるように、具体的なフィードバックを提供して子どもが意識するように促します。

　人間の脳は、楽なものよりちょっとチャレンジ（手応え）のあるものを好むようにできているそうです。したがって進歩に沿って適度なチャレンジがあり続けることは学習への取り組みの上でも重要です。もちろん、そのチャレンジが大きすぎると「もう無理」となって努力しなくなってしまうので、最適な度合いを常に見定める必要があります。チャレンジの度合いの違う教材や作業が用意されていれば、子どもが自分で合ったものを選べますし、支援ツールの使用・不使用でもチャレンジを調節できます。進度につれて徐々に支援を減らしていく足場的支援（足場外し）はまさにチャレンジの調整になるわけです。

　② 提示（認知）に関する原則（認知のネットワーク）

　認知のネットワークは、周りにある情報を知覚し取り込んで使用可能なものへと変えていきます。この知覚の部分にバリアがあると情報の取り入れが困難になり、学習に影響します。学校現場では従来、情報を取り入れるのに「見る・読む」ことや「聴く」ことが多く要求されてきました。しかし、学習者によってはそのような情報の取り入れ方がバリアになることもあります。そこで情報の知覚の方法を一つに限定しないオプション（別の選択肢）を提供することでバリアを取り除きます。例えば、読むことが苦手であれば読み上げも提供する、音声で聞き取ることが苦手であれば視覚的にも情報を提供する、といったことです。文字の大きさ、背景の色など表示の仕方を個人に合うようにカスタマイズすることも同じ意味で必要になります。さらに、理解を促進するための足場的支援も準備します。例えば、母語が外国語で日本語が不

コラム 2-6　学習上のバリア（障壁）

　この学習を阻むバリアとは何でしょう。障害があれば、学習にバリアができてしまうことは納得されやすいでしょう。例えば、視覚障害や読み書き障害があれば、印刷されたものを読むことに困難があるわけですから、学習上とても一般的な「教科書に書いてある内容を理解する」という作業であってもバリアができてしまうわけです。印刷された教科書を読む代わりに、点字教科書を使ったり、デジタル版になっていれば音声で聞いたりすることで対応可能です。実際にこのような対応はすでに「合理的配慮」として行われています。しかし、このように「障害」として認定がされている人たちでなくても、日本語力の弱い外国語話者や、どちらかというと読むことが得意でない人や、聞いて理解するやり方の方が頭で整理しやすい人、老眼鏡を忘れてきてしまった人などにとっても、印刷物を「読む」ことは通常以上のエネルギーや努力を要し、学習上のバリアとなります。にもかかわらず、こういった状態は「障害」ではないために、彼らは合理的配慮の対象外となってしまうわけです。学習はまず学習内容にアクセスできなければ困難であるわけですが、アクセスはあっても、いわば入り口（アクセス）が非常に入りにくく狭いものであるとすれば、すっと入れる人とそうでない人との間に苦労の差が大きく出てしまいます。入り口でエネルギーや気力を大きく割かなければならなかったり、使い果たしてしまったりすると、そこからさらに学習を進めていく効率が悪くなることは想像に難くありません。

　UDLでは、障害の有無にかかわらず、それぞれがその時にやりやすい方法を選んで本来のゴールを達成するための学習を助けます。つまり、UDLにおいてはアクセスの保障にとどまらず、学習者がさらに学習しやすい状態をつくり、学びのエキスパートになることを支えていくのです。

十分である学習者にその人の母語で情報を提示することは、内容へのアクセスを作るために有効な方法となります。キーワードを母語でサポートする、翻訳アプリを使う等で、学習が格段にしやすくなります。日本語を学んでいる間（つまり日本語力が不十分であるがため）に重要な学習内容へのアクセスができなくなり、日本語力が十分になったときに学習上で遅れをきたしてしまっていることがないように、このような支援は考えられていなければなりません。

　母語が外国語の人でなくても、人によってはわかりにくい文章構造や特別な用語や言い回しなどがあります。それをわかりやすいものに変えて提示することも必要です。教科によって特定の表現方法が使われていて、それが困難を引き起こしているときなども言い換えのサポートは役立ちます。このように文章構造などがバリアになっていないか前もって考えておき、必要に応じて子どもが言い換えを利用できるといいでしょう。なじみがない用語だけではなく、略語や数式や記号などもそれが何を示すかわからないと内容が理解できません。わからないときにその定義や説明にアクセスできれば理解しやすくなります。たとえば、別の表現形式での説明や図解や簡単な言葉で用意されていると助けになります。

　現在のテクノロジーを使えば、わからない箇所にカーソルを当てれば説明がポップアップで出てくるといった仕組みも可能です。ポップアップは言葉による説明だけでなく画像などでも表示できますし、そのような仕組みが埋め込まれていなくてもインターネットで調べられます。

第1部 理論編

漢字の読み仮名や読み上げも必要に応じてサポートがあると記載内容へのアクセスが阻まれないですみます。もちろん、漢字自体の習得がゴールである場合は、テストなどではそのサポートはできないことになりますが、練習のときには大いに活用できるわけです。もちろんテクノロジーを使わなくても、わからなくなったときや忘れてしまったときに見ることができるヒント表が教室の中に掲示してあったり、用語集にすぐアクセスできるようになっていたりすれば、バリアは取り除けるわけです。

UDLでは、情報を取り入れるときにどの方法が一番良いかを学習者が自分で判断でき、選んで使用できることをめざします。その方法もまた固定的ではなく、情報の内容・種類や、状況に応じて変わりうることも理解しておきましょう。

③ 行動と表出に関する原則（方略のネットワーク）

方略のネットワークは、与えられた環境において目的を持った行動をするために、計画したり、まとめたり、段取りをつけたり、実際に始めたり、その行動をモニタしたりします。この目的を持った行動の方法が制限されてしまうと、バリアができてしまい、うまく考えや習得したことを伝達できなくなります。

学校では、わかったことや知っていることを示すのに圧倒的な頻度で「手書きで書く」ことを要求してきました。そのため、この「書く」という作業がうまくできないと、どんなに優れた理解をしていてもそれを示すことができません。書字障害がある子どもはもちろんのこと、文章で表すのがうまくいかない子どもでも、「書けない」からといって知識がない、理解していないことにはなりません。しかし、ここでは教師に「書く」ことを要求されることが大きなバリアになってしまうわけです。

自分の考えを伝えるには、鉛筆を手に持って文字を書くこと以外にもさまざまな方法があります。口述、図解、イラストや4コマ漫画、模型、ジェスチャーや身体表現、写真や動画もあれば、工作・美術などの作品、音楽などもあります。ものを動かすことでも伝達はできます。テクノロジーを使えば、コンピュータなどでキーボード入力して「書く」こともできるし、口で話せるなら音声認識ソフトを使って「書く」ことができます。伝達という意味では、メール、チャット、ソーシャルメディアへの書き込みも伝達です。

子どもが実際に示しやすい手段を選べるように、いろいろなツールを使えるようにしておくことは重要です。音声入力やワープロなどのテクノロジーだけでなく、電卓のようなローテクのツール、あるいはグラフ用紙、概念マップなどのテクノロジーを使わないツールもあります。テクノロジーの使用というと、一斉にコンピュータに向かっていたりする教室の光景を思い浮かべられるかもしれませんが、一斉に使う必要は全くありません。

子どもはいろいろなツールや方法を使って理解したり、既習のことと結びつけたり、自分の考えや理解を表出するわけですが、学習においてそれがスムーズにできるためには、読んだり、書いたり、計算したり、いろいろなスキルの流暢性が重要な鍵となります。流暢性とは、立ち

コラム 2-7　いろいろな表出方法

　ある高校教師は、生徒がお互いの作品を批評する活動にインターネットを活用しました。作文をクラスのみんなだけが見られるプラットフォームにアップして、それぞれが意見を書き込めるようにしたら、教室では発言したことがなかった生徒がいい意見を書き込んできたそうです。このやり方が生徒にとって、不安感や緊張が軽減され、意見を表明しやすい手段だったことがわかります。悪筆や誤字も修正されるので気にしなくてもいいという利点もあります。

　また、ある教室では「今日、学んだことを誰かまとめてくれるかな？」という教師のリクエストに「ラップでもいいですか？」と見事にみんなの前でラップにしてまとめ上げた中学生もいました。こういった方法でも、ゴールが「人の作品に建設的な批評ができる」や「学んだことを要約して伝える」であれば、達成できていることになります。

止まって考えなくてもスラスラと自動化されてできることです。この流暢性の向上のために段階的に減らしていく足場的支援を提供して、子どもが流暢にできるまでレベルを変えて支援をしていきます。そのような個々の支援は、教師が自分の手ですべてしなければならないと考える必要はなく、支援のレベルの調整は、ツールの使用・不使用、使う方法の変化などでも行えます。もちろん、テクノロジーの利用もこの調節に非常に有効です。

2. カリキュラム

1) カリキュラムのデザイン

　UDLのいうデザインは、一つの教材や方法に限定した、すべての人に対応可能な「スーパーデザイン」ではありません。一つに限定しないでオプションを用意すること、足場的支援を必要に応じて提供したり外したりすることなどで、それぞれの学びのニーズに対応しようするものなのです。

　UDLでは、そのデザインの対象を「カリキュラム」として、具体的には「ゴール」「教材」「方法・手段」「評価」の４つを挙げています。一つひとつ見ていきましょう。

① ゴール

　「ゴール」は、その授業や単元で学ぶことを明確に柔軟な形で示し、学習後に何ができるようになっているかがイメージできるものであることが重要です。学習者が学習の到達目標を意識することは学習の効果を高めるのに役立っていると、いろいろな研究でも明らかになっています。

　米国の学校では、授業のゴールを教師はもちろん、学習者である子どもも意識できるように、教室内に示すことになっています。それを「私は○○ができる」という自分を主語にした文章で示すことが多くあります。これが授業後の自分の姿となる、という意味です。例えば、「私

第1部 理 論 編

> **コラム　2-8　流暢性**
>
> 　従来、流暢性を上げるための訓練として、何度も繰り返し行わせるという方法がとられてきました。もちろん、繰り返しは効果的な方法の一つではあるのですが唯一の方法ではありません。繰り返しだけでは流暢性の改善につながらない児童生徒もいます。例えば、漢字練習の際、2個目ですでに間違っているのにそのまま20個間違えたまま書いてくる子どもがいます。この子は、手本との違いを認識すること、違いがあるか注意を向けること、正しい漢字の視覚的イメージを持つこと、その視覚的イメージと違うかどうかに注意を向けること、などにつまずきがありそうです。漢字を正しくスラスラと書くために、繰り返しの練習で身につけているはずのスキルを分析し、その一つひとつに対応する支援を前もって準備しておけば、単なる繰り返しでは自然に身につかなかったポイントに働きかけられて有効です。また、九九が覚えられない子には、九九だけが掛け算の流暢性を上げる方法ではないので、場合によっては、別の方法を提示することも支援になります。

（僕）は足し算と引き算が入っている文章題を解くことができる」「私（僕）は、○○のトピックについて、理由を2つ以上あげて意見文を書ける」という具合です。なかには、「私（僕）は対立する2つの意見を比べ評価することができる。理由：大人になったら生活の80％は対立した意見を評価して決断をすることになるから」と、学ぶ理由が添えてあることもあります。このゴールはもちろん学習基準（日本でいえば、学習指導要領）とリンクしています。

　日本の教室でも「獣医さんの仕事と、そのわけや工夫を見つけながら読もう」などと「めあて」を黒板に表示していますが、それは教材に対しての具体性であり、何をするかというアクションプランやシナリオになっています。UDLのゴールでは、学習すべきスキルや知識概念を直接的かつ具体的に表していきます。

　ここに設定するゴールは一生かかって達成するようなものではなく、一定の時間内で達成でき、かつ、それが達成できたかどうか測定可能なゴールである必要があります。

　また、ゴールは明確かつ柔軟であることが重要です。ゴールの柔軟性とは、ゴール自体が達成すべきことを明確に示しながらも、情報の取り入れ方や表出の仕方を限定してしまうことのない形になっていることです。例えば、「資料集にある同じトピックに関しての異なる二つの主張を読んで、その違いと共通点を原稿用紙1枚に書く」は「同じトピックに関しての異なる二つの主張を比べ、その違いと共通点を表す」とすれば、「印刷物を読む」や「手書き」に限定されることがなくなります。

　② 教材

「教材」にはいろいろなものがあります。典型的なのは教科書や資料集などの印刷物かもしれません。動画なども使うでしょうし、実物や特別の道具を使うこともあるでしょう。それらを使うとき、その形態や内容や使い方自体が、意図せず、特定の人たちにとってはバリアになってしまうこともあります。そのバリアを取り除くオプションを準備しておくことが大切で

す。学習者の多様性に対応できる柔軟性を持って教材準備をするのです。一つに限定してしまわないことでそれは実現できます。

　提示（認知）や行動と表出のところでも説明しましたので、教材の「読む」「書く」におけるバリアはわかりやすいかと思います。でも内容におけるバリアはどうでしょう。学習者が興味を持てる教材か、ということも大切です。それだけでなく、内容的に気持ちがついていけないこともあるでしょう。例えば、親やきょうだいを亡くしたばかりの子どもが「死を扱った物語は今は辛い」と思うこともあります。ゴールが「物語文で登場人物の心情の変化を見つける」という場合であれば、教科書の特定の物語でなくてもその作業は可能です。そのゴールを達成するのにふさわしい物語文を他にも用意しておいたり、本人の選んだ物語でも適切ならばそれを使ったりしても同じ作業は行えます。

　また、学習者にとって適度なチャレンジ（手応え）の重要性は取り組みの原則のところで言及しましたが、教材においても適度なチャレンジを提供することで、学習者は飽きたり難しすぎてやる気を失ったりすることなく学習を進められます。簡単すぎず、難しすぎない、最適なレベルの手応えが、学習の意欲を増し、効果を促進していきます。この「最適な手応え」は単に習熟レベルの問題だけではありません。ペースや量も関係します。また、学習者のその日の調子によって左右されるものでもあるので、固定的にならず、柔軟である必要があります。

　③　方法・手段

　指導の方法・手段はいろいろあります。一斉の講義形式、グループやペアの作業、個別作業といった授業形態や、教える方式に特別のメソッドを使うこともあるでしょう。この「方法・手段」でも、それを採用することによってバリアができてしまうことはないか、前もって考えることが大切です。グループ作業で意欲を湧かせたり、人とのやりとりのなかから学べる子どももいれば、人と一緒にやることで不安が増したり、集中できない子どももいます。この場合は、誰かと行う作業という形態自体が学習のバリアになってしまうわけです。グループの人数に幅をもたせたり、個別作業でも構わないというオプションがあったりすれば、そういう子どもも学びやすくなります。同じことを学ぶのに繰り返しのドリルが効果的な子どももいれば、違う方法が効率的な子どももいるのです。

　学習者の多様性に対応した柔軟性を保つために複数のオプションを提供し、取り組みを促す、つまり、学習者の興味を引くものであることはここでも重要になります。そして、指導のなかで適切な足場かけと足場外しを提供することで、適度なチャレンジ（手応え）は保証できます。そういった足場的支援は最初から明示されていて、使うかどうかも学習者自身が選んで調整できるようであればいっそうよいわけです。

　④　評価

　「評価」には、形成的評価と総括的評価がありますが、どちらも学習者の多様性に対応した柔軟な選択のある形態で、意図したものを測定していることが大切です。評価ではバイアスの

ない公平性、妥当性、信頼性が重要であることはもちろんです。さらに学習者自身が自分の状態をモニタできることも、自己調整して学習を進めていく上で評価の重要な役割となります。とくに形成的評価は学習のための評価であり、教師と学習者それぞれに今後へのフィードバックを提供するものです。この形成的評価の充実は、新学習指導要領でも求められています。さらに、学習を促進するという評価の目的を考えれば、学習者に誤りに気づかせ、直す機会が与えられていることは重要です。

評価はゴールと整合性を持ち、ゴールで求めているものを測定します。ところが、方法によってはそれが成立しないこともあります。また、評価方法が要求する表出の仕方が限定的（例えば「筆記テスト」）であるためにゴールを達成できていても示せないのであれば、それは正確な評価とはいえません。また、評価の方法には、不安感や気が散るのを軽減する手立ても考えられている必要があります。

UDLでは、「ゴール」「教材」「方法・手段」「評価」について、このように留意して多様性に対応できる柔軟な形にデザインしていきます。特定の子どもだけに限定した特別支援教育ではなく、すべての子どもが対象で、通常教育の中からの変革を求めるものなのです。

3. UDL：米国と日本

米国では法律によって、個々の子どもの学習の伸びに関して学校が責任を問われるため、子どもに合わせた柔軟な対応は必要不可欠であり、奨励されています。そのひとつとしてUDLは、2008年から高等教育法、また2015年末に制定された新しい初等教育法ESSA（Every Student Succeed Act）法にも盛り込まれ、予算をつけて推奨されています。このESSA法の前身である2001年制定のNCLB法（No Child Left Behind）によって、前述の子どもの学習の伸びに対する学校の説明責任が問われるようになり、教師は発想転換を余儀なくされました。つまり、「どう教えるか」ではなく、「どう学ぶか」に焦点を置く必要が出てきたわけです。これは、日本の学校においても他人事ではなく、新学習指導要領で要求される「主体的な学び」を実現するために不可欠な概念とも言えます。UDLは世界中に広がりつつあります。しかしどこの国でもその推進に一番大きく影響を及ぼすものは、予算やICTが使えるか否かではなく、この教師のマインドセットの転換であることを覚えておきたいものです。

米国の実践ではUDLを取り入れてから学校区全体の学業成績が上がるなど多くの成功例が報告され、確かな手応えは得ています。しかし、UDLはその最大の長所である「柔軟性」のために、対照実験が困難で、厳密な効果検証が難しいことも事実で、今も多くの研究者がその方法を模索しています。

4. 合理的配慮と UDL

　2016 年、日本でも障害者差別解消法（第 2 章第 2 節参照）によって公立校は合理的配慮の提供が義務づけられました。学校における合理的配慮というのは、そもそも個人の障害のゆえに学習や学校生活へのアクセスが絶たれてしまっている状態を解消し、アクセスを作るためにとられる対応のことです。具体的には、書字障害のある子どもにコンピュータによるノート取りやテスト受験を許可する、読みの障害のある子どもが読み上げソフトを使うといったデバイスを使うものから、注意集中時間が短く休憩が通常以上に必要な子ども、気が散りやすい子ども、問題文の読み上げが必要な子どもなどに、別室受験や時間延長を認める、解答用紙ではなくテスト問題への解答記入を許可するなど、お金のかからないものから、座席の位置の配慮などの今までも通常に教師がとってきた工夫も含まれます。

　「配慮」という言葉が誤解を生みやすいのですが、これは教育を受ける権利を保障するものであり、言い換えれば「合理的人権保障」です。そのためには科学的なアセスメントに基づいた障害の認定（診断）とその障害によるバリアが克服できる対応方法も特定できることが本来は必要です。しかし、日本では障害をアセスメントできる力や環境が弱い現場もまだ多くあり、そういうところでは「誰に」「何を」合理的配慮として提供すればよいのか判断に苦しんでいるのも事実です。さらに「診断」を医療分野に委ねる仕組みになっていることから未診断の子どもも多く、特定の子どもが診断という後ろ盾もなく特別な対応がされるとなると、それに対する不平不満にどう説明・対応するかということも学校の悩みとなります。また、必要のない子に「下駄を履かせる」ことにならないか、それによってすべき努力の機会も取り上げているのではないか、との疑問によって実施が躊躇されることもあるでしょう。

　しかし再度、教室の中を見回して考えてみれば、「学習したいのにできない」状態＝バリアに阻まれているのは、障害認定（診断）を受けられた子どもに限りません。UDL の導入は、合理的配慮にまつわる現場のジレンマの解決だけでなく、より多くの児童生徒のバリアも取り除いて学習に主体的に取り組める状態を作り出すことになります。まさに日本の学校現場に

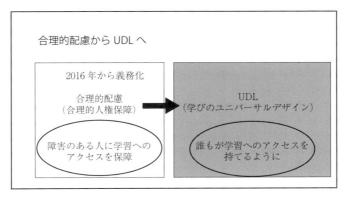

図 2-2　合理的配慮から UDL へ

● 第1部 理 論 編　●●●

うってつけだと言っても過言ではありません。

5. SCに求められること

　学校での適応や行動問題にはいろいろと複雑なものが背景に絡み合っていることも多いですが、とくに学習との絡みが大きいことは否めません。学校にいる時間のほとんどを占める授業中にバリアが多ければ、力も発揮できず、誤解もされ、自分自身の評価も下がり、そこにいること自体がおもしろくなくなるのも理解できます。SCによっては教職課程の履修や教員経験はないかもしれませんが、学習科学、認知科学、神経心理学、発達心理学の観点から、今の学習環境における問題点を指摘し、改善策の提案をすることができます。「子ども」を変えるのではなく、「環境」を変える改善策です。提案するとき、教師が持つであろう「特別なことをする負担感」や「今までのやり方を変える不安感」に対しても準備が必要です。そのためにもSCこそ学習指導要領を熟読し、いかにその提案が文部科学省の指針によって裏づけされているかということも示せると、教師の安心感にも繋がるでしょう。

　教師から「学習の方法（情報の取り入れ方や表し方）をバラバラに変えてしまうと、評価ができない」という懸念がよく出されます。これもゴールに合わせたルーブリックを作れば、それに従って評価することが可能になります。ルーブリックの作成・使用は文部科学省も推奨していますが、研修が不足している場合は、作り方の実際を支援することによっても、SCは役立つことができます。

　繰り返しますが、UDLは特別の技術やハウツーのメソッドではありません。教師がこのように自分の授業に関して「ゴール」「教材」「方法・手段」「評価」を決めるにあたって、「どうすればよいか？」と考えるときの判断基準となる枠組みなのです。また、特定の子どもだけに

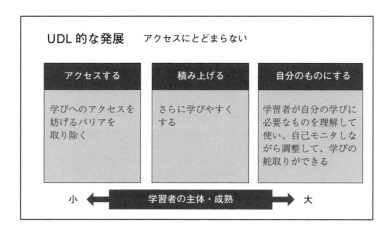

図2-3　UDL的な発展

第2章　ここまで進んだ子どもへの支援

表2-5　ルーブリックの例

観点	4	3	2	1
数学的推論	複雑な精査された数学的推論をしている	効果的な数学的推論をしている	数学的推論をしようとした証拠がある	数学的推論をしようとした証拠がほとんどない
用語や記号	用語や記号を常に正確に使っており、したいことがわかりやすい	用語や記号の使用はだいたい正確で、したこともおおよそわかりやすい	用語や記号を正確に使っていても、形跡がわかりにくいこともある	用語や記号が使われていないか、不適切な使い方になっている
方略・手続き	常に効率的で効果的な方略を使って問題を解いている	だいたい効率的で効果的な方略で問題を解いている	ときどき効率的で効果的な方略で問題を解いている	効率的で効果的な方略で問題を解くことはほとんどない
説明	詳細で明確な説明	明確な説明	説明がやや理解しにくいが、重要な部分は含んでいる	説明が理解不能で、重要部分が欠けている
まとめ方と整然さ	整然とし、明確でまとまりもよく、読みやすい	整然としていてまとまりもよく、だいたい読みやすい	まとまりはよいが、読みにくいところがある	整然とせずまとまりも悪い。情報の提示もわかりにくい

限定した特別支援教育ではなく、すべての子どもが対象で、通常教育の中からの変革を求めるものなのです。

　UDLの実践にあたっては一度にすべてを変えようと思わなくてもかまいません。学習者としての成熟と主体性がどの段階にあるかを見極め、最終的には学習者自身が自己モニタしながら調整して自らの学びの舵取りができるように支援することが重要なのです。

コラム 2-9　フィードバック

　学習がうまくいくためには即時的で意味のある具体的なフィードバックが効果的です。努力やがんばりを維持するためには、「がんばったね」「よくできたね」という漠然とした大まかな褒め言葉や人と比較したフィードバックより、「昨日より○○が正確になっているね」「このペースで続ければ、この時間中に全部終わるね」「ここ、自分で気づいて直したのがうまくいったね」「このあいだ話した方略のなかに、これをもっと効率よくできるものはないかな？」など、何がどのようにどうなっているのかがわかるようなフィードバックが効果的です。それは、学習者本人が自分の状態をより正確に把握でき、どのようにがんばればよいかがクリアになり、ゴールまでの道のりが見えやすくなるからです。何十人もの子どもそれぞれに細かく即時的なフィードバックはなかなかできないかもしれません。しかしIT機器などのテクノロジーを使えばそれが可能になる作業も多くありますので、利用したいものです。

第1部 理論編

第6節　不登校対策

1. 不登校の現状と法的規定

　小・中学校において年間30日以上欠席した不登校者数は、2017年度14万4,031人（前年度比7.7％増）です。小学生は35,032人。小学生全体に対して、185人に1人（0.54％）という割合ですが、中学生は、10万8,999人。31人に1人（3.25％）が不登校ということになります。傾向として小学校では、小学校4年生から継続的な不登校が1,000人を超え、5～6年生まで長期化するケースが多いこと。中学校では、1年生から新たに不登校になる生徒が増加しているようです（文部科学省、2018b）。香川県で、再登校できた児童生徒と欠席日数の関係や対策との関係を調べた調査によると、小学校は1～2年生の不登校の大半は50日以下であり、半数が再登校できるようになっている一方、3～4年生で90日を超える者は再登校できておらず、70日以下では約6割が再登校できるようになっていました。5～6年生では150日を超える者は再登校できておらず、50日以下では再登校は7割を超えているという報告があります（香川県義務教育課、2009）。

　不登校になった場合、法的な施策がないように誤解している方が多いようですが、保護者には日本国憲法第26条第2項に「保護する子女に普通教育を受けさせる義務がある」と規定しており、教育基本法第5条ではさらにこの普通教育の授業料の無償を規定しています。これを受けて学校教育法第16条で、9年の普通教育を受けさせる義務、第17条第1項では小学校又は特別支援学校の小学部への就学義務を、同条第2項では中学校、中等教育学校の前期課程、又は特別支援学校の中等部への就学義務が規定されています。坂田（2002）は、これでも不登校がなくならない理由として「普通教育」＝「就学」という図式が成り立たないことがあると指摘しています。つまり、上位法である日本国憲法での規定は「普通教育」であるため、学校に行かなくても、ホームスクーリングあるいは学校に代わる機関で教育を受けていれば普通教育を受けさせる義務は果たしていることになるという見方があるというわけです。

　2016年9月14日に文部科学省は「不登校児童生徒への支援の在り方について（通知）」を発出し、「不登校とは、多様な要因・背景により、結果として不登校状態になっているということであり、その行為を『問題行動』と判断してはならない。不登校児童生徒が悪いという根強い偏見を払拭し、学校・家庭・社会が不登校児童生徒に寄り添い共感的理解と受容の姿勢を持つこと（中略）が、結果として児童生徒の社会的自立につながることが期待される」との見解を示しました。また、「児童生徒が不登校となった要因を的確に把握し、（中略）社会的自立へ向けて進路の選択肢を広げる支援をすることが重要」「既存の学校教育になじめない児童生徒については、学校としてどのように受け入れていくかを検討し、なじめない要因の解消に努める必要がある」とするとともに「不登校の要因・背景によっては、福祉や医療機関等と連携

し，家庭の状況を正確に把握した上で適切な支援や働き掛けを行う必要がある」として、学校だけでなく家庭や地域の諸機関との連携・協働を求めています。この考え方は、2017年12月に制定された「義務教育の段階における普通教育に相当する教育の機会の確保等に関する法律（教育機会確保法）の公布について（通知）」において、より明確化され強調する形で学校に配慮を求めています。

2. さまざまな不登校対策

現在行われている不登校の主な対策として、①教育支援センター（適応指導教室）の活用、②ホームスクーリング、③魅力あるよりよい学校づくりがあります。

2015年度の文部科学省による全国調査（文部科学省、2015c）では、約6割の自治体で教育支援センターが設置されており、国公立私立を問わず児童生徒を受け入れていますが、在籍者は小学生で3,154名、中学生は14,963名、高校生が120名、中退その他が25名で、不登校全体の1割程度です。ニーズに沿って、個別の学習支援や少人数でのスポーツ、調理体験、自然観察等を取り入れていますがカリキュラムを決めて活動しているのは約半数です。

ホームスクーリングは、世界でも合法の国と非合法の国に分かれます。義務教育の一形態として認められているのは英国、米国、カナダ、シンガポール、オーストリア、インド、オーストラリア、南アフリカ共和国、ロシアの一部等です。家庭内および戸外のスポーツ、自然体験、宗教教育などの教育機関を活用して学習を行っています。学校にいけない理由がある児童・生徒や家庭の教育方針として行っています。アメリカでは宗教上の理由でホームスクーリングを選ぶ家庭が多かったのですが、学力低下や校内暴力などの問題が増加しはじめた時期から、チャータースクールやホームスクーリングが増加しました。現在は、州によって規定を定めホームスクーリング上のさまざまなプログラムを提供し、学年相応の学力があることを認めるための試験も課されています。チャータースクールとは、親や教員、地域団体が、州や学区の許可を受けて設ける学校です。子どもの学びのスタイルに合わせ学習意欲を回復する効果を上げています。

一方、学校教育の内容を改善したりUDLが活用された結果、ホームスクーリングを停止して学校教育に参加する動きも出ています。

日本でも、早期英才教育を与えたい家庭や子どもの特性に合わせた自由な教育を望む家庭がホームスクーリングをしていましたが、これが憲法に定める「普通教育」に当たるかについては議論が生じていました。しかし、学校の学習方法や生活環境になじまない児童生徒らの不登校が増えるなかでホームスクーリングを認めるべきだという議論が生じ、2005年7月には「不登校児童生徒が自宅においてIT等を活用した学習活動を行った場合の指導要録上の出欠の取扱い等について（通知）」が出されています。不登校児童生徒のために多様な「教育機会確保」が必要であると「教育機会確保法」に明記され、「教育支援センター，不登校特例校，フリー

● 第1部 理　論　編　●●●

スクールなどの民間施設，ICT を活用した学習支援など（後略）」に加えて、「夜間中学において，本人の希望を尊重した上での受入れも可能」とされ、「学校復帰」だけを目的にするのではなく、「児童生徒が自らの進路を主体的に捉えて，社会的に自立することを目指す」としています。

　不登校を起こさせない魅力あるよりよい学校づくりの取り組みとしては、いじめ予防と授業改善があります。それぞれの項目を参照してください。

第7節　非行予防

　少年の犯罪については、教育による効果が立証されているため成人とは異なる審判や更生方法がとられています。教員やSCらの責任は、第一次予防として非行を行わないための教育、第二次予防として非行を発見した段階でとりうる対応策や法律の理解、第三次予防としては、通告後の専門機関との連携です。第三次予防の個別対応は、通告されても初犯や軽度である、家庭に保護能力があるという判断で審判が開始されなかったり、在宅での保護観察処分、少年鑑別所からもどって在宅の保護観察処分、少年院入院後に仮退院期間での保護観察などの少年らが対象となり、教員やSCらは少年を保護司や保護観察官らと協力して学校教育にもどしていく支援をする役割があります。

　非行予防のために教員が知っておくべき子どもの主な法律や項目は以下になります。①少年法、②刑法、③児童福祉法、④児童買春、児童ポルノに係る行為等の処罰及び児童の保護等に関する法律（児童買春禁止法）、⑤覚せい剤取締法、⑥未成年者喫煙禁止法、⑦未成年者飲酒禁止法（喫煙、飲酒は大人の黙認や助長行為に対して50万円以下の罰金）、⑧労働基準法による労働の強制の禁止、⑨暴力団員による不当な行為の防止等に関する法律による、指定暴力団員の未成年者への加入の強要・勧誘・脱退妨害の禁止・刺青強要の禁止、などです。

1. 少年法

　少年の保護事件や刑事事件、一定の福祉犯罪を犯した成人の刑事事件に関する刑事訴訟の規定をした法律です。犯罪発見後の通告先、方法、調査・審判の進め方、抗告、処分等についての取り決めがあります。

1）対　象

　少年審判の対象は、以下の3形態に分かれます。①14歳以上20歳未満で罪を犯した少年（犯罪少年）、②14歳に満たないで刑罰法令に触れる行為をした少年（触法少年）、③ぐ犯少年（イ）保護者の正当な監督に服しない性癖がある、ロ）正当な理由がなく家庭に寄り付かない、ハ）犯罪性のある人若しくは、不道徳な人と交際し、又はいかがわしい場所に出入りする、ニ）自己又は他人の徳性を害する行為をする性癖がある、に該当する者たち）。小学生でも触法少年やぐ犯少年として家庭裁判所の審判対象になる可能性がありますので、犯罪に当たる行為や審判の進め方を理解しておいてください。また家出、徘徊、リストカット、家庭内暴力、携帯・ネット依存なども、ぐ犯少年として警察の少年相談と早期から連携していくことが犯罪予防に役立ちます。

第1部 理論編

2. 少年犯罪の種類と動向

1) 通告、警察官の調査について

　少年法第6条は、「家庭裁判所の審判に付すべき少年を発見した者は、これを家庭裁判所に通告しなければならない」と規定しています。家庭裁判所の審判に付すべき少年とは、前項の3形態の少年のことです。ただし、通告の方法には2通りあり、直接家庭裁判所に通告する方法と、児童相談所に通告する方法があります（児童福祉法第25条）。児童相談所が通告を受けた場合は、児童福祉法の調査規定に基づき、児童、家族への調査が行われ、訓告、相談が開始されます。児童相談所が、家庭裁判所に通告が必要と判断した場合には家庭裁判所での審判が開始されます。

2) 犯罪の種類

　まず、何が犯罪に当たるのか、警察への通告が必要なのかを理解しましょう。

［刑 法 犯］　殺人、強盗、傷害、窃盗、詐欺、恐喝、横領、強制性交（旧：強姦）、放火、公務執行妨害、隠匿、偽造、暴力行為等処罰、組織的犯罪処罰、危険運転致死傷、自動車運転過失致死傷、業務上過失傷害・致死

［特別法犯］　道路交通法違反、軽犯罪法違反、覚せい剤取締法違反、廃棄物の処理及び清掃に関する法律違反、出入国管理及び難民認定違反、銃砲刀剣類所持等取締法違反、自動車の保管場所の確保等に関する法律違反、自動車損害賠償保障法違反、風俗営業等の規制及び業務の適正化等に関する法律違反、大麻取締法違反

3) 主要刑法犯の内訳

　全体としては減少傾向にありますが、窃盗・横領の割合が大きいこと、凶悪犯における少年の比率が高いこと、粗暴、凶悪犯罪には至らないまでも器物損壊、住居侵入、恐喝、横領の多さが目立ち対応の必要性が指摘されています。

4) 少年審判の流れ

　犯罪を犯した少年は図1-13（第1章23ページ参照）のように審判が進められます。2017年度に新規に受理された少年は表2-5のようになっています。全体で6万3,999人のうち、家庭裁判所で6万3,103人が審判を受けています。触法少年として児童自立支援施設送致が166人、知事、児童相談所送致が159人、より詳細な鑑別が必要とされ少年鑑別所入所者が、7,109人、少年院に送致された者は2,147人、保護観察が1万4,465人です。不処分が1万3,460人、審判が開始されなかったケースは2万8,587人です。

表 2-6 2017 年度　少年の新規受理人数の内訳（法務省、2018）

検察庁新規受理人員		6 万 3,999 人
家庭裁判所	終局処理人員	6 万 3,103 人
	検察官送致	3,998 人
	保護処分	1 万 6,899 人
	（うち児童自立支援施設送致）	（166 人）
	知事、児童相談所送致	159 人
	不処分	1 万 3,460 人
	審判不開始	2 万 8,587 人
少年鑑別所	入所者	7,109 人
少年院	入院者	2,147 人
刑事施設	少年刑務所など	19 人
保護観察所	保護観察開始人員	1 万 6,934 人
	少年院仮退院者	（2,469 人）
	保護観察処分少年	（1 万 4,465 人）

注）重複する場合があるため、合計数が新規受理人員にはなりません。

　家庭裁判所での審判の後、保護観察処分になると保護観察官および保護司との定期面接や行動観察を本人および家族が受けながら更生に努めていきます。少年鑑別所や少年院から出院した場合も同様に保護観察が行われます。少年らが再犯しないよう、学校関係者は、地域の専門家と連携して指導に当たります。

　社会復帰後は、彼らが非行少年らとの関係を絶つ力をつけたり、学校に居場所を見つけて将来に対する見通しを持って学業や対人関係を継続、発展させる知識やスキルが身につけられるような対策が学内や地域で必要となります。

5）凶悪犯罪への対応

　少年による粗暴、凶悪犯罪の実態に合わせて、改正された少年法第 20 条では、「死刑、懲役又は禁錮に当たる罪の事件について、（中略）管轄地方裁判所に対応する検察庁の検察官に送致しなければならない」とし、第 2 項でも「家庭裁判所は、故意の犯罪行為により被害者を死亡させた罪の事件であつて、その罪を犯すとき 16 歳以上の少年に係るものについては、同項の決定をしなければならない」と規定しています。少年院は 1997 年の神戸連続児童殺傷事件等を契機として比較的長期入所が認められるようになってはいるものの、一般的には入所期間は 1 年から 2 年であるため、処遇困難少年が増えているのが実情です。一方少年刑務所は収容年数も長く、矯正教育プログラムも充実していますので、刑事罰としての責任を取らせながら

● 第 1 部 理 論 編 ● ● ● ●

コラム 2-10　刑事罰と少年への適用について

　文部科学省は、少年犯罪の予防として非行防止教室の例の中で「児童生徒が、犯罪行為の罪の重さを知り、犯罪を犯した場合にどのような罪を負うこととなるのか教え、自らの行為に対する責任を教える」と述べ、以下のような犯罪とその刑事罰を挙げています。

ア：凶悪犯の場合
- 殺人罪：「人を殺した者は、死刑又は無期若しくは5年以上の懲役に処する」（刑法第199条）
- 強盗罪：「暴行又は脅迫を用いて他人の財物を強取した者は、強盗の罪とし、5年以上の有期懲役に処する」（刑法第236条第1項）
- 強盗致死傷罪：「強盗が、人を負傷させたときは無期又は6年以上の懲役に処し死亡させたときは死刑又は無期懲役に処する」（刑法第240条）
- 強姦罪：「暴行又は脅迫を用いて13歳以上の女子を姦淫した者は、強姦の罪とし、3年以上の有期懲役に処する。13歳未満の女子を姦淫した者も、同様とする」（刑法第177条）
- 放火罪（現住建造物等放火）：「放火して、現に人が住居に使用し又は現に人がいる建造物、車、電車、艦船又は鉱坑を焼損した者は、死刑又は無期若しくは5年以上の懲役に処する」（刑法第108条）

イ：粗暴犯の場合
- 傷害罪：「人の身体を傷害した者は、15年以下の懲役又は50万円以下の罰金に処する」（刑法第204条）（なお、『現場助勢』として、犯行「現場において勢いを助けた者は、自ら人を傷害しなくても1年以下の懲役又は10万円以下の罰金若しくは科料に処する」（刑法第206条））
- 暴行罪：「暴行を加えた者が人を傷害するに至らなかったときは、2年以下の懲役若しくは30万円以下の罰金又は拘留若しくは科料に処する」（刑法第208条）
- 脅迫罪：「生命、身体、自由、名誉又は財産に対し害を加える旨を告知して人を脅迫した者は、2年以下の懲役又は30万円以下の罰金に処する」（刑法第222条第1項）（なお、「親族の生命、身体、自由、名誉又は財産に対し害を加える旨を告知して人を脅迫した者も、前項と同様とする」（同条第2項））
- 強要罪：「生命、身体、自由、名誉若しくは財産に対し害を加える旨を告知して脅迫し、又は暴行を用いて、人に義務のないことを行わせ、又は権利の行使を妨害した者は、3年以下の懲役に処する」（刑法第223条第1項）（なお「親族の生命、身体、自由、名誉又は財産に対し害を加える旨を告知して脅迫し、人に義務のないことを行わせ、又は権利の行使を妨害した者も、前項と同様とする」（同条第2項））
- 恐喝罪：「人を恐喝して財物を交付させた者は、10年以下の懲役に処する」（刑法第249条第1項）

［引用文献］文部科学省（2008）「児童生徒の規範意識を育むための教師用指導資料」（非行防止教室を中心とした取組）　Ⅴ．非行防止教室を実施する場合の具体的な指導内容の例
　＊2017年の刑法改正により強姦罪はなくなり、強制性交罪となる。［刑法第177条（強制性交等）］

の矯正教育を実施して効果を上げているところもあります。

3. 触法少年の処遇

　14歳未満で犯罪を犯した少年は、犯罪を犯したとは見なされず触法事件とされます。そのため、長崎で13歳の少年が児童にわいせつな行為をしたうえでビルから突き落として死亡させたり、佐世保で小学校6年生の女児が同級生を学校内で殺害するというような事件の場合でも、検察官送致は行われません。児童相談所に預けられ、そこから家庭裁判所が少年保護手続きをとります。その結果、保護観察と児童養護施設で保護される、あるいは児童自立支援施設に身柄が保護されるかのどちらかになります。少年院と異なり保護施設であるため、矯正教育の質や身柄の保護状態が触法少年の矯正に適しているとはいえないのが現状です。触法少年に対する処遇も見直しが行われ、小学校5年生程度から少年院への収容が可能となりました。

● 第1部 理論編 ● ● ●

第8節　学校の安全管理

　危機管理に関する法的義務を示しておきます。学校は、児童生徒が自己の管理下にある間、その安全を確保する義務を負っています（安全配慮義務）。法令上明文の規定は存在しませんが、在学関係という児童生徒と学校側との特殊な関係上、当然に生ずる義務と考えられています。

1. 安全管理について

学校保健安全法（2008年に学校保健法から名称変更）

　学校における児童生徒および職員の健康保持と増進をはかるための法律です。学校において「教育活動が安全な環境において実施され、児童生徒等の安全の確保が図られるよう、学校における安全管理に関し、必要な事項を定め、もって学校教育の円滑な実施とその成果の確保をする」と目的にあるように、安全管理に欠かせない法律です。

　第2章は学校保健に関しての規定を述べており、健康相談、健康診断、感染症の予防のために行うべき責務について規定しています。また、第3章では、学校安全についての規定が書かれており、学校安全に関する学校の設置者の責務（第26条）として、「事故、加害行為、災害等（中略）により児童生徒等に生ずる危険を防止し、及び事故等により児童生徒等に危険又は危害が現に生じた場合（中略）において適切に対処することができるよう、当該学校の施設及び設備並びに管理運営体制の整備充実その他の必要な措置を講ずるよう努める」としています。

　また、学校安全計画の策定を行い（第27条）、危機等発生時の対処マニュアルの作成および研修の実施、児童生徒の被害対応の支援（第29条）、安全確保のための地域の関係機関等との連携（第30条）が規定されています。

2. 教職員の安全配慮義務について

　教職員の安全配慮義務は、学校内の多岐の活動に及んでいます。小学校・中学校では、児童生徒の危機察知能力の低下が見られるため、休み時間での事故や、生徒間暴力による怪我が増えています。危機管理の視点を持ち、休み時間や放課後、クラブ活動中などの安全管理を誰がどこまで行うかについてのマニュアルを作成しておく必要があります。また、教職員の過剰な負担にならないように、保護者の協力やコーチを招くなど外部の人材を活用することも安全管理の中に加えてください。

1）安全配慮義務の範囲

勤務時間内に発生する事故：授業内、休み時間、給食中など
　　クラブ活動中の事故

学校行事中の事故（運動会や宿泊行事など）
　　　いじめ・校内暴力による事故
　　　校内の設備の欠陥による事故
　勤務時間外に発生する事故

2）保護者への事故の通知義務

　事故があった場合には、保護者への通知義務があります。ただし、事故後、外観上異常が認められず、本人も異常がないと言明している場合は通知義務はありません。このような場合でも、担任からの報告があるほうが保護者との信頼関係を保ちやすくなります。学校方針や学級の方針として、学校内でのできごとをどこまで伝えるか保護者に伝えておくと、トラブル回避がしやすくなります。

3. 学校事故が発生した場合の責任

　①刑事責任、②民事責任、③行政責任、の３つの責任が発生します。
　刑事責任においては、体罰、暴行や不法行為に対しては刑法による刑事罰が下される可能性があります。過失による事故や事件の場合には、業務上過失傷害や過失致死等の刑事責任が問われることがあります。
　民事責任の中心は、損害賠償責任です。公立学校の場合、国家賠償法により教職員が直接損害賠償の対象となることがないように規定されています。損害賠償責任を個人でとるような規定であれば、児童生徒との積極的な関わりを躊躇する教職員が増えてしまう可能性があり、教育活動に支障が出るためです。
　行政責任は、職務上の義務違反等として教育委員会から行われることが多く、免職、停職、減給、戒告といった懲戒処分がなされます。

1）いじめによる怪我、自殺

　いじめの存在を知っていて予防措置、対応をしなかった結果生じた怪我や心理的外傷については、民事責任、行政責任に加えて、刑事責任が問われる可能性を否定できません。また、いじめは知っていたが、自殺まで予見できなかった場合は、いじめを阻止できなかった点を強調すれば、過失責任（刑事罰：過失傷害）を問うことが理論上は可能だとする見解があります。しかし、自殺に対する過失責任の判断は、直接の関係性を立証することが難しいようで、刑事ではなく民事訴訟で争われるケースがほぼすべてと言っても過言ではありません。行政責任としては、教育委員会による懲戒処分の対象となることがあります。

2）校内暴力が激しい場合の対処について

校内暴力は、暴力犯として刑事罰の対象となります。器物損壊、傷害、公務執行妨害、凶器準備集合などが通告の対象となる可能性があります。少年法を厳格に適用すれば、暴力犯として逮捕され、家庭裁判所送致から少年鑑別所、少年院へと処遇が進んで行くこともありえます。ただ、校内暴力で少年院送致になる例はまれだといわれています。

また、16歳以上の少年の故意による死亡事件は、刑事処分手続きが原則となっています（逆送）。家庭裁判所から検察官に逆送された場合、地方裁判所において成人と同様の手続きで裁かれることになり、少年刑務所へと処遇が進むこともまれではありません。しかし、18歳未満の少年には死刑を科すことができず、その罪が成人の死刑に相当する場合は、無期刑を科すとされています。

少年の校内暴力には、学校や社会へのメッセージがこめられている場合も多いため、学校ではまず一次的予防として適切に自分の欲求や感情を表現するスキルを獲得させる必要があります。また、暴力が日常的に生じている場合には、直接の暴力被害者ではなく見ているだけでも慢性PTSD（心的外傷後ストレス障害）を発症する可能性もありますので、出席停止措置を取るなど（学校教育法第35条）、早期に警察・少年センター、少年鑑別所の法務少年支援センター、児童相談所等と連携して家庭へ介入することも必要になります。

出席停止措置（学校教育法第35条）
　市町村の教育委員会は、次に掲げる行為の一又は二以上を繰り返し行う等性行不良であつて他の児童の教育に妨げがあると認める児童があるときは、その保護者に対して、児童の出席停止を命ずることができる。
一　他の児童に傷害、心身の苦痛又は財産上の損失を与える行為
二　職員に傷害又は心身の苦痛を与える行為
三　施設又は設備を損壊する行為
四　授業その他の教育活動の実施を妨げる行為

---

4. 授業その他の教育活動の実施を妨げる行為への対応

出席停止の命令や手続きについては、市町村の教育委員会規則で定めることになっており、出席停止期間について学習やその他教育上必要な措置を講ずることになっています。

この規定は、懲戒のためではなく、生徒指導を継続的に行い、当該児童生徒以外の児童生徒の教育環境を保持することを目標としています。したがって、出席停止をすると同時に継続指導が行えるような体制とプログラムが必要になります。

●ワーク● 2-1
日本における児童生徒の健全育成に関する法律の概観表（表2-1）に書かれている法律の条文を実際に読み、不登校、いじめ、校内暴力、児童虐待それぞれにおいて、法律ではどのように規定しているかを確認してみましょう。

●ワーク● 2-2
児童虐待が増加する背景として法律・制度上何が不備なのか列記してください。

●ワーク● 2-3
日本人児童生徒の学力低下を予防するために、進級制度としてどのような改善を行う必要があると思いますか。

●ワーク● 2-4
不登校について、次のことを考えましょう。
1. 不登校になった場合の対応を法令の規定に従って、整理してください。
2. 不登校の背景には学習の遅れと社会性の未発達が挙げられています。不登校期間の学習の保障のために、今後どのような制度が必要と思われますか。ホームスクーリング、適応指導教室、相談室登校についてどのような制度的保障が必要か、提案してください。

●ワーク● 2-5
非行について、次のことを考えましょう。
1. 非行の低年齢化の背景には、家庭での保護状況の悪化（児童虐待、経済的不安定）があります。一方で、逮捕された少年の約6割が不処分として家庭に戻されます。非行予防のために家族に対してどのような制度が必要かを提案してください。
2. ぐ犯少年や、14歳未満の触法少年の予防を行うために、小学校・中学校でどのような非行予防教育的な制度が必要かを提案してください（例、行動規範を明確にして、生徒指導部と家族が連携できる体制をつくる。矯正教育の専門機関との公的協力関係をつくるなど）。

●ワーク● 2-6
学校の安全管理について、次のことを考えましょう。
1.「過失」とは何かを法的に述べ、「過失責任」の内容を説明してください。
2. 学校事故を予防するために、教職員が理解しておく必要のある安全配慮義務、報告義務について列記してください。

❖参考文献❖　教育法規についてもっと勉強したい場合は、以下の本を参考にしてください。
坂田仰・河内祥子（2010）ケーススタディ教育法規―学校管理職として、学校現場での事件・事故・トラブル等にどう対応するか　教育開発研究所

第 **3** 章

子どもの教育を包括的に考える

包括的スクールカウンセリングの概念

> 子どもの教育には、健康的な要素を育てる啓発的な視点と、問題に対応するための治療的な視点が必要になります。また、不登校やいじめは適応の問題だけではなく、背景に学習のつまずきや進路選択の課題があります。課題のある児童生徒に担任教師が一人で対応していると学級の他の児童生徒へ本来行うべき指導に支障をきたしがちです。この章では、子どもが学校で達成感を味わっていくために必要な要素を包括的に考え、学校が家庭や地域とどのように連携していけばよいかを学んでいきます。

● 第1部 理論編 ● ● ●

はじめに

第1章では日本の教育の問題点、第2章では法整備の現状を説明しました。前の2章を通して見えてきた日本の教育の問題は何か、ここで整理します。

●ワーク● 3-1
「第1章　日本の学校の現状と課題」から、以下の点について考えてください。
・なぜ、分数がわからない大学生がいるのか。
・問題を予防すること、問題が起きてから対処することのどちらに多くエネルギーが使われているか、それはなぜか。
・学校の中でよく機能しているシステムは何か、機能しないもしくはあっても形骸化しているシステムは何か。
・関係機関との連携とは何をすればよいのか。

●ワーク● 3-2
「第2章　ここまで進んだ子どもへの支援」から、以下の点について考えてください。
・中学校に1日も出席しなくても「中学の全課程を修了した」といえるのか、誰がその子に全課程修了と同等の学力があると保証するのか。
・虐待死が起きるのはなぜか。
・法律があっても知られていない、あるいは使われないのはなぜか。
・法律と現場が乖離しないためにはどのような視点が必要か。

包括的スクールカウンセリングの概念はASCA（米国スクールカウンセラー協会）が開発したナショナルスタンダード、「スクールカウンセリングの国家モデル：米国の能力開発型プログラムの枠組み」の骨子となっています。これは今後の日本のスクールカウンセリングプログラムを考えていくうえで参考になります。しかし、日本と米国では教育行政のシステムが大きく違いますし、日米の文化・国民性の違いもあるため、プログラムを直輸入しても日本の実情とそぐわない点が多々あります。そこでまず、日本のスクールカウンセリングの現状と包括的スクールカウンセリングの枠組みを比較します。

ここまでで、日本の教育の現状の問題点として、法律や制度はあるけれども、包括的に連動するシステムが不足していることが見えてきたと思います。
・システムが機能しないのは学習、心理・社会、進路の3つの領域を関連づけて包括的に子どもの教育を考える視点が足りないからである。
・事が起きてから対処する泥縄式の対応に多くのエネルギーが割かれている。予防とアフターケアの視点、システムが足りない。
・教育の形式ではなく、質という点になると、目標や責任があいまいになる傾向がある。
・理念はあるが、それを具体化する道筋、手立てについて法律に立ち戻るよりも経験と暗黙の

表 3-1　包括的スクールカウンセリングの枠組みと日本のスクールカウンセリングの現状との比較

	日本のスクールカウンセリングの現状（2018年現在）	包括的スクールカウンセリングプログラム
対象	不登校、いじめ等不適応状態にある児童生徒およびその保護者 相談室での個人対応中心 児童生徒への対応に困難さを感じている教職員（コンサルテーション）	児童生徒全員、保護者全員 個人対応に加えて、学級、構造的グループでの予防啓発教育に比重が置かれる
対象となる領域	心理・社会領域 教育相談を中心とするほか、生徒指導、特別支援教育へ協力	学習領域、心理・社会領域、進路領域
予防啓発教育	文部科学省のガイドライン（素案）でも職務として提示され、期待する自治体が増えてきているが、自治体や学校によって差が大きい	SCが学習領域、心理・社会領域、進路領域でプログラムを立案し、教育課程に組み込まれる。個人のスキル、学習状態および、発達段階に基づき、ガイダンスカリキュラムは生徒一人ひとりが学習力全体を向上させるような体験を提供する
個別計画	不適応状態の児童生徒に対して教職員と協力して個別支援計画を立案することが推奨されているが、学校事情により差がある	全児童生徒について立案する （学習領域、進路領域中心）
問題への対応サービス	個別カウンセリング コンサルテーション 地域機関との連携	個別カウンセリング グループカウンセリング コンサルテーション 生徒支援チーム／危機管理チームの運営、地域機関との連携 対立解消／ピア・ミディエーションプログラムの推進
システム支援	校務分掌に教育相談が位置づけられているが、機能するか否かは学校事情により左右される	ガイダンスカリキュラム、個別計画、個々の対応サービスを実践する校内システムを立ち上げ、運営し、改善する

合意が優先されることがある。

　では、包括的スクールカウンセリングの視点を持つと、従来の学校での取り組みにどのような効果を加えることができるかを考えていきましょう。

第1部 理論編

第1節　包括的に子どもを理解することの重要性

　従来、子どもが課題を達成し学校で成功できるよう導くため、図3-1の指導が行われています。プログラムは各領域の中で完結し、関連づけが薄いままです。その結果、校内組織が分断されやすく、たとえば、生徒指導は行ってもその背後にある学習の問題は見過ごされやすくなります。

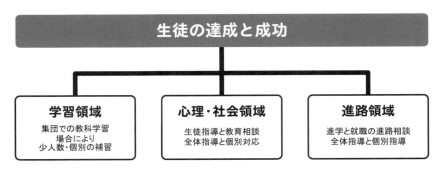

図3-1　従来の生徒指導の考え方

　それに対して包括的スクールカウンセリングは、子どもの健全な成長には、学習領域、心理・社会領域、進路領域が相互に関係があることに注目します。たとえば学力向上には情緒的安定が大きく影響しますし、将来に希望を持って進路を選択できれば、学習意欲が向上します。その指導原理は、①子どもは自己理解と自己成長を段階的に進めていく、②すべての子どもにその子が発達上必要とするものを提供する、となっています。

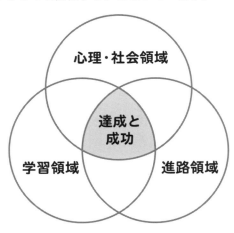

図3-2　包括的な生徒指導の考え方

第2節　3つの領域を統合的に伸ばす：何を提供するか

　従来のスクールカウンセリングの指導原理が個別対応中心、事が起きてからの危機介入中心であったのに対して、包括的スクールカウンセリングではすべての児童生徒を対象に予防啓発教育と個人別対応を行うように進化しています。矯正より予防に重点を置くこと、危機が起きる前に計画的に指導すること、組織的にアプローチすることが、包括的スクールカウンセリングの柱となっています。学習、心理・社会、進路の各領域には児童生徒に身につけさせたいスキルの上位目標が3つ設定され、学年ごとに体系的にそれらの下位スキルから学ぶようにプログラムが組まれます。またこれらの目標は児童生徒の適応をアセスメントする際の指標にもなります。

　コネチカット州包括的スクールカウンセリングプログラム（Connecticut School Counselor Association, 2000）では各領域で子どもたちに身につけさせたいスキルを次のように整理して提示します。各領域には目標として3つのゴールが設定されています。

　①　学習領域　「学ぶために学ぶ」
　高度な科学技術を操る社会、情報化社会に生きるために、意思決定、問題解決、批判的思考、論理的思考、進路・目標設定、科学技術教育、環境の変化に対処する、対人コミュニケーション、情報を組織化し管理する等のスキルが求められる。

　②　心理・社会領域　「生きるために学ぶ」
　目標は、児童生徒が学校生活の中で心理的にも社会的にも成長し、大人になる基本を身につけることである。この領域での発達は複雑で多様さが増す世界で自分の生き方を決めていく助けとなる。

　③　進路領域　「稼ぐために学ぶ」
　生徒が卒業時に上手に社会に移行できるように基本的なスキル、態度、知識の獲得が配慮されている（転職時の移行も）。進路領域の目標は生徒が進路に関する知識、探索、準備活動などの包括的プランに参加した結果、自分の目標を見つけることにある。

● 第1部 理論編 ●●●

第3節　コンサルテーションとアセスメント

　コンサルテーションの理論は大別すると、キャプランに始まる精神保健モデル、応用行動分析に基づく行動コンサルテーション、組織全体のパフォーマンスの向上をめざす組織コンサルテーションの3つのアプローチがあります。教育、福祉、医療の領域では、これらの理論を統合してコンサルテーションが実施されています。どのモデルもコンサルティを尊重する、課題解決を志向する点は共通しています。ここでは、学校で多職種が協働するために必要なコンサルテーションの方法とコンサルテーションを支えるアセスメントの枠組みについて石隈（2001）、石隈他（2016）、村瀬監修（2013）、Salzberger-Wittenberg 他（2008）を基に概説します。

1. コンサルテーションとは

　コンサルテーションは専門性の異なる者同士の間で行われる相互作用で、指導関係とは異なり、専門家同士の対等な関係に基づきます。コンサルタントは、自分の専門分野の知識、経験をもとに他の分野の専門家の求めに応じて情報提供や提案をします。コンサルティは、自分が専門家としてよりよい役割を果たすために他の分野の専門家に自分の関わる事例について情報やアドバイスを求めます。石隈他（2016）は学校でのコンサルテーションの目的として、コンサルティの子どもへのかかわり方における問題解決とコンサルティの援助能力の向上、の二つを挙げています。

2. コンサルテーションのパターン

　学校で行われるコンサルテーションには以下のパターンがあります。

◇**コンサルタントも事例（児童生徒、保護者、学級）に直接関わっている場合**
　例）SCが不登校の生徒のカウンセリングをしつつ担任へ教室復帰に向けて助言する。

◇**コンサルティだけが事例に関わっている場合**
　例）不登校になり、引きこもっている生徒との関わり方をSCが担任へ助言する。

◇**心理教育、研修等のプログラムに対する助言を求められる場合**
　例）担任とSCがストレスマネージメントの授業案を作成し、チームティーチャー1として授業を進める、あるいはチームティーチャー2として支援の必要な複数の子どもを担当する。研修担当、生徒指導部に協力してSCがいじめ対応の教員研修を行う。

◇**校内体制の整備（組織）について助言を求められる場合**
　例）生徒指導部、教育相談係と一緒にSCも不登校、いじめ対応の校内マニュアルの作成に関わり助言する。危機介入で学校全体のこころのケアについて助言、提案を行う。

3. コンサルテーションの進め方

1) コンサルテーションの準備

コンサルテーションがいつ始まってもいいように、日頃から準備をしておくことが必要です。コンサルティングがスムーズに進むためには、関係者との信頼関係作りに努め、適切な知識や情報を提供できるように校内、校外の援助資源の情報収集をしておきます。

① 人間関係作りと学校コミュニティの把握

コンサルティから信頼されるように、専門家である以前に社会人としての常識やビジネスマナーを身につけたり、コンサルティが置かれている環境（制度、法律、役割など）への知識を持っておいたりすることが大切です。

村瀬監修（2013）は、SCは枠組みや構造が複雑な学校コミュニティのなかで多種多様な援助活動を展開することを取り上げ、SCが勤務校の校内体制にどう位置づけられ、何を期待されているか、学校の組織文化と風土を理解し、把握する必要性を述べています。

② リソースマップ作り

コンサルティから求められた情報や知識を提供できるように、地域資源のリソースマップを作ります。教育、医療、福祉、司法の分野でどのような公的機関、民間機関があり、各々どのような専門性と役割を持っているか、どのような人的資源があるか、年度初めにリソースマップを作成し、更新します。

●ワーク● 3-3
自分の勤務する学校を念頭にリソースをリストアップしてみましょう。

領域	リソースとなる機関	専門性／役割
教　育	例）教育支援センター（適応指導教室）	市区町村教育委員会が設置する。不登校の児童生徒の学習・社会性の支援を行う
保健・福祉	例）児童相談所	（どの法律に基づき、どこに設置され、業務内容は何か調べてみましょう）
医　療	例）A病院小児科	例）思春期外来がある。水曜日午後　予約制
司　法	例）少年センター	（どの法律に基づき、どこに設置され、業務内容は何か調べてみましょう）
その他		

2) コンサルテーションの始まり：依頼を受ける

コンサルテーションはコンサルティの自発的な依頼によって始まります。コンサルタントはまず、依頼がなぜ、今自分の所へ届いたかコンサルティのニーズを丁寧に把握するよう努めます。その際、自傷他害、自殺等命に関わる心身の危機がないか確認し、緊急介入が必要であれば、ただちに校内の危機対応チームへつなぎます。コンサルタントは自分の専門家としての限界をわきまえ、事例とコンサルティを抱え込まないようにする責任があります。コンサルティ

は問題を抱えているうちに視野が狭くなってしまいがちです。コンサルテーションを行う際は、問題解決に向けてコンサルティ、事例、および周囲のリソース探しを必ずします。コンサルテーションの目的の一つは、コンサルティの援助能力の向上にありますから、コンサルタントは、コンサルティが主体的に問題解決にあたれるようにその独立性、専門性を尊重し、依存関係を作らないようにします。

3) 事例とコンサルティのアセスメント

アセスメントを「見立て」ともいうように、面接、行動観察、検査結果、各種の記録、生徒の作品等も含めて幅広く情報を集めて、見通しを立て、いつどこで誰が何をするか具体的な介入計画を立てます。介入計画が実践されるのを見届け、結果を振り返って修正するところまでがコンサルテーションになります。アセスメントはコンサルテーションの過程でPDCAサイクルに沿って修正され続けます。以下はアセスメントの軸となる視点です。

① アセスメントの軸１：アセスメントの対象「何を見立てるか」

◇コンサルティが抱えている事例（児童生徒／学級・学年／部活動／校内体制）

現在の危機を拡大しないために、事例の持つ危機の性質とレベルを明らかにする。学習領域、進路領域、心理／社会領域に身体領域を加えて、領域ごとに事例の課題とリソースを整理し、介入計画を立てる。身体領域には、身体の発育と発達、感覚統合、心身の疾患や障害、生活習慣等がアセスメントの要素として含まれる。

◇コンサルティの課題

専門家として役割を果たす上で何につまずいているかを見立てる。表面に出ている物理的ニーズ（目で見てわかる、数値で表現できる）の背後にある、心理的ニーズ（曖昧でとらえにくい）まで受け止め、コンサルティの欲求とゴールを明確にする。コンサルテーションで話し合われた情報をどのように扱うかは丁寧に確認する。石隈（2001）はコンサルテーションの守秘義務と報告義務について、事例の教育活動に関する決定はチーム内守秘として関係者に報告するが、コンサルティの個人的な感情等は、守秘義務の範囲と考え、チーム内にも報告しないとしている。

◇環　境

児童生徒のアセスメントの対象となる環境は、友だちのグループ、学級／学年、部活動、学童クラブ、家庭、習い事、地域の文化等がある。コンサルティの場合は、教員同士の関係、校内体制、PTAおよび地域と学校の関係がある。

物理的環境

生理的欲求、安心安全欲求が満たされる生活環境が保障されているか。学校生活に必要な教材、持ち物、機器が与えられ、使えるようになっているか。

所属する集団のダイナミクス

グループダイナミクスは行動観察によって、集団の課題達成機能と維持機能のバランス、リーダーシップのパターン、集団規範がどうなっているかを見て、集団の成長段階を見立てる。

② アセスメントの軸2: 安全配慮義務の視点から実行可能な介入計画を立てる

軸1で集めて整理した情報を安全配慮義務の視点から意味づけていきます。

注意義務	「何が起きている?」どのようなことが起きていて、それがどのように事例、環境、コンサルティに影響を与えているか、注意深く検討する
予見義務	「このままだとどうなる?」今の状態が続くと、今後どうなるか予測して、介入計画を立てる
結果回避義務	「誰が、いつ、どこで、何をどうやる?」危険な結果を回避するために、介入計画を実行し、振り返り、修正する

4) 関係機関との連携

関係機関と連携する場合は、学校の役割と責任、各関係機関の専門性と役割を校内で共通理解したうえで連携先に連絡します。

① 緊急介入の場合

校内の危機対応のマニュアルを確認し、その手順に沿って役割分担をする。例えば、虐待事例の場合、発見者は管理職へ報告して、記録を作成し、校長が虐待対応チーム（管理職、生徒指導主任、担任、養護教諭、SC等）を招集する。情報を突き合わせて緊急度を判断し、学校長が児童相談所へ通告するという流れがある。このとき、SCは前述のアセスメントの軸を使いながら、事例のリスクを見立て、チームが児童生徒の心身の安全を確保する決定ができるように支援する。

② ケース会議の準備

学校と事例の連携先がケース会議を持つ場合、会議後、実行に移せる介入計画を作成できるように以下の点を整理した資料を準備する。資料に載せる情報は専門家間の情報共有とはいえ、個人情報保護に注意を払う。

項　目	内　容
事例に関する情報	家族歴、生育歴、問題歴、本人の特性、学級の様子
事例に対する学校の取り組み	生活指導、特別支援教育、不登校に対応する校内システムと問題に対して、校内で、誰がいつどのように取り組んでいるか
連携先に依頼したい事項とその理由	例）食事や親子関係の様子をスクールソーシャルワーカー（SSW）による家庭訪問で見てもらいたい。医療機関から、合理的配慮のために本人対応への助言をもらいたい

第1部 理論編

また、ケース会議が情報共有に終始せず、介入計画を決定し、実行するためには問題解決をめざす思考法が必要です。

◇解決志向型の話し合いの例：第Ⅲ法　問題解決の過程（Gordon、1985）

> ①問題の明確化⇒②可能な解決策を出す⇒③解決策を評価する⇒④解決策を決める⇒⑤解決策の実行方法を決める⇒⑥解決策が問題をどれだけ解決したか評価する

連携が始まると、学校（教職員、管理職）、児童生徒、保護者、連携先の機関との間にさまざまな不安や葛藤、対立が生じることがあります（Salzberger-Wittenberg, 2008）。SCは各々の防衛的な反応の背後にある願望や欲求を見立て、介入計画の実施状況を確認しながら、関係者が率直に話し合えるように支援します。関係者は児童生徒にとって、何が最善かという視点に立って、計画を修正、追加していきます。

ここでは、コンサルテーションとアセスメントの概略を述べました。後半の事例編で具体的にコンサルテーションの進め方を学んでください。

コラム 3-1 「達成と成功」について

　包括的スクールカウンセリングモデルにおける到達目標は、心理社会面、学習面、進路面において個人の資質を最大限に活かすことです。それぞれの「達成と成功」の目標を立て計画しますが、
　①「すべての生徒へのガイダンス的サービス」：80-90％の児童生徒対象
　②「初期段階の危機状況の生徒への応急処置サービス」：5-15％
　③「ハイリスクの生徒への継続的個別指導サービス」：1-5％
の3段階に分けて、具体的なカウンセラーの業務内容や活動評価基準も設定します。例えば、学習面の目標の達成のためには、教員といっしょに授業構成を考えたり、過去のデータや国内の統計などを分析し、エビデンスに基づいた効果的な学習方法を紹介したりもします。学業成績が落ちてきた初期の危機状況の児童生徒には、教室内での行動観察や個別、小グループでのカウンセリング等を通じてアセスメントを行い、具体的な対応策を計画、実行します。成績不振や学習障害など継続的なサポートを要する児童生徒については、専門的なアセスメントができるスクールサイコロジストに依頼して包括的なアセスメントのもとに継続的なIEP（個別の指導計画）を立案したり学習面をサポートする少人数クラスや学習方法を提案し、学校間連携、地域や家庭との連携等を行います。学校現場では、つい学業不振、発達障害、授業からの逸脱など不適応行動に目が行ってしまい、個別のニーズに応じるサポートから始めがちなのでどうしても対応が後手になったり、人によって対応が異なるなど一貫性がなくなりがちです。包括モデルにおける「達成と成功」は、児童生徒が相応の自己理解と自己調整力を身につけ、主体的に学校生活や人生に関われる状態です。そのため、まず、広い視野と将来を見通した視点で達成と成功のイメージを共有するために学年ごとの目標を設定し、計画立案していく役割もSCは担っています。

第4節　4方向からのアプローチ：どうやって提供するか

　第3節では、児童生徒が各々の人生における目標に対して達成と成功を修めるために必要な要素を、学習、心理・社会、進路の3領域から理解し、それらを実践するためのアセスメントとコンサルテーションについて学びました。では、それらの要素はどのようにして児童生徒に提供すればよいでしょうか。包括的スクールカウンセリングには、①全体に対するガイダンスカリキュラムの運用、②多様性に応じたプランニング、③個々の問題への対応サービス、④学校・地域のシステムによるサポートの4つの方法があります。

　2017年には、「児童生徒の教育相談の充実について（通知）」において、未然防止、早期発見および支援・対応等への体制構築、学校内の関係者がチームとして取り組み、関係機関と連携した体制づくり、教育相談コーディネーターの配置・指名および効果的な活用のための活動指針作り等、ガイダンス的機能やプランニング、地域のシステムによるサポート作り、を行うことが強調されるようになっています。

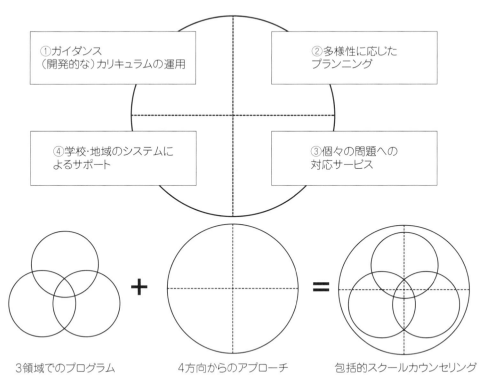

図3-3　包括的SCの実践的モデル

第1部　理論編

表 3-2　包括的な生徒指導・教育相談・スクールカウンセリングの内容と役割分担

誰が行うか？	開発的カウンセリング 全体	開発的カウンセリング 個別	不適応状態への対応・危機介入 全体	不適応状態への対応・危機介入 個別	個別カウンセリング
教職員すべて	総合的な学習の時間、道徳、学級活動など日常のあらゆる場面で自己主張・共感・対立解消などのソーシャルスキル教育、PBIS*	個人対応（児童生徒・保護者）個々にスキルアップが必要な内容	危機介入不適応状態が発見された時点での対応学級状況の把握実態調査家庭への連絡	危機介入「聴き取り」面接保護者対応など	SCとの連携・対象児童生徒のカウンセリングの経過把握、保護者や関係者との連絡など
SC 教育相談・生徒指導担当	プログラムの開発アンガーマネジメント校内のチーム作りプログラムの開発運用チーム内の意思疎通PBIS	個人の特徴のアセスメント教職員へのコンサルテーション	現場の指揮避難誘導、ケガや心の応急手当事件事故に遭遇した児童生徒および支援した教職員の体験を整理する（PTSDの予防・ディブリーフィング*等）危機状況が解消するまでの計画立案など	対象児童生徒の問題の「見立て」教職員へのコンサルテーション	対象児童生徒への対応計画の作成対象児童生徒の成長を支援するカウンセリング必要な専門機関へのリファー学内での「アンガーマネジメント」立案・実施教職員へのコンサルテーション
管理職 校長 副校長 主幹	学校内の体制作り児童生徒の行動規範危機介入マニュアル危機介入チーム地域との連携施設の整備人的資源の開発チーム学校の意識、PBIS地区の暴力追放活動など	スーパーヴィジョン地域担当者へのコーディネーション	マニュアルに基づく介入児童生徒・保護者への配布プリントの作成地域専門機関への報告・協力要請	スーパーヴィジョン介入チームの支援とCIS*予防のためのディブリーフィング	地域の専門機関との連携人的・物理的・制度的に必要なものの確保巡回相談員の来校申請、特別支援学級への転籍手続きなど

＊PBIS：学校全体で取り組む適切な行動を学ぶ教育プログラム（第4章第7節参照）。
＊ディブリーフィング：危機介入にあたった教職員の心の整理。適切な研修のもとに実施することで支援の継続によるメンタルダウンの予防ができる。
＊CIS：危機介入に当たった援助者が陥りやすいストレス症候群（Critical Incident Stress）。

まとめ

　本章で、包括的スクールカウンセリングは何を目標にどうやって実践するか、その枠組みを提示しました。もちろん、この基盤に児童生徒の身体的健康や生活の安定などがあることは自明のことです。表3-2は、包括的スクールカウンセリングを日本の現場に合わせて取り入れた場合、誰が、何をするのか、わかるように例を挙げて整理したものです。

●ワーク● 3-4　包括的スクールカウンセリングの図を作成するためのワーク

　介入計画を立てるときに大切なのは、見立てです。ここまで学んできた知識を用いて、実際に自分の事例に対する包括的なスクールカウンセリングの図を描いてみましょう。

1. 表面上の問題は何でしょうか。例：不登校、いじめの被害、授業妨害、休み時間のトラブルなど
2. 3領域のどの場面で生じているかを整理しましょう。例：学習（授業中・家庭学習等）、心理・社会（休み時間、学級活動、給食・清掃時間等）、進路（資格取得への意欲、進路選択、三者面談、学習、部活動への打ち込み方等）
3. 支援のアプローチの方向性を整理しましょう（問題が起こる前の段階でのガイダンス的な関わりが適当なのか、すでに問題が悪化しつつあるため治療的な関わりが必要なのか）。
4. 4方向のどこを介入計画の核にするのか（学校組織や対応策の立て直しが必要なのか、個別に本人・保護者・担任に対応していけばよいのか等）。
5. 図が描けたら、どの部分から介入計画を立てるかの優先順位をつけてください。そのうえで具体的な介入計画を立案していきます。

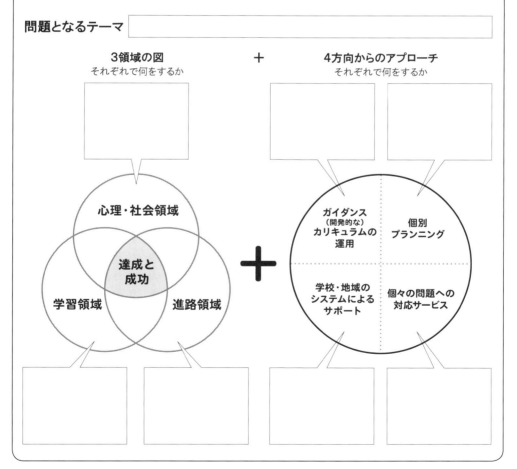

コラム 3-2 「キャリア教育」について

　2017年度の厚生労働省調べでは、せっかく就職しても卒業後1年以内に辞める者は中卒者の約4割、高卒2割、大卒で1割あり、3年以内の離職率になると、中卒が6割、高校卒が4割、大学卒が3割と増加します。その理由としては、仕事と自分の希望のミスマッチ、職場の人間関係が上位に挙げられています。雇用者側からは、「受け身の学生が増えた」「コミュニケーション力が低い学生が増えた」という意見があり「職業アイデンティティ」が未成熟であることや「社会人基礎力」が不足していることを示しています。スーパー（Super）によると、職業観の育成は、幼児期から中学生までが中心で、職業への興味関心、必要とされる能力の理解、などの基礎的知識を増やしたうえで、高校から大学では実際にさまざまな仕事を試行していきます。また、「職業における自己実現」と「人生における自己実現」を一致させるのか、分けるのかも十分に考慮したうえで、自分の能力や性格傾向、意欲とのマッチングをしていくことが大切です。しかし、結婚や出産年齢が上がっているため、子どもが職業観を育てていく幼児期から小学校の時期は、親も自分の職場での能力や地位を確保していく時期と重なっているため、十分な職業観の育成ができていません。小・中・高校が連続的にキャリア教育を充実させることが大切です。とくに、移行期にあたる高校や大学においては、実際の職場にインターンに行くことで自分のイメージと実際の職業を一致させていくことが大切になります。インターンも短期間に1か所に行く訪問見学方式ではなく、複数箇所に中・長期に渡って通勤し、OJT（On the Job Training：仕事をしながらトレーニングを受けること）を受けながら、学校では自分に必要な知識や技術、コミュニケーション力などを学んでいく学習サイクルが必要になっていきます。

[引用文献]
厚生労働省　新規学卒者の在職期間別離職率の推移（2018年11月2日最終調べ）
　https://www.mhlw.go.jp/stf/seisakunitsuite/bunya/0000137940.html
Super, D.E.（1980）A Life-Span, Life-Space Approach to Career Development. Journal of Vocational Behavior, v16 n3 p282-96.

第 **4** 章

実践のための基礎理論

　学校現場での実践を効果的に行うには、理論に支えられた経験が大切になります。とくに、子どもの言語、認知、感情、社会性などの発達に関する理論をしっかり理解していると、自信を持って、授業や生徒指導に当たることができます。この章では、包括的スクールカウンセリングの3領域に関係する基礎理論のうち、心理・社会領域および学習領域に関係する発達の理論を学びます。

● 第1部 理 論 編 ● ● ●

　ここでは、特別支援教育に欠かせない感覚統合、いじめや非行、学級崩壊などの支援に必要な道徳性、情緒、ソーシャルスキルについて具体的に説明していきます。その他の理論については手がかりとなるキーワードを挙げておきますので、自分の専門性に応じて学んでいってください。

　本章はあくまでも概説＝ガイドラインですから、各理論を使いこなせるようにさらに深く学んでいっていただきたいと思います。

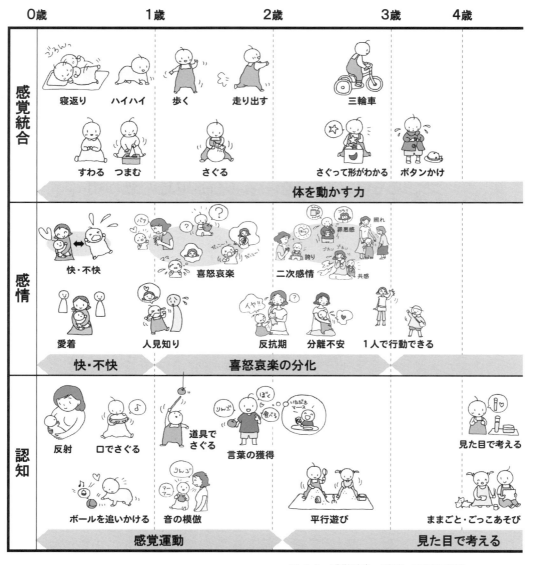

図 4-1　感覚統合、感情、認知の発達

第1節　包括的スクールカウンセリングの理論的な枠組み

　包括的スクールカウンセリングを実践するためには発達の理論を多角的に組み合わせた枠組みが必要になります。

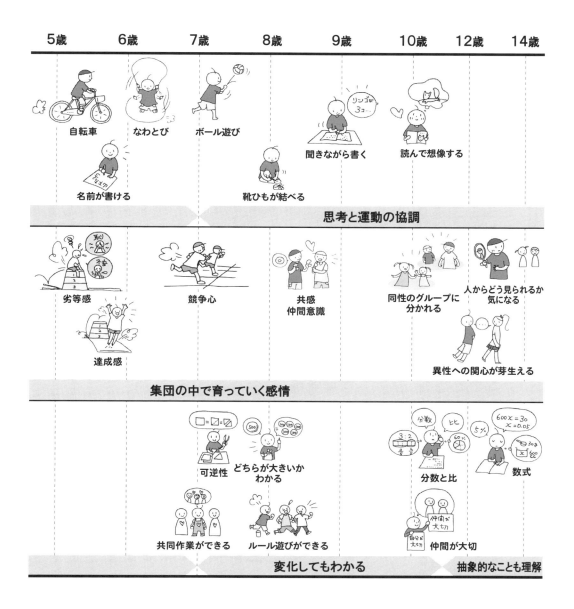

● 第1部 理論編 ●●●

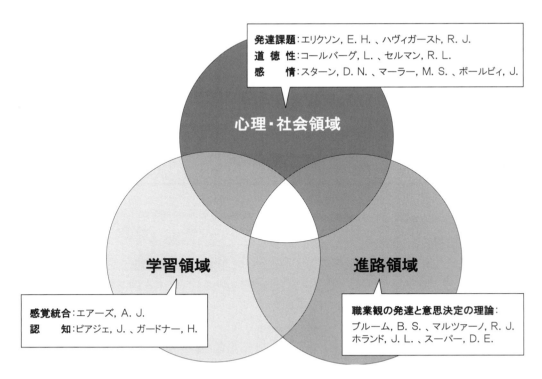

図 4-2　3 つの領域でのアセスメントに役立つ理論と提唱者

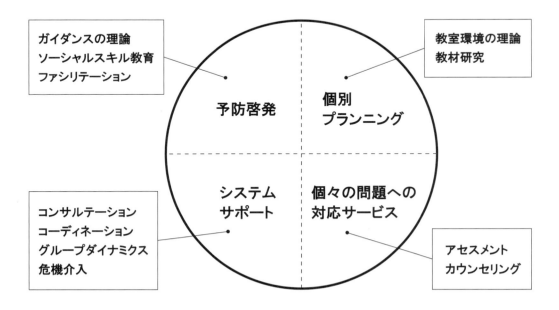

図 4-3　4 方向からのアプローチのために役立つ理論

3つの領域でのアセスメントに役立つ理論（図4-2参照）

〈学習領域〉

a）感覚統合

　感覚統合は中枢神経系の発達に関わる理論です。感覚統合につまずいていると学習に困難が生じます。特別支援教育を進めていくうえで欠かせない理論です。

b）認知

　学習に関わる知能の発達に関する理論で、後述するピアジェのほか、学習スタイルに着目したガードナーのMI（Multiple Intelligence：多元的知能）理論があります。

〈心理・社会領域〉

a）発達課題

　発達課題とは、人が社会で健全で幸福な生活を送るために各発達段階で学習しておく必要がある課題です。現段階の課題を達成して初めて次の段階の課題に進めます。年齢ごとの課題は個人、学級に合わせたガイダンスプログラムを作成する際のものさしとなります。

b）道徳性

　道徳性は物事の善悪を判断し、道徳的規範に従う心性で、認知と役割取得能力の発達と結びついています。集団生活を維持するために年齢相応に発達している必要があります。

c）感情

　感情の分化の程度、愛着、共感性、自尊感情が年齢相応に育っているかいないかは、学校での適応に大きく影響します。4歳以降、集団の中で育つ感情は、エリクソン、フロイト、ハヴィガーストの理論を学んでください。

〈進路領域〉

職業意識の発達と意思決定

　児童生徒が適切に進路を選択できるよう支援するためにキャリア教育、キャリアカウンセリングに関わる理論が必要です。目標設定、課題分析、課題解決等の思考法は進路選択の際の意思決定に使われます。

4方向からのアプローチに役立つ理論（図4-3参照）

　上記の諸理論は4方向からのアプローチで個別プランニング、個々の問題への対応サービスを実践する際にも利用されます。予防啓発を行う際はさらに、集団に関わる理論として、①学級・学校アセスメントに使われるグループダイナミクス理論、②SST等のグループワークに必要なファシリテーション理論が必要です。システムサポートについては、①援助チーム作りとその維持運営に必要なコンサルテーション・コーディネーションの理論、②個人の危機から地域の危機に至るまでの危機介入の理論が必要になります。

● 第1部 理論編 ● ● ● ●

1. 理論と現場をつなげる

　理論は知らない土地を旅するときのマップと現地情報の役割を果たしてくれます。マップも現地情報もなしに旅すれば、目的地までたどり着けなかったり、到着までに時間がかかります。逆にマップと現地情報に頼りすぎて端から端までその通りに旅をしようと思ったら現地の事情に合わないことも出てくるでしょう。

　教育現場で理論を使いこなすには次のステップを踏んでいきます。

ステップ1　情報収集のポイント
　児童観察、検査、聞き取り、面接によって必要な情報を集めます。
ステップ2　見立て情報を意味づけする
　情報を理論によって意味づけし、見立てを作ります。

2. ステップ1　情報収集のポイント：客観的に記録する

　発達の理論を勉強する前にまず情報収集で大切なことがあります。それは見たまま、聞いたままを客観的に記録することです。もとになるデータが不正確ではいくら理論を知っていても本当にその子どもに合った見立てになりません。

　児童観察を例に情報収集のあり方を考えます。

　太郎君は6歳の男の子です。幼稚園で新しい遊びを先生が教えようとすると「いやだ、できない」と泣いて大騒ぎをします。いつも友だちの側にいますが、同じ遊びができるようになるまで時間がかかります。今のところ観察者が持っている情報はここまでです。では太郎君が遊んでいる様子をみてみましょう。

ここに観察記録が2つあります。

〈記録1〉
・座ったままゲームをしたり、ふざけて走っている。やる気がなくてわがまま
・こわがって丸太の上に立てない。年齢のわりに臆病すぎる

〈記録2〉
・座って遊ぶときも手をついて体を支えている
・走るとき、体幹が不安定
・遊ぶとき、座ったり、寝転んでいることが多い

　記録1には「やる気がない」「わがまま」「臆病すぎる」など主観的な記述があります。通常、私たちがボディランゲージを読むときには暗黙の了解があって、それは日常生活の中であらゆる場面で使われます。とくに姿勢は教育の場で意欲や規範意識と関連付けて解釈されます。

　　寝そべっている＝だらしない
　　　　　　　　　疲れている
　　姿勢が悪い＝やる気がない
　　まっすぐ座る＝まじめでやる気がある

などです。この暗黙の了解に基づくコミュニケーションは身体活動が自分でコントロールできるという前提に立っています。

　記録1は見たままではなく、暗黙の了解にのっとって書かれています。記録から見えてくるのは「わがままだったり、やる気がなかったり、臆病だったり、太郎君はしつけや情緒に問題がある」という仮説です。太郎君の身体の発達に何も問題がないとわかっていればこの説も考えられます。しかし観察者は太郎君の身体の発達について情報を持っていません。

　記録1からの見立てでは、太郎君の身体の発達の問題が見落とされてしまいます。

　これに対して記録2は太郎君の動きを見たまま書いてあります。太郎君の姿勢にボディランゲージとしての意味づけはありません。ここから見えてくるのは「太郎君は自力で身体を支えて姿勢を保つことが難しいから、身体の発達（感覚統合）に問題がある。その結果、年齢相応の活動ができず、2次的に情緒的な問題も起きているかもしれない」という仮説です。

　児童観察等の情報収集に当たっては、日ごろの常識を一時棚上げにして、自分がカメラになったつもりで客観的に情報を記録します。そこから見えた情報を改めて理論によって意味づけすることが「見立て」です。

3. ステップ2　見立てた情報を意味づけする

　学習領域、心理・社会領域、進路領域での問題を見立てるためには、集めた情報から子どもが身体、頭（認知）、心の発達のどこでつまずいているのか考えます。また、ガイダンスプログラムを立案するには、その学年の発達段階を基準に活動とテーマを選択します。

　そのためにはまず、標準的な発達について知っておく必要があります。

第1部 理論編

表4-1に、定型発達の場合、身体、頭、心が年齢ごとにどのように発達するかをまとめてあります。

表4-1 年齢ごとの定型発達

	0～2歳	3～6歳
発達のテーマ	歩く、話す、絆	遊べや遊べ
身体：感覚統合	・自力で移動できるように脳は感覚刺激を栄養に神経系を組織化する ・座る、立つときの姿勢保持 ・自力で移動できるように体を動かす、バランスをとる ・目と手の協応 ・運動企画 ・身体知覚 ・自立歩行ができるようになってから言語の発達が急速に始まる ・感覚統合が進むことで認知機能の基礎ができ、他者との絆が生まれる	・これまでに獲得してきた、歩く、話す、見る、聞く、道具を使うなどの能力を遊ぶことで磨きをかける ・楽しんで遊んでいるときにさらに感覚統合は進む ・身体を使う遊びは小学校で学習する土台を作る
頭：認知	**ピアジェ：感覚運動期** ・見て、聞いて、触った体験から世界のイメージを作っていく ・エピソード記憶：特定の出来事を想起できる（2歳～） ・言葉を使って考えることで自己意識が出てくる 2歳児の反抗 「いや」	**ピアジェ：前操作期** ・見えたとおりに考える ・論理的に考えられない ・イベント記憶：体験を順序立てて話せる **（5、6歳から）コールバーグ：道徳性第1段階** ・視点は自己中心的 「友だちへのプレゼントに自分のほしい物を選ぶ」 ・善悪は結果から判断する 「怒られたからいけない」
心：感情	・授乳、体の世話を通して母親との愛着、信頼感を形成 ・快不快から喜怒哀楽が分化 ・1歳過ぎには感情表現の調整が始まる ・自己意識が出てくる2歳後半から、照れ、恥、罪、憧れ、共感、誇りといった二次感情が出てくる **パーテン：ぶらぶら遊び→傍観→ひとり遊び**	・ほぼ大人と同じように感情を感じ分けられる。対人関係の中で芽生える二次感情も出そろう ・現実自己と理想自己の差が自己評価に影響しはじめる **パーテン：平行遊び→連合遊び→協同遊びへと発達**

	7〜10歳	11〜12歳
発達のテーマ	勉強開始	哲学入門
身体：感覚統合	・これまでに比べると身体発達は緩やか ・6〜8歳までに感覚統合は完成し、学習を始めるレディネスが整う ・一定時間姿勢保持ができる ・音の弁別ができる ・目と手の協応が進み、黒板の字を書き写せる ・遊びを楽しみながら身体能力をさらに発達させる	・二次性徴が始まり、身体が変化するとともに身体知覚の微調整が行われる ・女子の成熟は男子に1〜2年先行する→女子が身長体重とも男子を追い抜いている ・身体の成熟については個人差が非常に大きい
頭：認知	**ピアジェ：具体的操作期** ・直観を合成し操作することでしだいに論理的に思考できるようになる ・見た目が変わっても本質が変わらないことを理解できる（保存） ・問題をそれぞれ具体的に考えられるが原理を引き出すところまではいかない **コールバーグ：道徳性第1・2段階** ・自己中心的視点から脱する ・権威者への絶対服従→公平性を大切にする ・ルールを杓子定規に解釈する ・やられたらやり返してよいと考える ・他人の考えや気持ちが変化することを理解できる	**ピアジェ：形式的操作期** ・道具を操作するのではなく思考を操作しはじめる→分数、比の理解 ・現実の経験を一時棚上げして、仮説の条件を受け入れられる **コールバーグ：道徳性第2・3段階** ・第三者の視点に立てる ・公平な視点を維持できる ・ルールを柔軟に解釈できる ・相手が何をしたかではなく、自分が相手にしてほしいと思うようにしてあげるべきと考える→やられてもやり返さない
心：感情	・頑張って結果を出すことが喜びになるが、一方結果を出せないと恥、劣等感を感じやすい ・できないことに不安を感じ、避けたがる ・共同作業ができるようになる ・特定のグループでの遊びが増えて仲間入り、関係の維持ができる	・引き続き努力して結果を出すことに喜びを感じ、失敗には劣等感を感じやすい ・周りから自分がどのように見られているか気にしはじめる ・大人より仲間内の評価が大事になってくる ・葛藤は自分の選択と身近なグループの利益がぶつかるとき起きる

● 第1部 理論編 ●●●

	13～15歳	16～18歳
発達のテーマ	私はだれ？	めざすものは？
身体::感覚統合	・二次性徴がはっきりして自分の身体の変化に関心や不安が強くなる ・身長、体重など自分の身体に葛藤を持ちやすくなる ・身体変化に伴い情緒が不安定になりやすい ・運動の能力差がはっきりする	・女子の身体の成長はほぼ止まるが、生殖系の成熟には個人差が大きい ・男子はまだ身体の成長が続いている ・身体変化に伴う情緒の不安定さはしだいに落ち着くがこれも個人差が大きい ・女性として、男性としての自分の身体を受け入れるようになる
頭::認知	**ピアジェ：形式的操作期** ・問題を体系化して原理を導き出せる 　（算数から数学の世界へ） ・現実を切り離して観念の世界で遊べる **コールバーグ：道徳性第3段階** ・身近な人からよいと期待された行動をする ・具体的な利益の等価交換から信頼の等価交換へ 　→相手との信頼関係が何より大事 ・自分の友だちに対する態度が学級でどう受け止められるかわかる ・社会システム全体を考える視点はまだない	**ピアジェ：形式的操作期** ・より高度で抽象度の高い観念を操作できる **コールバーグ：道徳性第4段階** ・中学時代とほぼ同じ段階 ・18歳ごろには： 　　社会や集団に貢献する行動をよしとする 　　自分の属する身近なグループを超えた社会システムの中でその行動がどのように位置づけられるか考えられる
心::感情	・依存と自立の間を揺れ動く ・権威から自立しようと仲間内の結束が強くなり、大人を排除したがる ・自意識が強くなり、再び自己中心的な視点で物事を見がちである ・自分の選択と身近なグループの利益がぶつかるとき葛藤が起きる ・自分の女性性、男性性に対してはまだ戸惑いが大きい ・異性に関心が強くなるが葛藤も強い	・大人との関係は依存から尊敬に変わる ・現実の自分と観念の世界で肥大していた自己像が内省を繰り返す中で折り合いをつけて等身大の自己像に落ち着いていく ・自分の性に対してより安定したイメージを持ち、異性に対する関心も肯定的なものとして受け止められる

第4章　実践のための基礎理論

第2節　感覚統合

　私たちは日常生活の中でその場に合った行動をするために、自動的に外界からの感覚刺激を取捨選択して体の動きをコントロールしています。下図の喫茶店で本を読んでいる人は、読書に集中するためにどんな感覚情報を無意識に排除しているでしょうか。

〈無意識的に排除している感覚情報の例〉
・周りの人の会話やBGM
・ウェイターやお客さんの動き
・衣服が体に触れる感覚
・飲み物や食べ物の匂い
・座っているときに関節を曲げたり、筋肉を緊張させる感覚
・床に対して自分の体がどれくらい傾いているかの感覚

　もし、これらの感覚がみな同じ強さで意識されたらとても読書はできません。喫茶店で読書ができるのは、脳で感覚統合と呼ばれる機能が適切に働いた結果、座って姿勢を保って目で文字を追えるからです。定型発達であれば感覚統合は胎児期から始まってだいたい6〜8歳までに整います。小学校に入学するころには触覚、視覚、聴覚、バランス感覚、筋肉をコントロールする感覚が無意識に場面に応じて調整できるようになります。その結果、小学校生活への準備ができます。

　逆に感覚統合が未発達な子どもにとって学校生活はなかなか困難なものになります。
　周りの友だちがすんなりできることが自分はできない、しかもどうしてできないのかわからない状態が続きます。ついには二次的に学習意欲がなくなったり、情緒不安定になったり、行動上の問題が起きたりします。二次障害が深刻になる前、小学校低学年までに感覚統合を促すプログラムが必要となる場合があります。

● 第1部 理 論 編 ● ● ●

1. 感覚統合の仕組み

　ヒトという動物は、外界からの感覚刺激を受けると、あらかじめプログラミングされている脳の働きによって無意識的にその方向へ発達するようになっています。

　授乳中の赤ちゃんはお腹を満たしているだけではありません。乳首の感触、母乳の温度、味、飲み込む筋肉の動き、のどを通る液体の感触、抱かれている圧迫感、お母さんの肌触り、匂い、明るさ、物音……。これらの感覚情報がすべて脳を発達させる栄養となっています。

　では「歩く」「話す」を可能にする脳の調整機能＝感覚統合がどのように発達するか、エアーズ（Ayres, 1982）、木村（2006）、坂本・花熊（1997）を参考に概説します。

1）感覚の系統

　感覚には刺激の受容器の位置、どの神経回路を伝わって脳のどこに伝わるかによって以下の系統があります。

　① 　　　触覚系：世界を知る手がかり

　ヒトは最初に触覚を通して自分の生きている世界がどのようなものか知ります。自分で意識できる触覚系の感覚としては、手触り、痛覚、温度差、かゆみ、くすぐったさ、圧迫感、性感などがあります。触覚系の情報は他の感覚系と統合されていくと、姿勢調節、覚醒状態にも影響を与えます。

　また触覚は情緒の発達にも大きく影響します。ほどよい圧迫感は赤ちゃんの情緒を安定させます。たくさん抱っこされ、身体を触って世話してもらうことで人は情緒的な絆＝愛着を発達させます。

第 4 章　実践のための基礎理論

② 　固有覚系：身体を動かす

　固有覚の受容器は筋、腱、関節にあって筋肉の伸び縮み、関節の曲げ伸ばしなど身体の動きの感覚情報を脳に送ります。固有覚の働きによって人は身体を滑らかに動かしたり、どう身体を動かせばよいのかいちいち考えずに、座ったり、立ったりできます。この感覚は通常無意識的に処理されます。固有覚が意識されるのは大きく身体を動かすときや、新しい動きを覚えるときくらいです。

③ 　前庭覚系：平衡感覚、身体の安全を保つ

　この感覚も通常意識されないで自動的に働いています。前庭覚系の感覚受容器は内耳の耳石と三半規管にあります。ここで自分がどのくらいのスピードで動いているか、頭の位置はどこか、回転速度がどれくらいか、刺激を受け取って脳に送ります。そして頭の位置と動きの情報は固有覚、視覚と連動して姿勢やバランスを保ち、身体の動きを調節します。

　このほかにも、前庭覚系は他の感覚系からの情報を統括する管制センターの役割を果たしています。

　前庭覚系の働きとして、以下のようなことが挙げられます。

・バランスを保ち続けることで動いても安定した姿勢を保つことができます。
・地球の重力に対抗して安定した姿勢を保つことは生物として居場所が確保されることであり、情緒的な安定の基盤となります。
・物をしっかり注視するのに必要な眼球運動を自動的に調節します。物の形が常に一定して見えることは安定した外界のイメージを作ります。
・覚醒水準に影響します（身体のバランスが崩れているのにぼーっとしていては怪我をします）。
・自律神経系に影響を与えます。

④ 　視覚：見分ける

　赤ちゃんは生まれてすぐに目が見えていますが、まだ焦点がはっきりしないので、ぼんやりと世界を見ています。前庭覚・固有覚と徐々に統合されることで、物をはっきり見られるようになります。中心視ができて物の形が一定に見えるようになることは、感覚運動期の認知の発達に大きく影響します。

⑤ 　聴覚：聞き分ける

　赤ちゃんは何の音かはわからなくても、音に反応してその方向を見ようとしたり、首を動か

そうとします。音への反応は言葉を持つことへの第一歩です。聴覚は前庭系とつながりが深く、両者が統合されることで言葉の発達が急速に進みます。

2）感覚統合の水準

感覚統合は4つの水準があり、6歳には第4水準が中心になります。

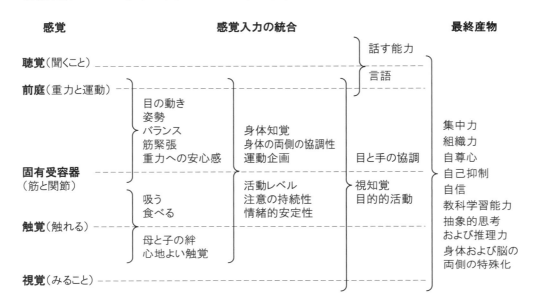

図4-4　感覚、感覚入力の統合および最終産物（Ayres, A. J./ 佐藤監訳、1982、p.91）

3）反応

感覚刺激に対しては2通りの反応があります。感覚防衛は、識別系の反応の発達が進まず原始系の反応が優位なままであるときに起きます。

第1は原始系（生存優先）です。

動物として生存するために必要な系統発生的に古い反応です。

「危ないぞ」反応

　熱いものに触ったら手を引っ込めるなど、危険を回避警戒する働きがあります。

「獲るぞ」反応

　餌を獲るために自分から触りに行く働きです。触られるのが嫌いでも触るのは平気な子がいるのは、この反応があるからです。

第2は識別系（これ何だろう？）です。

　原始系より高次の反応です。外界を探索し、危険かどうか識別して環境に適応していくために必要です。3歳を過ぎれば、手探りで形、素材、大きさの弁別ができるようになります。

識別系が発達すると原始系の反応は抑制されるようになりますが、原始系の反応がすべてなくなるわけではありません。

2. 感覚統合の障害

感覚統合につまずいている子どもにとっては、ほとんどの子が何の努力もなしに楽しめる遊びや学習が、ひどく難しいものになります。

教員やSCは、子どもが学校生活で不適応を起こしている原因が「意欲がない、しつけができていない、わがままのせい」と考える前に感覚統合の問題がないかをまず見立てます。成功したいのに何度やっても失敗して自尊感情が低くなっている子どもに、強制的にできないことやらせても、反抗、あきらめ、逃避など問題行動が増えるだけです。問題解決のためには専門家も入って必要な支援ができる体制作りをします。感覚統合の訓練には感覚統合療法の専門家による指導が必要な場合がありますし、担任以外にも校内、校外にその子を理解して支える大人がいることが大事です。

表4-2は、感覚統合がうまく行かなかった場合、何が起きて、学校生活にどのような影響が出るか、例を挙げています。この表に載っている例以外にもさまざまな問題が起きますし、問題が起きる原因はいくつも考えられます。

表 4-2　感覚統合の不全と学校生活上の困難（Ayres, A. J./ 佐藤監訳、1982 を基本に筆者作成）

	統合の結果	統合不全の結果	学校生活上の困難
触覚系	身体のどこに触られているかがわかる	触覚防衛→刺激に対して拒否的、感情的に反応する	皮膚や衣服からの不快感から動き回って多動、集中できない 砂、粘土等触りたがらない物と逆に過度に触りたがる物がある 人から触られることを嫌う、友だちとうまく遊べない 洗髪、洗顔、整髪を嫌う 偏食になるので給食が苦手
	手、指、口からの感覚は触った物の形、質感を識別できる	識別できないと筋肉に適切な力が入れられない	手先が不器用 鉛筆を持って字を書く、はさみを使うのが苦手

第1部 理論編

	統合の結果	統合不全	学校生活上の困難
固有覚系	筋肉の緊張、弛緩の具合がわかる→力の入れ加減を調節できる	どれだけ力を入れればよいかわからない 動作がぎこちなく不器用	体育が苦手 力の入れ加減がわからないので軽く押したつもりが、友だちを突き飛ばすことになってしまう
	関節の角度、動きがわかる→目をつぶっていても手足の位置がわかる	目で見ないと自分の手足が身体のどの位置にあるかわかりにくい	よくぶつかる こぼす お遊戯、ダンスなどが苦手
前庭覚系	動く物を目で追う 物と頭と身体の位置関係がわかる 目と頭をしっかり支えて視野を安定させる	追視が困難 見えているものと自分の身体の位置関係がわからない 視野が不安定	ボール遊びができない 板書を読めない、書き写せない、読字障害 物や人にぶつかる 細かい作業が苦手
	適度の筋緊張を生み出す 身体の平衡を保つ	**低緊張**→筋肉を適切に緊張させられない **姿勢背景がない**→四肢を使う際、無意識に体幹の姿勢調節ができない **同時収縮が不足**→身体の右側と左側を同時に緊張させバランスをとれない **保護伸展がない** **重力不安**→身体能力はあるのに姿勢を変えることを怖がる	椅子に座っていられない 疲労しやすい ダンス、縄跳びができない 動作がぎこちなく不器用 多動ですばやく動けても、ゆっくり、動きを調節することは苦手 転んだときに手をつけない 階段の昇降を怖がる 遊びや活動を嫌がる
	姿勢の中心軸ができ、脳に左右の中心軸となる正中線ができる 左脳、右脳の役割分担ができる 言葉の発達を促進する	身体の右側、左側で別々の動作をしながら1つの作業ができない 利き手が決まらない	書字、道具の扱いがぎこちない 理解力は高いのに言語の発達が遅れる
視知覚	前庭覚系、固有覚系の刺激と統合されて身体知覚を作る	言語野ができない 見えたものと自分の身体の位置関係がわからない	積み木を積み上げられない まっすぐ線が引けない 道に迷う、新しい場所が苦手
	小さな部分を細かく見たり、背景との関係の中で見る	細かいものが見分けられない	漢字の学習が苦手 字と字の間隔がとれない 細かい絵や図を認識するのに時間がかかる
聴覚	前庭系を中心に他の感覚と統合されて聞いた音の意味づけをして聞き分けられる	**聴覚防衛**→聞いた音の識別ができないため、拒否的、感情的に反応する 背景音の中から特定の音を聞き分けられない	体育館等音の反響する場所を嫌がる、大きな音を怖がる 他の音がしていると先生の指示が聞き取れない 集中して話が聞けない

第4章　実践のための基礎理論

	統合の結果	統合不全	学校生活上の困難
身体知覚	自分の身体の「地図」 触覚→身体の輪郭・サイズ 固有覚→筋緊張、関節の動き、力の入れ加減、空間の中の手足の位置 前庭覚→姿勢の傾き、身体の運動方向、動きの速さ ⇩ いくつもの感覚が統合されて自分の身体とそれがどのように動くかのイメージができる。 例）自動車を運転する際の「車体感覚」	動作がぎこちなく不器用になる 状況が予測できるほど知的に発達すると、苦手な課題や活動を避けるようになる	体育が苦手、楽器の演奏が苦手 ぶつかる、ころぶ ふざけてごまかす 意欲がなく無気力に見える 活動を避けるためにうそをつく、逃げる、反抗的な態度をとる 友だちにやらせる
運動企画	身体知覚を手がかりに 動きの範囲、力の入れ加減、速さ、タイミングを調整し、動作や運動の手順を組み立てられる 例）「自動車の運転技能」	身体の使い方の感覚がわからないため、楽しく遊べる機会があっても気づかないか、どう遊んでよいかわからない 学ぶ意欲はあって努力して練習するが、その努力に見合った成果が上がらない 自分が無力で無能と感じやすい 身体知覚が非常に未発達であると自我同一性が危機状態になり、自己主張や想像することを恐れる 反復練習して1つの動作を覚えても応用が利かない（例　折り紙の紙のサイズが変わると同じものでも折れない）、知的水準が高い場合はパターン学習した動作を代償的に組み合わせる	怪我をしやすい 理解力はあるのに読み・書き・計算をはじめ教科学習に必要な身体の技能が身につきにくい できるようになりたいのにできないことが多いため、欲求不満を抱えてイライラしやすい 不器用さをからかわれたり、いじめられる できないことに敏感に反応し、パニックになる 頑固、臆病、非協力的に見える 「これができるなら、こっちもできるはず。できるのにやらない」と誤解されることがある

111

●第1部 理論編 ●●●

第3節　認知：ピアジェによる思考の段階

　ピアジェは、論理—数学的視点を重視して思考の発達を以下のように分類しました。

1. 感覚運動期：口と手足で考える時期　0〜2歳

　この時期は五感をはじめとする感覚刺激を感じ分け、反応し、さらに自分の身体を使って環境に働きかける体験を繰り返し、積み重ねています。そこから物、場所、人など、自分を取り巻く世界のイメージが生まれてきます。

イメージが生まれる　　　　やってみる　　　　五感をフル稼動

2. 前操作期：見えた通りに考える時期　3〜6歳

　言葉の発達により思考が生まれますが、まだ見かけに左右され、論理的には考えられません。視点は自己中心的な段階で、自分からどう見えたかで物事を判断し、自分の視点と他者の視点は未分化です。

　昔話はこの時期の子どもの考え方になじみやすいと同時に、新しい発見を教えています。大きな箱には大きな価値のある宝物が入っていると考えるのはこの時期の考え方です。子どもに

思考が生まれる　　　自分が好きなものが　　　自己中心的な視点
　　　　　　　　　相手も好きだと思う　　（相手の立場で考えられない）

第4章　実践のための基礎理論

とって、小さな箱により価値の大きい宝物が入っているという『舌切り雀』の結末は、新しい考え方を知るきっかけとなります。

　発達遅滞があって学齢期になっても思考がこの段階にとどまり続けた場合、学業不振だけではなく、行動上の問題も起きます。叱られても反省ができないで同じ行動を繰り返す、自分の欲求が通るのが当たり前と考えるなどの行動は、本人の性格の問題以前に、知的な能力に限界があるために起きていることがあります。

3. 具体的操作期：具体的なものを使って法則を見つけ、論理的に考えはじめる時期　7～10歳

　論理的な思考ができ、見かけが変化しても質・量が変化しないことがわかります（保存の法則の理解）。

　思考を保存できることによって、
・全体と部分の関係や合併を理解し、読み・書き・計算ができます。
・反省ができたり、自分と他人の視点が分化して自分がOKでも相手がOKとは限らないとわかります。
・ルールの意味が理解でき、共同作業ができます。

〈10歳の壁〉

　具体的操作期から形式的操作期に移行するには目の前にないものを操作できる必要がありますが、そこでつまずく子どもたちがいます。

　小学校のカリキュラムでは、4年生以降、分数、比例など、中学の数学につながる抽象的思考の入った内容になってきます。手助けなしに理解していける子と大人の手助けがあってはじめてその水準に到達できる子がいます。

4. 形式的操作期：抽象的概念を自由に扱い、命題、原理に挑戦する時期　11歳以上

　思考そのものを操作できるので、命題論理を扱って、算数から数学の世界へ入ります。対人

● 第1部 理論編

関係を俯瞰して自分と他人の視点に加えて第三者の視点を持てます。

〈思春期・青年期の理想主義〉

　自分の論理、思考の世界が、一時的に現実より価値があるものになります。俯瞰する視点から内的討論を行って、やがて現実と理想をすり合わせ、等身大の自己像に落ち着きます。

思考を操作　　　　　　第三者の視点から　　　　　　理想主義

●ワーク● **見立ててみよう**

下のイラストを見て感覚統合のどこがうまくいっていないか考えてください。

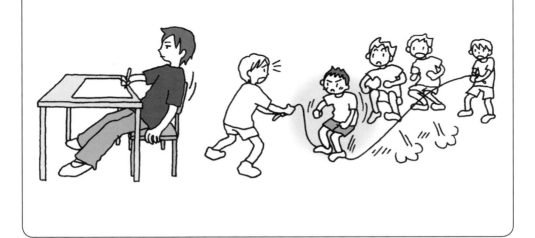

第4節　道徳性

　道徳性はルールを理解し、守ろうとする力で、認知の発達の影響を受けます。ただし、道徳性の発達にとって認知の発達は必要条件ですが、十分条件ではありません。子どもの感覚統合の状態、養育環境、地域社会の文化などによって、認知の発達に見合った道徳性の発達がみられないこともあります。
　ルールの必要性がわかるには、思考が自己中心的な段階から脱して他者の視点を理解できなければなりません。したがって、道徳性がはっきりとみられるようになるのは、具体的操作期に入る小学校からになります。以下、コールバーグの理論（荒木，1997；Kohlberg, 1987；Reimer et al., 2004）に沿って道徳性の発達を見ていきます。コールバーグは道徳性を6段階に分けています。ここでは幼稚園から高校までに発達する第3段階までを概説します。

1. 0段階：欲求指向　3〜5歳

　物の見方が自己中心的な段階で自分の欲求が通ることが正しいと考えています。そのため、他人と欲求がぶつかる場面で一方的に自己主張をします。ただし、自分の欲求が他児の欲求とぶつからない場面では思いやりを示すことができます。

　この段階では、みなが楽しく生活するためには「ルール」というものがあり、先生も含めてみんながそれを守らなくてはならないことを教えます。また保育活動のさまざまな場面で友だちと自分の欲求がぶつかる経験を繰り返しながら、他者に自分と違った視点があることに気づいていけるように導きます。
　小学校〜高校までの間に発達する道徳性は、3段階に分けられます。

2. 第1段階：罰と服従への指向　5〜7歳

　ピアジェの前操作から具体的操作の初期の段階です。「怒られたからこれは悪いこと」とい

● 第 1 部　理　論　編　●●●

うように、物事の善悪を結果から判断しています。まだルールの意味を理解できないので、押し付けられたものとして感じています。

この時期の特徴は論理より見えた大きさに影響を受けやすいことです。自分より大きい、多

権威者（大人）には従順

みんながやるなら正しいこと

どっちが正しい

いものは大きな力（罰）があるので従わなくてはならないと考えます。2つの視点があることはわかりますが同時に2つの立場を考えることはできません。

第2段階へ発達を促すためには、トラブルがあったその場で、今やったことは罰や怒られる以外になぜいけないのかルールの意味を考えさせると同時に、「自分が同じことをされたらどう思うか、だとしたら相手はどう思ったか」というように、他者の気持ちを考えさせます。

3. 第2段階：道具主義的な相対主義　8～11歳

自己中心的視点から脱して論理的に考えられるようになり、自分と他者の2つの視点を同時に持つことができます。

交換関係の発達
「ないしょにするなら教える」

具体的な公平の実践

第4章　実践のための基礎理論

　第1段階と違って大人の権威が相対化されます。具体的にわかる形での公平が正しいことになります。小学校1、2年生のとき先生に従順だった子どもが、3年生になると「先生の言うことを聞いたから、先生も自分の言うことを聞いてくれるべき」と考えます。ルールは自分の得＝公平になるなら守るべきと理解しています。相手がしてくれたことと等価のことをしてあげるのが「正しい」ことで、他人に具体的に損害を与えない限り自分のやりたいことをやってよいし、「仕返し」は当然の権利と考えます。

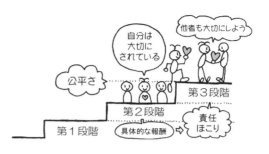

　この段階の子どもたちに大人の権威に頼り過ぎた指導や、子どもたちが不公平と感じる指導をすると、学級崩壊が起きることがあります。

　第3段階への発達を促すためには、公正、平等に扱われることを通して「自分は大切にされている。だから相手も大切にしよう」と子どもが考えられるようになることです。これは他者への思いやりや愛情に基づいて行動する第3段階への橋渡しとなります。

　さらに一歩、発達を進めるには「ゲームやお菓子などの具体的な報酬」目当てではなく、自分の行動に責任や誇りを持てる経験が大事です。係活動、班活動の中で自分の役割を果たしてほめられることは、第3段階の報酬であり、適度の自尊感情を育てます。

4. 第3段階：対人的同調、「良い子」指向　11〜17歳

　形式的操作期に入って抽象的な概念が扱えるようになり、その結果、具体的にわかる形での公平より信頼関係や誠実さが正しいことになります。自分が損をしないために公平であるべきと考えていた第2段階とは違って、困っている人を積極的に助けようとしますし、そのために柔軟にルールを解釈したり、一時的にルールを緩めたりできます。

　また、自分の行動を観察、評価する視点が自分の中にできるので、規則を破ることに自らブレーキをかけたり、よいことをすれば自分で自分をほめられます。

117

第1部 理論編

　自分と相手の視点に加えて第三者の視点も持てるので、周りの人からどのように見られるか、どんなことを期待されているか気になります。そして期待に応えるよい子でありたいと自分の行動を律します。その一方で自分の属している仲間集団の価値観が最優先される時期でもあるため、一般的にどのように振る舞うことがよいとわかっていても、それより自分の身近にいる仲間の影響を受けやすいのです。属しているグループに非行傾向があればそのグループ内でよいとされる行動が優先されます。

　第3段階でも公平さが大切なことに変わりありません。一人ひとりの人格や権利が尊重され守られている環境は、愛他的な行動や自尊心を育てます。この段階では思いやりや相互扶助を示す対象が身近な人に限られていますので、それがより広い範囲を対象とするよう、社会に目を向けて視野を広げます。

　道徳性は、この後、第4段階：法と秩序指向、第5段階：社会契約的な法律指向、第6段階：普遍的な倫理的原理の指向へと発達していきます。

第4章　実践のための基礎理論

第5節　感情

感情と愛着の発達は、社会生活を営む上での要となります。本節では、これらがどのように発達するかを、ボウルビィ（Bowlby, 2008）、エインズワース（Ainsworth, 1978）らの理論を中心に概説します。

1. 感情

1）感情＝身体感覚の段階

乳児の感情の発達は身体発達と連動しています。育児行動は子どもの欲求に合わせて養育者が世話をする仕組みになっています。赤ちゃんは排泄したり、汗がでたり、お腹がすいたりという身体感覚の不快を泣いたり、ぐずったりして訴えます。赤ちゃんからの発信を受けた身近で世話をしている大人（Primary Care Giver）が、不快な刺激に対応したり、抱き上げてあやしたりして身体感覚が心地よいものになるようにします。ここに、「情緒応答性」が生まれます。情緒応答性は一人の子どもと主に世話をしてくれる大人との間に生まれ、これが安心や信頼感のもとになります。赤ちゃんは不快や苦痛を感じても発信することによって快に変わることを体験しながら、徐々に感情を分化させていくようになります。

2）感情が分化していく段階

感情は、不快を緩和すると安心が生まれ、プラスの感情が分化していく。

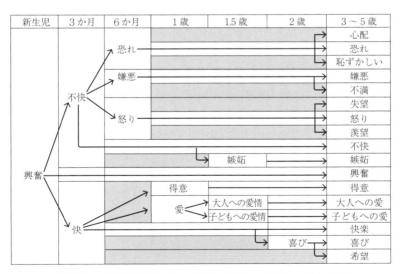

図4-5　感情が分化していく段階（Bridges, 1932をもとに作成）

●第1部 理論編 ●●●

　生まれた直後の乳児が感じるのは興奮だけですが、3か月ごろには快と不快を感じ分けられるようになります。その後、周囲の大人に世話をしてもらいながら快感情が生じていくのと並行して視覚、聴覚、触覚などの身体感覚も分化していき、新しく体験することが増えていきます。自分で動けない段階では、外からの刺激に対しても無防備なため、心地よかった状況が不快な状況に変化しても自分で対処することができません。そのため、恐れ、嫌悪、怒りなどの不快な感情の方が先に分化していきます。情緒応答性が安定している場合は、周囲の大人に発信をすることで不快な感情を快に変化させてもらいながら、大人への信頼や愛情を獲得していくようになります。1歳すぎから言葉を獲得しはじめ、自分で動けるようになると解放感や喜びを感じはじめます。また、手足が自由に動かせるようになっていくので、できたことを見せるために大人に接近して認めてもらえると得意を感じるなど快感情が分化していきます。

　一方、恐れ、嫌悪、怒りなどの不快感情は3歳から5歳の間にさらに分化が進みます。2歳ごろから身体を自由に動かせるようになると解放感を得る一方で「しつけ」が始まり自分の欲求がかなわない状況に対応しなくてはならないためです。やりたいことがあっても自分の力ではまだ十分にできない、我慢しなくてはいけないとわかっても、まだ十分に制御機能や道徳心が育っていないため、うまく折り合いがつけられずにいるためです。

3）身体感覚との関係で感情の発達を促す

　感情の発達を促すためには、身体感覚との関係性を理解することが大切になります。感覚過敏がある子どもには感覚統合がうまくいかず、不快な刺激をすべて排除したがる傾向があります。そのため偏食になったり、新しいことへの不安を感じやすくなるため感情の発達に影響が出やすくなります。アレルギーではない場合は、離乳食を始める段階から食育を開始し、舌の感覚を分化させたり、馴らしていくことにより不快な刺激を緩和できるようにしてみましょう。

4）言葉との関係で感情の発達を促す

　感情の発達は、言葉の発達とも関係があります。気持ちをことばにする方法として「オノマトペ」と動作や身体感覚を「感情のことば」にする方法があります。「オノマトペ」を使うと、わくわく、どきどき、ひやひや、ゾクゾク、ショボーン、どよーん、ムズムズ、ほんわかなど身体感覚や見た目を音として表現しやすくなります。

　また、「飛び上がりそう（に嬉しい）」「立ち上がれない（くらい落ち込んだ）」など動作を気持ちの表現とすることもできますし、しんどい、だるい、こそばゆいなど身体感覚で表現することもできます。身体感覚が認知できたら、まずそれをことばにし、その後で「それは、こういう気持ちかな」と「感情のことば」にしてみてください。

5）表情との関係で発達を促す

ことばの発達が遅れている場合、表情を理解したり表情で表現したりすることで感情の発達を促すことができます。初めは、快と不快の表情を表すカードで示すことから始めて、徐々に「うれしい」「たのしい」「不思議」「面白い」など快の感情を育てていきます。次に、「怒っている」「くやしい」「はずかしい」「さびしい」など不快な感情を分化していきます。最後に、平常心、落ち着いているなどの「中間」の感情を表す言葉も育てていきます。このように感情の質と量が増えていくと、不安が強いときでもイライラが強いときでも量を減らしたり、気分転換をすることができるようになります。感情は「どんな気持ち（質）」が「どのくらい（量）」「誰に向かって（方向）」あるのかを育てていくことが大切です。

6）共感性を育てる

自分の感情が理解できるようになれば、他者の感情も理解しやすくなります。認知の発達が進むにつれて自分の感情を変化させたり、他者が表現した感情を場面と関連づけて理解したり、自分と異なる反応にも興味を持つことができるようになります。感情の分化が進んできたら、他者の感情に対する共感性も育ててください。

図 4-6　表情シール

2. 愛着

1）愛着とは

愛着とは保護してくれる愛着人物を希求し、モニターし、その人物との近接性を保とうとすることです。ボウルビィ（1969、2008）は、これをアタッチメントと定義し、愛着の質が子どもの発達や心理的適応に危機的な影響を与えると述べました。彼は、入院したり遺棄されたりなど親から引き離された子どもを観察し、母子分離が及ぼす子どもの反応が、後の成長過程における心理的適応に影響すると述べています。

2）愛着の発達

愛着は、定位、発信、接近、修正というプロセスで発達します。定位は、愛着対象をじっと見つめること、発信は、愛着対象に向かって言語・非言語のサインを出すこと、接近は、愛着対象に自ら近づくこと、接近した対象と望む関係が結べない場合に対象を修正する行動を学習

します。まず、誕生から6週間くらいの新生児は、身体が自由に動かせず危険に対して無防備です。そのため、生きるために自分を世話してくれる人を呼び寄せる必要があります。泣く、笑いかける、あーあーと声を出す、相手と目を合わせるなど、定位や発信行動をおこないます。6週間から8か月くらいになると、先の感情の発達でも述べたように母親や世話をしてくれる周囲の大人への信頼を発達させていきます。生後8か月から2～3歳くらいの間に愛着行動が具体的になります。自分で自由に動けるようになるので、興味のあるものに自分から接近し探索することができるからです。不快感情を起こすものからは離れ、快感情を起こすものの側にいたがるようになり、取り上げられそう（分離）になると泣いたり、しがみついたり、泣き続けて呼び戻そうとしたり、最初から話そうとしなくなったりという分離不安を表す行動も見られるようになります。「愛着対象」がもどってくるという見通しが立つと「分離不安」は克服していくことができます。

定　位　　　　　　　　　　　　　　　発　信

接　近　　　　　　　　　　　　　　　修　正

3）分離不安

「愛着」は、愛着対象になる人物を「安全基地」として用いることで発達していくため、子どもは自由に動けるようになると、探索行動を始めて愛着対象から離れだします。この探索行

動システムのなかで、出かけては、愛着対象のもとにもどり、エネルギーを補充してはまた出かけることができるようになりますが、探索中に母がいないことを見つけると探索は突然中止されます。また、危険な状況や警戒すべき瞬間において、「安全な避難所」としての愛着人物のもとへと逃げ込むことも行うようになります。そのため、突然安全基地がなくなる、危険な時に守ってくれる人がいないという体験は、子どもに分離不安を引き起こしていきます。さらに、乳幼児期に、入院、親の離婚、死別、ネグレクトなど愛着対象から突然引き離される外傷的な分離に対する反応として、抗議、絶望、脱愛着状態を起こすようになることが、非行少年、被虐待少年の研究で報告されています。

4）内的作業モデル（Internal Working Model）

愛着形成の状態を見立てるうえで大切なのは、内的作業モデルが構成されているかです。子どもは2～3歳以降になると、自分が好きな物や人、興味のある物や人を自分で判断して関係を始めたり、避けたりするようになります。これは、周囲で世話をしてくれる人との相互的なやりとりを通じて形成された経験から、①誰・何が愛着対象なのか、②どこで愛着対象が見つかりそうか、③どのように応答してくれることが期待できそうかを子ども自身が考えるからです。

内的作業モデルが形成されていると、自分がこれまで接近した人・物、避けた人や物への記憶をふり返り、なぜそういう行為をしたのかを見つめて反省する力があります。また、早期の愛着体験に関し、まとまりのある物語を構成し、語ることもできます。

一方で、外傷的な分離不安体験がある場合や愛着が十分に育っていない場合は、過去の体験が感情と切り離されていたり、自分が不快を感じないような記憶として埋没しているため、修正するための振り返りができず、内的現実が現実としてとらえられる場合もあります。

5）愛着のタイプ

ボウルビィの愛着理論に基づき、エインズワース（Ainsworth, 1978）は「ストレンジシチュエーション法」を開発し、母親から一次的に引き離されたとき、および再会したときの子どもの反応を総合して3つの愛着型に分けました。Aタイプ 回避型、Bタイプ 安定型、Cタイプ 両価型です。これをもとに、4つ目、Dタイプ 無秩序型が分類されました（Main & Solomon, 1986）。それぞれの愛着型の母親の情緒応答性の特徴をまとめたのが、次ページの表4-3です。

6）メンタライゼーションとマインドフルネス

愛着が発達すると、他者を自分の情動に巻き込む、あるいは、自分が巻き込まれるということも生じます。これは、自他の感情を分けてとらえる力が未発達なときに起こりやすい現象で

表 4-3 愛着のタイプ (Ainsworth, 1978 より作成)

愛着のタイプ	子どもの反応	親の情緒応答性
Aタイプ：回避型	・独特の冷めた行動をとる ・母の存在、非存在に拘わらず探索行動を行うため、表面的には、不安が感じられない。が、母を見ると心拍数は上がり、ストレスは増加している ・再会しても愛着を求めることをあきらめてしまっている。母に抱かれても、しがみつかず完全に脱力している事が多い	・子どもへの情緒表現を抑制している。子どもに対して、厳しく、融通が利かない ・身体接触への嫌悪がある ・子どもの発信には、応えないか、応答しても不愛想、自分の作業が中断されると怒りとして表現される
Bタイプ：安定型	・安心している時は、探索する。安心していないときは、結びついて慰めを求める ・再会すると、抱きしめてほしいという欲求を出す、慰めてもらっているときに安心感を得る、安心した結果遊びを再開できる ・母が安全基地として機能	・情緒応答性が成立している ・身体接触として、子どもをしっかり抱く ・子どもの発信に対して、目線を合わせる、応える
Cタイプ：両価型	・母が去ろうとすると、圧倒的な苦悩を表現する。不在時には探索行動はできない ① 怒りっぽい乳児：母と離れたがらず、再会時には母を攻撃するか拒絶し困惑している ② 受動的乳児：母と離れた後は、ただ唖然としている。探索行動はできない。無力感と絶望感に圧倒されすぎて、再会しても母に接近できない。母が目の前にいても、そこにいない母を探し続けているような様子を示す ・母は、安全基地として機能していない	・赤ちゃんの発信する情緒的なサインにきわめて鈍感 ・身体接触は、親がしたいとき子どもが親の求める反応をしないと、突然分離する ・自分の情緒が安定していない、不安が高く、過干渉 ・自分の安定感を子どもに求め、巧妙に、あるいは不器用に赤ちゃんの自律性を妨げている
Dタイプ：無秩序型	・別れるときも、再会の場面も、接近と回避を併せ持ったバラバラの印象の行動をとる ・再会の一瞬に現れる行動として、相手に背を向けて近づく、驚きを抑えようとする、床に崩れ落ちる等の奇異な行動をとる ・母を避難所と同時に、危険の源としても認識した場合に生じる行動をとる	・家庭がきわめて不安定 ・親の精神疾患や抑うつ傾向が強い ・虐待しやすい（身体、心理、性的虐待、ネグレクトなど）

す。支援者には、相手の感情と自分の感情を分けて対応する力が必要になります。これがメンタライゼーションです。

　メンタライゼーションは、相手を回避する、接近したくなるなどの自分の行動の要因を自分と他者の情動体験を分けて考えることができることを示します。つまり、見かけと現実の区別（物事は見かけどおりではないかもしれないと思える）、あるいは、表象的多様性（物事は、人によって見方が異なるかもしれない）と考えることができることです。例えば、「貪欲で不安定な友だちから離れたい」と思ったとします。メンタライゼーションができていれば「なぜそう感じるのか」を自分の過去の体験と比較して考えることができます。相手と同じ不安定さを自分のなかに見つけ、その不安定さが揺れるのを避けようとするために相手からも離れようとするのかもしれない、と理解できるわけです。また、他者に共感することもできるようになります。共感とは、他者の感情を理解して（相手の感じていることをわかって）、共有（同じよ

第4章　実践のための基礎理論

回　避　型

両　価　型

無　秩　序　型

うに感じる）することです。共感は他者理解に必要な力で、向社会的行動を起こす際に欠かせません。

　マインドフルネスは、「ありのままの自分として、今ここにある」ということを示します。その瞬間において十分に現在に在ることができ、どのような体験が生じようとも受容し、なおかつ体験のどの特定の様相にもとらわれない状態です。後述する愛着障害のある子どもに接する支援者に必要な資質であり、どのような試し行動をされても「私はここにいるよ」という中庸な姿勢を示すことで、愛着形成に失敗してきた子どもたちが、安定した愛着形成の修復を始めることができます。

125

● 第1部 理論編

第6節　ソーシャルスキル

　社会のルールやマナーに適応しながら自己実現するためには、愛着、共感性、道徳性（規範意識）、役割取得が個人の内面に育っていること、それらを行動として表すソーシャルスキル

図4-7　ソーシャルスキルの木

が身についていることが求められます（図 4-7 参照）。
　ソーシャルスキルは知らなければ使えませんが、知っているからといって向社会的行動ができるとは限りません。愛着心、共感性、道徳性、感覚統合がバランスよく発達したとき、スキルが発揮できるようになります。

1. ソーシャルスキルのアセスメント

　ソーシャルスキル教育を実施するときは、育っているスキル、不足しているスキルは何か、個人と学級のアセスメントを同時にします。具体的なスキルは SST 尺度を 131 ～ 132 ページに掲載しましたので、参考にしてください。個人のスキルのアセスメントについては以下の観点から考えます。
　①　学習権を保障するスキル
　みんなが安心して教室で授業を受けるためには、教師と児童生徒双方の役割と責任を理解する、教師の指示に従うなどのスキルが必要です。
　②　自己コントロールのスキル
　自分の欲求や感情を理解してコントロールするスキル。
　③　友だち関係についてのスキル
　友だちを作る、関係を維持する、共同作業をするために必要なスキル。
　④　自己実現を進めるスキル
　家庭での役割、日常生活の基本的なマナー、適切に自己主張する方法。

〈学級のアセスメントの視点〉
　①　学級内の人間関係
　・担任も子どももお互いに情緒的に関わろうとしているか、関わらずに集団としての意識が低くなっていないか。
　・担任と子どもが個々に結びついているが、子ども同士の結びつきは育っているか。
　・子ども同士でペアの活動はできるか。
　・小グループがいくつかあり対立している、仲間はずれになっている子がいるか。
　・小グループに分かれているが、必要なときはグループを越えて協力できるか。
　②　学級としての規範意識
　・いじめ、暴力があるか。
　・教員の役割を理解して指示に従えるか、学級、学校のルールを理解しているか。

　マズローは自己実現の観点から個人の欲求を 5 段階に分類しました。
　下位の欲求が満たされないと上位の欲求を満たす段階へ進めません。ここでいう欲求は欲

● 第1部 理論編

望とは違います。人であれば誰しもが持っていて、かなえたいと思っている「願い」という意味合いに近いものです。

個人の「願い」を適応的に集団生活の中で実現していくためにソーシャルスキルが必要です。

次ページの表4-4は、学校生活の中で欲求が充足されないと何が起きるか、適応的に欲求を満たすためにはどのようなソーシャルスキルを育てたいかをまとめてあります。

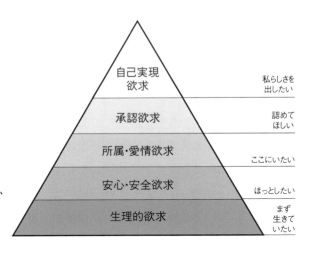

図4-8　マズローの欲求の5段階

2. ソーシャルスキルのプログラム

ソーシャルスキル教育は、誰に、いつ、どのようにやるかによってプログラムの組み方があります。

1）予防啓発的な取り組み

学校、学級としては落ち着いている状態で、年齢相応のスキルをさらに伸ばしたい場合です。学級活動、道徳、総合的な学習の時間等を使って年間を通して学級全体を対象に行います。子どもたちがソーシャルスキルを自発的に日常生活の中で使いたくなるように、グループワークの際はTT（ティームティーチング）で安全と安心に配慮します。授業のねらいを明確に提示し、活動をこなすことよりも、その過程で何を考え、感じたか振り返りをすることに重点を置きます。

2）適応を改善するために個人・小グループを対象とする場合

学級としては落ち着いているが、学校生活に適応できない子どもがいる場合は、学級全体を対象としたプログラムとは別に、個人もしくは4〜5人の小グループによるソーシャルスキル教育を行います。不足しているスキルは何か、不足する背景にはどのような問題があるかをアセスメントして、身につけさせたいスキルに絞ったプログラムを実施します。小グループにする場合は、学ばせたいスキルのレベルや種類が同じくらいの子どもごとにグループを作りますが、互いに助け合って成長することも大事です。得意な分野が違ったり、少し先に進んでいる子と遅れている子がいてもよいです。

第4章　実践のための基礎理論

表4-4　マズローの欲求の5段階とソーシャルスキルの関係

欲求の段階	欲求の内容	欲求が充足されない結果起きること	必要なスキル 育てたい心
自己実現欲求	人からの賞賛をあてにせずに、自分らしさを追求したい こうなりたい自分をめざして成長したい	挫折、反抗、抑圧、逃避	対立解消、アサーション 目標設定、課題解決 自尊心、人権意識
承認欲求	自分の仕事や責任を果たしたい。その結果、家族、先生、友だちにほめられたり、認めたりしてほしい	自分が所属できるグループのところに行く それがプラスに働く場合とマイナスに働く場合がある：適応指導教室、非行グループ 注目を引くために逸脱行動をする：授業妨害、いじめ、非行、無気力、あきらめ、意欲の減退	他者をも尊重 アサーション 自尊感情：長所、短所の理解と受容 相互理解：違いを認める 道徳性：責任を持つ 共感性：他者の長所、短所を理解して受容
所属・愛情欲求	集団に所属し、居場所を作って仲間に入りたい	班活動ができない 教室に居場所がなければ、保健室、相談室、自宅など安心できる場所に行く	仲間入り 関係を維持する、上手にグループから抜ける 相互理解、アサーション
安心・安全欲求	暴力にさらされたり、危害を加えられず安心して、安全に生活したい	学校、教室内に暴力やいじめがあると、危険を避けるために以下の行動が見られる 傍観：見て見ぬ振り、関わらない 追随：強い者に従う、弱肉強食 逃避：教室に入らない、不登校、心身の不調の訴え	愛着心：他者との関わりを求めるようになる 我慢しないで助けを求める 危険から身を守る アンガーマネジメント ストレスマネジメント アサーション 自己理解：感情の分化 他者理解：共感 愛着心：他者への興味関心を育てる
生理的欲求	睡眠、食事、排せつ、性など人が生きていくうえで必要不可欠な欲求 感覚統合に問題がある場合は、聴覚、視覚的刺激も入る	その場にいられない、落ち着かない、イライラする、パニックになる	道徳性：ルールの理解 我慢しないで助けを求める、欲求とルールの調整 自己理解：身体感覚の理解、セルフケアを教えながら自尊感情を育てる

第 1 部 理 論 編

> まとめ

　アセスメントとプログラムの立案のために必要な基礎理論を概説しました。ここには書ききれませんでしたが、包括的スクールカウンセリングを実践するためには、コンサルテーション、グループダイナミクス、思考法に関する理論も必要です。学校組織の中で構造的にプログラムを展開していくためにこれらの理論を学んでいくことをお勧めします。

コラム 4-1　日本のソーシャルスキル

　ソーシャルスキル教育の本質的な意義は国境を越えたものですが、スキルの内容は、文化によって違いがあります。日本人のコミュニケーションは「言わず、語らず」と言葉にしなくても相手の心情や場の雰囲気を読み取る共感性を大事にします。

　日本独特のソーシャルスキルとして、たとえば「まなざし」と「仕草」があります。「まなざし」は視線を向ける対象に対する心情や関わりの姿勢まで含んだ言葉です。私たちはどのようなまなざしで見るか、見られるかで相手との関係性を理解します。「仕草」は日常のちょっとした動作や振る舞いのことで、そこから相手の心情を読み取ります。

　欧米流の率直なコミュニケーションを良しとするソーシャルスキル教育のプログラムを直接持ち込んでも、婉曲に曖昧な形でのコミュニケーションを好む日本ではなじまない部分があります。

　一例として日本流に自尊感情を考えてみると、卑下と謙遜の違い、自分をいたわるまなざし等欧米にはあまりない見方があります。

　これからは日本の文化に則って子どもにわかりやすいソーシャルスキルプログラムを作っていくことも大切ではないでしょうか。

参考資料　SST 尺度

	どんな場合も全くできない	状況によってできなくなることが多い	状況によってできたりできなかったり	状況が変わってもだいたいできる	いつでもできる
1．教室でのルール					
1. どういうときには静かにしていなくてはいけないかがわかっている	1	2	3	4	5
2. 隣の席の子と話していいときといけないときがわかっている	1	2	3	4	5
3. 自分の教室以外の場所でも、同じルールを守ることができる	1	2	3	4	5
4. 先生が教室にいないときにどうしたらよいかがわかっている	1	2	3	4	5
5. 先生は、みんなのもの（独り占めしてはいけない）であるとわかっている	1	2	3	4	5
6. 担任・教科担当の先生の指示にすぐに従える	1	2	3	4	5
7. 家のルールと学校のルールの違いがわかっている	1	2	3	4	5
2．課題への取り組み					
1. 課題に最後まで取り組める	1	2	3	4	5
2. 授業中に他のことを想像したり、ぼーっとしないでいられる	1	2	3	4	5
3. ひとりで作業することができる	1	2	3	4	5
4. 授業の準備ができる	1	2	3	4	5
5. 自分が取り組んでいる課題が、先生の指示したものかを確認している	1	2	3	4	5
3．学校の中の他の先生との関係について					
1. 代理の先生が来ても、いつもと同じように行動できる	1	2	3	4	5
2. 校長先生に対して、どのように行動すればよいかわかっている（校長室に呼ばれたり、廊下で出会ったりしたとき）	1	2	3	4	5
3. 事務室や用務の職員を尊重したり、指示に従ったりできる	1	2	3	4	5
4. アシスタントの先生やサポーターの人にじょうずに助けを求めたり、指示に従うことができる	1	2	3	4	5
4．友だちと一緒に作業					
1. 他の人を邪魔しないでいられる	1	2	3	4	5
2. １人ひとりのペースの違いを受け入れることができる	1	2	3	4	5
3. 他の人に触るときの方法や距離が理解できる	1	2	3	4	5
4. 授業中にペアやグループで作業することができる	1	2	3	4	5
5. 掃除の時間に他のメンバーと一緒に作業することができる	1	2	3	4	5
6. 自分の役割（係や当番）を行うことができる	1	2	3	4	5
5．友だち作り					
1. 他の人に興味・関心を持つことができる	1	2	3	4	5
2. 困っている友だちを自分から助けに行くことができる	1	2	3	4	5
3. 他の人と一緒に時間をすごすことができる	1	2	3	4	5
4. 人から好意をもたれる存在になることができる	1	2	3	4	5
5. 他の人を自分のグループに誘うことができる	1	2	3	4	5
6．友だちの維持					
1. 友だちの悪口をいわない	1	2	3	4	5

第1部 理論編

2. うそをつかない	1	2	3	4	5
3. 遊びの途中でグループに入ったり抜けたりできる	1	2	3	4	5
4. いろいろな状況での友だちとの付き合い方を知っている	1	2	3	4	5
5. 人につきまとったり、依存したりしすぎない	1	2	3	4	5
6. 友だちを独り占めしない	1	2	3	4	5
7. 関係の発展					
1. 自分のあやまちに対して、謝罪ができる	1	2	3	4	5
2. 友だちの意見やアドバイスを聞くことができる	1	2	3	4	5
3. 意見が対立したときに、ひとりが話しているときは、割り込まずに最後まで聞くことができる	1	2	3	4	5
4. リーダーシップを発揮することができる	1	2	3	4	5
5. 意見が対立したときに、自分の意見をはっきりと、わかりやすく伝えることができる	1	2	3	4	5
8. 自己表現					
1. 自分の気持ちや考えをはっきりと表現することができる	1	2	3	4	5
2. 自分の気持ちや考えを相手がわかるようにことばで伝えることができる	1	2	3	4	5
3. いやなときは断ることができる	1	2	3	4	5
4. いろいろな表情ができる	1	2	3	4	5
9. 他者理解					
1. 他の人の気持ちを傷つけない	1	2	3	4	5
2. 先生や両親、他の人がどんな気分なのかがわかる	1	2	3	4	5
3. 同じ状況でも人によって捉え方が違うことを理解できる	1	2	3	4	5
4. 相手の気持ちを、表情や言葉の抑揚から読み取ることができる	1	2	3	4	5
10. 状況理解					
1. どの情報を聞けばよいのか判断できる	1	2	3	4	5
2. これをやったらどうなるかを予測できる	1	2	3	4	5
3. 状況を広い視野で見ることができる	1	2	3	4	5
4. なぜそうなったのか（ある出来事が起こったのか）を理解できる	1	2	3	4	5
11. セルフエスティーム					
1. 自分らしさがわかっている	1	2	3	4	5
2. 自分が得意なことに誇りを持つことができる	1	2	3	4	5
3. 困難な場面でも自分の力を信じることができる	1	2	3	4	5
4. 自分ができることを自分なりに一生懸命やることができる	1	2	3	4	5
5. 人の評価に左右されない	1	2	3	4	5
12. ストレス耐性					
1. 思い通りにいかなくても、かっとならずにいられる	1	2	3	4	5
2. 失敗してもくよくよしないでいられる	1	2	3	4	5
3. マイナス思考にならずにいられる	1	2	3	4	5

（SST 尺度作成　岡田佳子・本田恵子）

第7節　学校全体で取り組む学びの場つくり（PBIS）

1. 学校全体で適切な行動を学ぶためのアプローチ：PBIS

　すべての児童生徒が学業においても行動においても最大限に成果を引き出せることを目的にした学校全体アプローチ　PBIS（Positive Behavior Intervention and Support）が注目されています。これは、米国の初等中等教育法や全障害者教育法で定められている「学校の指導は『科学的に効果実証されている方法』で行うこと」に呼応して研究者と米国教育省の特別（支援）教育プログラム局とが連携して開発した行動面へのアプローチです。応用行動分析や予防アプローチ、ポジティブな行動支援がその基盤になっており、「全校規模で行うこと」「全校規模で行うための核となる専門部署（教育委員会）内での専門性の確立」「データを集積・分析し、改善のための判断に活かすこと」「データを取り続けること」「組織に構造的な支援システム（人的・経済的・専門的な情報知識のリソース、研修、ポリシー等）があること」「効果的な研修を継続的に行うこと」が不可欠です。

　従来型の懲戒や説諭、カウンセリングは学校での反社会的行動や暴力を減少させる方略としては最も効果が少ないという研究成果が出ています。PBIS は、従来型の「問題行動を起こした生徒」に注目し、その問題行動に呼応した「反応型」ではなく、問題が起こらないようにするには学校は何ができるかという視点で考えていく「プロアクティブ」なフレームワークです。PBIS は個別の生徒をどう変えるかではなく、問題行動の減少のために教師のアプローチや学校全体の環境をどう変えるかに焦点を置いているのです。つまり、「どういう行動をとるべきか」という期待像を明示し、それに必要なスキルをすべての児童生徒に教えます。行動も学習と同じように教えることができるという発想が基盤になっているからです。期待される行動はいつも示されて促され、また、逆に、望ましくない行動は控えるように促されます。そして状況はデータ化され、変化をモニタし、効果を評価して検討し、次の介入に活かしていきます。問題行動が減少すると学業成績が向上するという結果も見られています。

2. PBIS は三層構造

　PBIS は三層構造になっています。第1層は学校全体、学級全体に対して、つまり「すべての児童生徒」に対しての働きかけです。この段階の働きかけで 75～80％の子どもは十分に反応してきます。第1層では、子ども全員を対象としたスクリーニングも行うほかに、「望ましい行動」を促す指導や活動を展開していきます。

　第2層は、15～20％に指導介入が行われることになります。第1層段階の指導では行動を最適にできなかった子どもに対して、特定のスキル領域別（向社会的スキル、問題解決スキル等）に不足していたスキルのトレーニングを小グループで行います。また、スキルはあっても

「使うべき時に使えない」「時々しか使えない」等実行機能がうまく機能していない子どもには、トレーニングでその精度を上げていきます。そして、その進度をデータ化してモニタします。

第3層では、これまでのような介入でうまく改善が見られない子ども（5％前後）に、より専門性の高いアプローチをします。行動観察をしたり、保護者や必要に応じて医師、地域のカウンセラーなども含む関係者とも連携し、多角的な機能的行動分析（Functional Behavior Analysis: FBA）を行い、分析結果に基づいた個別の行動介入プランを立てることになります。

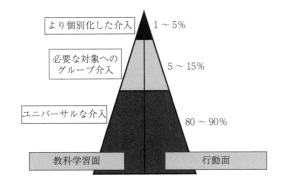

図4-9　PBISの構造（Sugai, 2018を参考に作成）

PBISで大切なのは、この行動介入プランが「子ども本人を変えること」を目的にしているのではなく、「環境デザインの再検討」を目的にしていることです。教師の対応を含め、周りをどう変えれば、問題行動が減少するのかを考えるのです。問題行動がエスカレートした場合の本人の安全確保をする方法も考えておきます。データは続けて集積し、より頻繁に分析し、指導・介入に反映していきます。

3. PBISの実践チーム

チームの構成メンバーは、第1層では教師が中心であり、層が上がっていくごとに専門性の高いメンバーとの関わりが増えていきます。いずれにしてもPBISは導入前だけでなく導入後も、十分でしっかりした定期的な研修が欠かせません。

4. 子どもたちとともに進めるPBIS

望ましい行動を「教える」というと子どもの主体性を育てていないのではないかと考える人もいるようですが、違います。学校のヴィジョン（例えば、尊敬しあう、責任を持つ……）の実現には、具体的にどのような行動をとるべきか、子どもたち自身がその行動をレパートリーとして持って、考え、選び、実行できる必要があります。こうして、子どもたちは自己効力感や自尊感情、自律性を獲得し、その結果、苦手なことや新しいことにもチャレンジする意欲が湧いてきます。

（参照：PBIS.orgHomePage　https://www.pbis.org/）

2 事例編

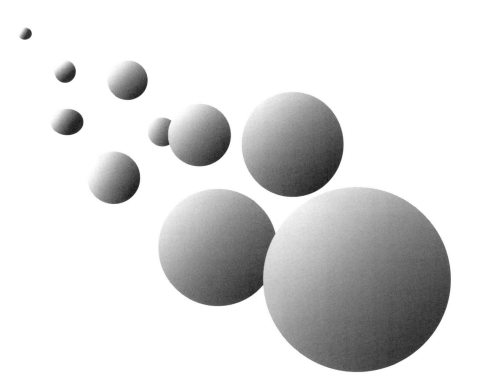

● 第2部 事例編 ● ● ●

事例編の読み方

これから、包括的スクールカウンセリングの理論と技法を用いて対応した模擬事例を紹介していきます。テーマは「不登校」「いじめ」「非行」「特別支援教育」「虐待」です。学校現場でよく出会うケースの特徴を組み合わせてあります。それぞれに小学校と中学校での事例を紹介し（虐待は小学校のみ）、教員やSCはどの段階でどういう対応をすればよいのかについて、考えながら読み進められるように構成しています。

事例編の構成

1. 扉

各事例に扉があり、それぞれのテーマの全体像が見えるようになっています。テーマが生じるパターン別に個別対応、全体への啓発教育、組織的対応などについてポイントがまとめてあります。テーマによって、対応における中心が異なりますので、焦点を当ててある部分は異なります。たとえば、不登校の場合には、啓発、個別対応、組織的対応すべてが大切になりますが、非行や虐待の場合には、発見した直後からの組織的対応が重要です。また、各事例の最初にテーマが生じる背景、包括的スクールカウンセリングによる見立て、対応する内容が解説してありますので、扉と合わせて読むと理解が深まります。

2. 事例

事例は、2つの提示の仕方をとりました。1つは、問題が発覚した場面から事例が始まっているもの。もう1つは、時系列で事例が進んでいるものです。学校現場でSCとして事例に対応する場合は、前者が多くあります。週1日8時間、多くとも2日という勤務形態の場合、ある日学校に行ったら担任の教員や管理職の教員から呼び止められ、「今、こういう状態になっているんです。これからどうしましょうか」という相談を受けることが多いのです。したがって、前者の事例の場合は、「危機介入」や「組織的対応」を中心としたチーム作りや対応が行われます。また、教員としては後者のケースが多くあります。児童生徒は学校に来ているけれど何となく様子が変わってきた。気にはなるけれど本人や周囲の児童生徒からは直接相談がないまましばらく経過をみているうちに問題が浮上してくるというものです。この場合は、事例の経過を読み進めながらどの段階で何を注意して見立てておく必要があるのか、どういう対応をすればよいのかを考えながら読んでいってください。

3. ワークの構成と取り組み方

事例には、ワークがついています。教員、SC等として対応する場合に押さえておくポイントがワークに組まれていますので、ワークの場面になったら、一度事例を読み進めるのを止めて、自分なりの解答を考えてみてください。ヒントやポイントが整理されている事例もありますので、参考にしてください。事例への対応方法はひとつではありませんので、さまざまな場面を想定して考えを進めていくと、事例やテーマへの理解が深まると思います。

1 不登校

包括的スクールカウンセリングの枠組みに基づいて不登校の事例を学びます。

タイプ 考えられる要因	個別対応 （担任・養護・SC）	全体対応	組織対応 （校内・地域）
分離不安型 ① 子どもが不安 　親が病弱、両親の不和・離婚 ② 親が不安 　情緒不安定、子どもが離れることに強い不安を抱く 　親が子どもを抱え込む	**担任・養護教諭** 情報収集、親子の不安の見立てと具体的な解決方法の提示 **SC** 見立て支援、カウンセリング、親ガイダンス	**保護者勉強会** 「思春期を迎える親の課題」等	**生徒指導・教育相談部**中心 専門機関との連携（病院、教育相談室等） 家庭教育講座
養育環境に問題 ① 虐待、DV ② 親の都合による子どもへの負担（弟妹の世話） ③ きょうだいに不登校 ④ 基本的な家庭生活が不安定	**担任・養護教諭** 心身の健康および安全確保の教育 放課後学習支援 **SC** 心の健康教育支援、カウンセリング	**総合的な学習の時間・ホームルーム**等での啓発教育 子どもの権利への啓発教育 心身の健康・安全確保の教育、家庭学習の進め方の助言	**生徒指導・教育相談部**中心 子ども家庭支援センター、児童相談所、警察等 **教務・管理職** 学習支援員の活用 放課後学習室
発達障害がある ① 特性による学習のつまずき 　不注意・こだわり ② 人間関係が構築されにくい 　周囲の無理解による二次障害	**担任・養護教諭** アセスメントの依頼、個別指導計画（感覚統合、学習、SST等）、進路相談、親ガイダンス **SC** 障害受容支援	**学級** ストレスマネジメント、SST 授業形態の工夫 **保護者** PTAで発達障害をテーマとした研修会	**特別支援校内委員会** 通常の学級の支援 取り出し、通級の活用 **地域連携** 放課後デイサービス 療育センター 病院、SST等
問題行動型 怠学・非行 ① 学習習慣が形成されず学業についていけない（能力、意欲） ② 学外の遊び、非行仲間に所属意識が強まる ③ 精神的病理	**担任・養護教諭** アセスメントと個別指導計画、親ガイダンス **SC** カウンセリング、SST、アンガーマネジメント	**学級** ルールの確認、ストレスマネジメント、SST、安心できる学級作り、授業形態の工夫 **保護者** 非行予防研修	**生徒指導・教育相談部**中心 児童相談所、教育センター、警察、少年センター、病院
人間関係・集団生活不適応型 自我、社会性の未成熟により人間関係が構築されていない	**担任・養護教諭** アセスメントと個別指導計画、親ガイダンス **SC** カウンセリング、SST	**学級** 安心できる学級作り、SST **保護者** 適応指導教室主催の研修会	**生徒指導・教育相談部**中心 教育センター、適応指導教室、病院

● 第2部 事例編 ● ● ●

小学校事例

　小学校は、中学校に比べて担任が受け持ち児童に接する時間が長いことから、情報が学年や学校全体で共有されず、問題があったとき一人で抱え込みやすい構造になっています。
　さらに不登校の場合、学校内で問題行動を起こすわけではないので、対応が担任に一任されがちです。
　しかし、担任一人での不登校対応には限界があります。包括的スクールカウンセリングを生かして担任中心に学校全体で支援体制を作った模擬事例を紹介します。
　不登校は適応相談の個別対応策が多くなりますが、教室復帰や進学を考えると、学業相談、進路相談での個別対応も欠かせません。個別対応を実行するに当たっては、校内、地域でのシステム支援を利用する必要があります。既存のシステムに個別対応をどのようにリンクさせるか、足りないときは新たに作れるシステムがないか、チームを作って検討していきます。

校内委員会で支援策を立て、学習支援室の利用で改善した女子児童の事例

1. Ａ子と学校の様子

　Ａ子は５年生の冬休み明けから遅刻や欠席が目立つようになりました。担任はＡ子の家庭の事情を少し知っていましたので、登校していないときは電話をかけたり、Ａ子が行けそうだと言った日は迎えに行ったりしていました。

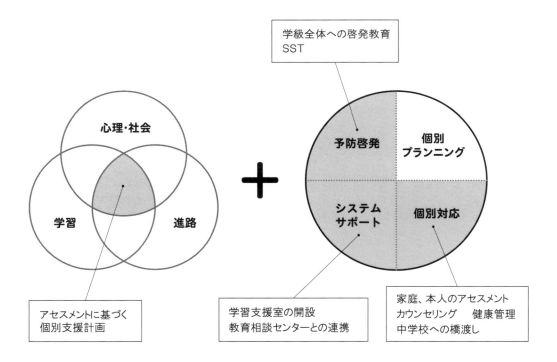

担任が迎えに行くと保護者は不在でA子が寝巻きのまま出てきて、それから着替えて登校するので時間がかかります。

A子の通っている小学校は中規模校で、地域とは学校の行事を通しての交流が盛んです。

学校は学力向上に力を入れていて学習支援室が校内に開設されています。支援室には学力支援講師と学生ボランティアが常駐して、個別もしくは小グループで、学習に遅れのある子の指導をしています。

また、校内委員会は特別支援・教育相談委員会を月1回定期的に開いています。メンバーは管理職、生徒指導主任、特別支援教育コーディネーター、養護教諭、SCです。委員会では情報交換と配慮を要する児童への対応策が検討されています。

学校は虐待、特別支援教育、不登校の事例で子ども家庭支援センター、児童相談所、教育相談センターとは連携したことがあります。

養護教諭は年間を通して欠席調査を行っており、5年生の2月の委員会でA子の遅刻・欠席が増えていることを報告しました。

ことになりました。

A子は一人っ子で口数が少なくおとなしい子です。お風呂には入っていますが、身なりにかまわず登校してきます。表情があまり変わらず、自分の気持ちや考えを話すことはめったにありません。

小さいころから友だちに遊びに誘われたらついていきますが、自分から誘うことはありません。5年生になってからは女子のグループに入らず一人でいる姿を担任はよく見かけました。

休み始めるまで、成績は中位でした。朝はぼーっとしていることが多く、学習はできるときとできないときのムラがあります。体を動かすことは好きではありませんが、体育は普通にできます。A子は学級でトラブルがなく、不登校の直接のきっかけがよくわかりません。

担任、養護教諭、SCで当面のA子の支援策を話し合いました。朝、時間がとれない担任に代わって養護教諭が家まで迎えに行き、A子とゆっくり話してみたり、SCが休み時間などにさりげなくA子を相談室に誘って話をしてみたりすることにしました。

●ワーク● 1-1
不登校の支援体制の問題：初期対応のシステム不在
不登校の初期対応が遅れる理由を以下の視点から考えてください。
1. 断続的な遅刻、欠席の認識
2. 学校全体の出席管理
3. 教育相談委員会の対応

◆ポイント◆傾聴、寄り添う
担任以外の学校スタッフもA子と信頼関係を築くことに努めます。
具体的な支援策をすぐに打ち出したいところですが、まずA子のペースに合わせないとかえってこじれてしまいます。すぐに効果が出なくとも根気よくA子に関わり、話を聴き、支援策の糸口を見つけます。

養護教諭とSCが担任に様子を聞いてみる

● 第2部　事例編　●●●

　5年生の間、A子は週2〜3日ペースで2、3時間目から登校していました。教室では静かに着席していますが、学習がわからなくなってぼんやりしている時間が増えました。養護教諭が生活についてA子に聞いたところ、母親の存在がつかめず、朝も夜もカップ麺や弁当、菓子パンを不規則な時間に一人で食べていることや、ゲームをしていると寝るのが深夜になって朝起きられないことがわかりました。また何度か相談室でゲームやアニメの話をしました。

> ●ワーク● 1-2
> **暫定的な見立てと情報収集**
> 　包括的スクールカウンセリングの図を使いながら、暫定的な見立てを作りましょう。
> 　ヒント：支援策を立てるために、さらにどのような情報を集めたらよいでしょう。

2. 初期介入と情報収集

　事例では「不登校は個人の危機であり、危機対応が必要」という視点が欠けています。そのため保健室の欠席調査の情報や担任の情報が共有されないまま経過し、支援策が立てられるまでに時間がかかっています。

1) 断続的な遅刻、欠席への対応

　断続的な遅刻、欠席は児童のSOSであり、個人の危機と考え、1週間以内に支援チームを組みます。担任だけが現時点で持っている情報を抱え込まずに教育相談係、管理職に伝えます。また担任を中心に、背景となっているものは何か、家庭、学習、対人関係の状態について情報収集に当たります。A子の場合、家庭に事情がありそうです。

2) 学校全体の出席管理

　担任以外は断続的な遅刻や欠席に気づきにくいことが多いです。学校全体の情報を把握して個別に支援が行われているかチェックしていくシステムが必要です。たとえば、保健室が年間を通して欠席調査を行っていると、不登校、不適応の早期介入に有効です。

3) 教育相談委員会の対応

　月に1回の委員会だけでは現場の動きに対応できないことがあります。委員会の中で役割分担をして担任や養護教諭から出欠情報を聞き取り、担任を支援するコアチームを立ち上げます。A子の場合、養護教諭、SC、担任でチームを組んでいます。

4) 情報収集

　まず、現時点でわかっている情報から暫定的なアセスメントをして当面の方針を立てると同時に、足りない情報を収集します。

> 〈暫定的なアセスメント〉
> A）3領域の視点から必要な要素
> 心理・社会領域
> 感情：
> 　感情表現が乏しい、何を感じているか周囲の人にわかりにくい。
> ソーシャルスキル：
> 　仲間入り、関係の維持ができない。アサーションスキルが不足。

1 不 登 校

道徳性：
　年齢相応と思われる。
学習領域
学習：
　意欲が減退し無気力。遅刻、欠席によりわからないところがある。
B）4方向からのアプローチで必要な要素
システムサポート：
　学校と家庭の連携
生活習慣：
　食事が不規則で栄養が偏っている。睡眠が不規則。身だしなみに問題。
身体発達：
　今のところ大きな問題なし。
家族関係：
　保護者はA子の養育に無関心に見える。ネグレクトの可能性がある。

　この事例ではネグレクトも疑われるので、地域サポート、家庭、学校それぞれでの支援を考えます。
　このケースの暫定的なアセスメントができたら包括的スクールカウンセリングの構図にあてはめて不足している情報を集めていきます。
　またA子個人の発達の視点から身体・感情・道徳性・ソーシャルスキルで情報を整理します。
　システムサポートは担任、養護教諭、SCがチームで行います。
　以下は、それぞれの専門性に基づいた介入です。

〈担任〉
家族関係：
　保護者面談により、親子関係家庭での様子。
学習：
　教科ごとに習得している内容と未習得の内容をチェックする。
道徳性：
　校外での様子について情報を集める。
ソーシャルスキル：
　教室内での友だち関係のあり方。
　学級の人間関係の状態。

〈養護教諭〉
身体：
　体重、身長等のチェック。
生活：
　食事、睡眠、衛生面に関わる情報を引き続き集める。

〈SC〉
学習：
　学習のつまずきや認知のパターンを調べる。
感情：
　自尊感情がどのくらい育っているか。
　愛着心が誰に対してどれくらい育っているか。
ソーシャルスキル：
　ソーシャルスキルがどの程度身についているか。担任からの情報、行動観察をもとにアセスメント。
家族関係：
　A子から見た親子関係（可能なら保護者とも面談して保護者からの情報も得る）

3. 6年生前期の様子

　A子は6年生になりましたが、さらに遅刻と欠席が増え、登校は週1〜2回になって

しまいました。教室に入りたがらない日も出てきて、担任一人では対応しきれない状況です（学級も担任も5年生からの持ち上がりです）。担任と父親がやっと面談できましたが、父親はA子の心配はしているものの不登校にどう対応してよいかわからず、「学校へ行けと言うほかはやれることはない」とお手上げでした。

A子は登校して保健室や相談室で過ごしたとき、ポツリ、ポツリとこれまでのことを話すようになりました。そこから次のことがわかりました。

① 幼少時に母親と離別していること。
② 学級に自分の好きなゲームやアニメの話ができる女子がいなくて、みんなの話にあわせてもつまらないし、疲れると思っていること。
③ 勉強がわからないし、興味もないがこのままでいいとは思っていないこと。

●ワーク● 1-3
包括的な支援策を立てる
　再度A子のアセスメントをして、以下の視点で誰が何をするか支援策を立ててください。
① 学習権の保障
② 生活習慣の改善
③ 養育環境の改善
④ 対人関係の改善

4月末の特別支援・教育相談委員会で担任も加わってA子の事例検討が行われ、以下の支援策と役割分担を決めました。
① 学習支援室への登校を認め、学習支援講師がA子の指導をする。担任と講師の間で学習進度の連絡帳を作る。本人は支援室でその日やったことを連絡帳に書いて必ず担任に見せて下校する。
② 養護教諭がA子の生活面の支援を行う。朝食のとり方、身だしなみ、睡眠時間の調整をA子に指導する。
③ 担任は父親と連絡を増やして学校での様子を知らせる。具体的に手をかけてもらえなくてもA子と会話する手がかりになる情報を伝える。
④ SCは週1回A子の対人関係面の改善を目標にカウンセリングをする。

学習支援室はこれまで特別支援教育の対象となりそうな児童が利用していましたが、不登校児童の学習も支援する必要があるとの校長判断でA子の利用が認められました。その後委員会から企画会に話を通して、不登校児童が学習支援室を利用する際のルール作りが進められ、職員会議で周知されました。

◆ポイント◆**校内体制の整備**
　別室登校をなし崩しに行うと、事例によって対応に差が出て、教員間の足並みが乱れたりすることがあります。
　学校全体で別室登校の枠組みを作り、教員は利用法を保護者に説明できるようにします。

連休明けから支援策を実行したところ、1か月をすぎるころにA子に少し変化が出てきました。養護教諭が電話して迎えに行くと、A子は洋服に着替えて登校の準備をして待っています。前日のうちに朝食になるものを

買っておくように指導したので、朝食をとっている日が増えました。

支援室で個別に丁寧に勉強を教えてもらったり、話を聞いてもらったりするうちにA子に笑顔が見られるようになりました。給食は友だちに持ってきてもらうか、自分で取りにいくか本人に聞いたところ、自分で取りにいくと決めました。SCはカウンセリングの中にソーシャルスキルトレーニング（以下、SSTと略す）の要素を取り入れ、自己紹介ゲームやすごろくトークなどを一緒にやって、A子の好んだものは支援室でもやってもらうように依頼しました。

6月の運動会は養護教諭の手伝いをするということで救護班のテントで見学できました。

●ワーク● 1-4
　A子の行動が変化しています。4つの支援策はA子の感情と考えにどのように働きかけることになったか考えてください。
　キーワード：不安、孤立、セルフエスティーム、安心、成長意欲

夏休み前には2時間目から支援室に自分からほぼ毎日登校できるようになり、朝のお迎えは激減しました。このころ、A子のほかにも不登校の児童が2人（高学年女子）支援室を利用するようになりました。

夏休みで生活リズムがまた崩れる心配があったので、担任が電話をかけたり、補習教室に誘ってみたりしました。

夏休み明け、1週間はやはり起きられず、お迎えが復活したり、登校日が減りましたが、9月中には夏休み前の状態に戻りました。

◆ポイント◆関係の維持
　夏休みに生活リズムが崩れることが予想されます。学期中よりは担任に余裕があるので、A子と連絡をしたり、会ったりする機会を作ります。

4. 学校でのカウンセリングのあり方

1）SSTの視点を取り入れる

学校での個別カウンセリングは治療ではありません。本人の健康的な側面に強く働きかけ、未発達、誤学習している感情、認知について心理教育、SSTを織り交ぜながらカウンセリングを行います。

A子は教員、SCの働きかけに応じています。次の段階としてA子が自分から考えや欲求を表現できるように、自己決定をする小さなチャンスをたくさん作ります。

また、A子は興味関心の幅が狭いので会話が続きません。質問したり、相手の話を聴いたりする体験も入れます。

2）傾聴から気づきへ

不登校の児童は他人と信頼関係を築く際、不安が強く、たいへん用心深いことがあります。本人のペースに合わせてじっくり話を聞いてSCや教員に対して安心感が持てるようにします。すると、次のステップとして自分の問題に気づくことがテーマになります。

A子の場合は、養育環境から、他者に愛着が持ちにくいこと、集団の中での対人関係が苦手で避けていること、中学校生活にどう適応するかという問題があり、A子がこれ

● 第2部 事例編

らの課題に少しずつ気づき、成長できるように援助します。

5. 6年生後期の様子

A子の支援室への登校は定着しましたが教室復帰はまだ難しい状態です。

この時期のA子の状態です。

生活習慣：
朝は9時前に起きられる。朝食の用意がほぼできるが、夕食は不規則。

学習：
毎日支援室へ登校して、支援室で学習した結果。国・算は7割、理・社は6割テストで点が取れる。

対人関係：
支援室の仲間（不登校）とは助け合えるし、遊べる。同級生の前では緊張し距離をとっている。

養育環境：
父親との会話が少し増える。

●ワーク● 1-5
・次ページの表1-1を参考にこの時点のA子の見立てをしてください。
・見立てをもとに中学進学を意識した支援策を立ててください。

半年後の中学進学を視野に入れた支援策を10月の委員会で立てました。このときも担任が参加しています。

① A子、学力支援講師、担任で話し合って、出られそうな授業を教室で受けてみる。
② 中学校は選択制で進学先を地域の複数校から選べるので、どの学校に進学したいか、親子で話し合ってもらうよう担任が父親へ働きかける。
③ 小学校卒業と同時にA子を支援する人が全員代わることのないように、中学校への橋渡しとしてこの時点から教育相談センターの利用をSCが勧める。

A子の教室復帰を考えた際、担任は学級の女子は仲良しグループが固定してグループ外の子と関わりが少ないので、A子が仲間に入りづらい状態になることを心配しました。

そこで学級学年に対しても以下のことを行いました。

④ 中学進学に向けて自己開示や仲間作りの要素を取り入れたワークを担任とSCがティームティーチング（以下、TTと略す）で学級活動や総合的な学習の時間に行う。

この後A子は図工の授業に出席して、体育を見学すると決めます。その他、学級活動や総合的な学習の時間は支援室、相談室でやったことのあるワークのときは学級に参加しましたし、卒業式の練習、卒業式にも出られました。

進学についてA子も父親も不安に思っていたので、教育相談センターへ通うに当たって父親の協力が得られ、A子が面接を継続的に受けられるようになりました。進学先は親子で迷った末、本来の学区の中学校ではなく、小規模で面倒見がよいという評判の隣接校に進学しました。

中学入学後、一時不登校になった時期もありましたが、高校に進学することができました。

1 不登校

表1-1 6年生4月のA子の見立てと支援策

	SCの見立て	SCの介入案	委員会決定の支援策
身体	感覚統合に問題はなし。 生活リズムが崩れているので、日中疲れやすくだるさを感じやすい。 朝食、夕食の時間が不規則で栄養も偏っている。	家でも学校でもじっとしていることが多いので、本人が楽しめる範囲で体を動かす活動を入れる。 食育、生活習慣の立て直し。	学習支援室で体を動かすゲーム、風船バレー、卓球などの活動を入れる。 栄養教諭による食育。生活習慣の立て直しを養護教諭が援助する。
認知	知的な発達に問題なし。 〈学習〉 　現在生活全般に無気力で意欲が減退しているが学習を拒否してはいない。反復練習が不十分で分数の計算、比例、5年の漢字が定着していない。 　理科・社会は実験、調べ学習ができていない。 　図工の時間は比較的取り組みがよい。 規範意識は年齢相応にある。	〈学習〉 　遅れているが、追いつける可能性がある。安心して学べる個別指導が望ましい。 　別室登校の際はルールを明確にして教員が足並みをそろえる。 　登校した際は、担任と必ず顔を合わせる。	学習支援室で個別指導を行っていく。担任と講師で連絡帳を作り教室と本人の進度が互いにわかるようにする。掲示されるプリント、書道、図工の作品はできるだけ取り組ませる。できたものはみんなと一緒に掲示する。 登校した際は担任に連絡帳を本人が出す。
感情	不安定な養育環境下で育ったために自分を大切にするとはどういうことか実感が育っていない。 自己主張しないことで養育者との間に波風を立てないようにしてきた。他者理解はできるが自分の感情を押さえ込みやすく、情緒的な関わりを持とうとする意欲は薄い。 集団場面では緊張が高い。	セルフケアのスキルを教えながら自分を大事にする感覚を身につけてもらう。 学校の中に安心して一緒に過ごせる人と場所を用意する。居心地がよい、安心できると本人が思える環境を提供することで心の面でも自分を大切にする感覚を育てる。そのうえで少しずつ自己開示に向けて働きかける。	養護教諭による生活習慣の指導で身体や食事を大事にすることが自分を大切にすることを教えていく。 SCのカウンセリング。 学習支援室での個別指導。 相談室、学習支援室でワークを取り入れながらストレスマネジメント、アサーショントレーニングを行う。
養育環境	ひとり親家庭で、父親は仕事に手一杯で本人の面倒をみる余裕はないが、心配している。 親族からの援助も多くは望めない。現時点では父親にもっと面倒をみてほしいなどの要請はかえって逆効果になる可能性がある。	父親は本人の生活を把握していないので学校での情報を伝える。定期的に連絡を取ることで学校との信頼関係を強める。 本人と保護者の了解が得られれば、家庭支援センターなどから家事ヘルパーを派遣してもらう。	担任が定期的に父親に電話して学校の様子を知らせる。電話の頻度は父親と相談して決める。 ヘルパーの提案を担任がしてみる。 ↓ (ヘルパーは頼まず、親族宅へ週末泊りに行くことになった)

6. 中学校移行のための支援

進級、学級替え、転校、進学は教室復帰のチャンスになることもありますが、それには本人と家庭の準備ができていることが条件になります。ただ環境が変わったから学校に行けるというものではありません。

1）保護者への支援

学校と家庭が細かく連絡をとり合い、保護者の不安が子どもに影響しないように支援します。A子の場合、担任が父親と連絡をとり続けていたので、信頼関係ができていました。教育相談センターと学校の情報交換がスムーズにできましたし、中学への申し送りは担任、父親、本人で話し合って内容を決めています。

2）本人の準備

環境の変化に対応するためには、ストレスや不安に対する対処法、仲間入り、関係の維持のスキルが必要となってきます。

A子自身が集団生活の何が苦手で、どのような場であれば安心できるのか気づきを促します。SCとの面接でA子は「役割がはっきりしているか、個人作業が中心ならば教室にいられる。緊張するので毎日長時間教室にはいられない」ということに気づきました。

気づきがあったからこそ、A子は自ら中学校進学に備えて積極的にストレスマネジメントや、不安への対処法を学んだり、教育相談センターへ通いました。

7. 事例へのコメント

1）チームで実行できる支援策を立てる

A子の支援策が確実に実行できたのは担任まかせにせず、委員会でA子の見立てをきめ細く、包括的に支援策に落とし込んでいるからです。SCは本人との面接、行動観察、教員からの聞き取りをもとに見立てをしています。表1-1は、6年生の4月の委員会でSCが提示した見立て・介入案と委員会で決まった支援策です。なお、支援策は誰が実行するか、支援計画はさらにいつどこで実行するか明記します。

2）学ぶ権利を保障する別室登校

模擬事例では学力支援講師が常駐する学習支援室の存在が大きな効果を上げています。不登校のA子が安心して学ぶ権利を保障する環境を学校が責任を持って作っています。「学習」は支援講師がA子の学力をアセスメントし、担任とともに学習計画を立てています。「安心」はSCのカウンセリングで取り上げたSSTを支援室でも行い、練習効果が上がるようにしました。

別室登校は部屋さえあればよいというものではなく、安心して学べる環境が保障されなければ効果的とはいえません。不登校になると学校（教師、同級生）への愛着が薄れています。やっとの思いで登校した先に待っているのは誰もいない部屋で一人プリント学習をするとなったらどうでしょう。短期間、短時間であればまだしも、そのような状態が続けば子どもは学校から大事にされていると思えるでしょうか。家で長時間過ごし退行しやすい状態になっているのに、学校でも感覚遮断

されるような環境は好ましくありません。学ぶ権利を保障するにはやはり学校が責任を持って個別・少人数指導が行える体制を整える必要があります。

8. 事例の問題点

事後対応中心から日常の予防へ

この学校はA子が不登校になってからは組織的に対応できています。しかし、予防、初期対応については危機意識が不足していました。

養育環境が不安定、発達障害がある、学習につまずきがある、対人関係が不安定などの問題を抱えた子どもは不登校についてハイリスクであるという認識を持って、日ごろから指導に当たります。そのためには情報の引き継ぎが大切です。A子がハイリスクであるという認識があれば、担任はA子が一人でいることが多いと気づいた時点で介入ができます。個人への配慮のほか、学級への予防啓発教育も大事です。ストレスマネジメント等のセルフケア、アサーション等のコミュニケーションスキルはすべての児童に身につけさせたい力です。

● 第2部 事例編 ●●●

中学校事例

　中学校の不登校は、学校生活への不適応が大きな要因となり、次の2つに分けられます。

① 学習場面の不適応

　中学校は教科担任制になり、内容も難しくなり、宿題や提出物も増える一方、高校進学を意識していくなかで、授業が理解できないままついていけない自分に直面させられるので、不安が高まり、授業時間中の緊張が高まります。

② 人間関係や集団生活の不適応

　小学校の楽しいイメージから、中学校になるとルールや規律が厳しくなり束縛されるイメージが強くなり、集団生活が苦手な生徒にとっては、緊張を要する場となります。親しい友だちが作れるか、グループに入れるかどうかは、生徒にとっては重要な問題です。不適応の要素として、学習領域、心理・社会領域、進路領域が相互に関連し合っています。中学校は学年で関わるので、うまくいけば複数の視点で生徒を見て早めの対応ができますが、担任への遠慮があり担任が一人で抱え込みやすく、対応が遅れてしまう場合もあります。それだけに、校内支援チームの組織、地域資源の活用が重要なポイントです。

　中学校のSCが現場で出会う形で模擬事例を紹介しながら、生徒の理解と介入に視点を当てて、どう教室復帰をしていったかみていきたいと思います。

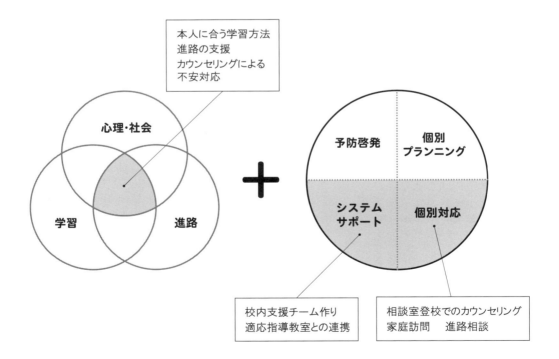

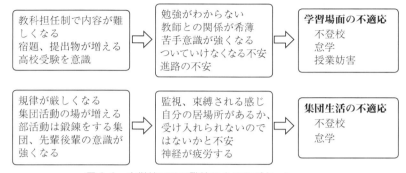
図1-1　中学校での不登校の2つのパターン

相談室登校、適応指導教室を経て、教室に復帰し高校合格した女子生徒の事例

1. 生徒と学校の様子

1) B子と学校の状況

B子は1年生の間は欠席もなく、担任はとくに問題を感じていませんでした。2年生に進級し2か月間は登校していましたが、6月中ごろから、「風邪」を理由に休みが続き、その後登校したり、休んだりと徐々に休みが目立ってきました。7月に、担任が家庭訪問し、級友がプリントを届けるなどしましたがB子は出てくることなく、そのまま夏休みに入ってしまいました。

●ワーク● 1-6
初期対応の検討

1学期の中ごろから休みはじめています。担任は、訪問しても効果がない段階で、学校にどのような報告、対処をしなくてはならなかったでしょうか。
また、夏休みに何ができたでしょうか。

・B子の学習上の課題について
・B子の心理・社会上の課題について
列記してください。

この学校は11学級、生徒数400人弱の規模です。古くからの商店、家内工業で生計を立てている地区と、交通の便がよいため集合住宅ができて、新しく転入してくる会社員も多い地区とが混在しています。数年前までは、学級崩壊、校内暴力などで荒れていて、やっと鎮まったところです。不登校生徒は少なく「怠学」が数人で、保護者ともなかなか連絡がとれないことも珍しくありません。

この中学校は最近、教育相談委員会ができ、構成メンバーは、管理職、各学年から教員一人ずつ、養護教諭、SC（週1回8時間勤務）です。気になる生徒の情報交換をすることになっていますが、開催できないことも多く、まだ、軌道に乗っていません。B子への介入を開始するに当たり、どのような情報を集めればよいのかについても、明確な指針はありませんでした。

第2部 事例編

> ●ワーク● 1-7
> **見立て**
> 　B子の不登校がなぜ起こってしまったのかを見立てるために必要な情報はどういうものでしょう。その情報を誰から、どのように集めるとよいですか。
> **1. B子個人の見立て**
> 　・学習面（能力、態度）
> 　・心理・社会面（校内、家庭、校外）
> 　・進路面
> **2. 学級の状況の見立て**
> 　・B子にとって安心できる空間か。
> 　・B子が再登校する受け皿があるか。
> **3. 校内体制の見立て**
> 　・教育相談委員会が、効果的に活用されていないのはなぜか。

2) B子に関する情報

〈担任、前担任、養護教諭からの情報〉

　父親と1歳下の弟との3人暮らし。1年のときは母親が保護者会に出席しています。前担任は母子が笑顔で買い物している様子を見て、母子の仲が良い印象を持っていました。1年の秋に、両親が離婚したことを、後に現担任は知りました。まじめで、成績は中の上、国語、美術、家庭科が得意、係の仕事も黙々とやっていました。高校進学の希望を持っています。1年のときは話をする友だちがいましたが、2年になると、ポツンと独りでいることが多かったようです。女子は同じ運動部に所属する生徒がグループを作り発言力もあり、おとなしい生徒同士が一緒にかたまっているようです。B子は保健室には行っていません。

3) 担任同席のB子父子の初回面接から

　B子は2学期、始業式から登校せず、3週間が過ぎたころ、やっと父親とも連絡がとれました。SCは担任（30代男性）から、B子と父親に一緒に会ってほしいと依頼されました。

〈B子の様子〉

　青白い顔色で、うつむき、体を固くしています。礼儀正しく、白いブラウスが似合い清楚な感じです。「学校には行かなければいけない」と思っているのに「自分でもなぜ行けないか説明ができない」「学習面で、みんなより遅れてしまい、もう取り戻せないのではないかと不安」と語りました。

　友だちは欲しいけれど、どのグループにも入りそびれてしまい、学校に来ることが苦痛とも言いました。隣に座る父親をチラチラと見て、話しにくい面もあるようです。

〈父親の話〉

　朝になると腹痛、頭痛が出るので休ませていたが、近所の小児科ではとくに問題はないと言われたこと、学校に行かせようと叱責していたが効果がないこと、今まではしっかりしていて勉強しろと言ったこともなく、女の子なので家事も当てにしていたと、B子の変化に困惑されていました。ひとり親にしてしまったので自分が責任を持って育てていかなければと意気込みも伝わってきました。これからは学校と連絡をとり合って、B子を支援していきたいと話され、今後父親との面接を月1回、継続していくことになりました。

1 不登校

B子の見立て（現時点での情報から）

B子の問題はどうやら家庭環境の変化の影響が大きそうです。整理してみましょう。

① 心理・社会面

母との関係：

母親との愛着が強いため、両親の離婚により母親と別れた喪失感は大きい。未だ状況を受容できていない。自立するうえで必要な安全基地が揺らいでしまい、誰にも依存ができず不安が強くなっている。母親の代わりに家事は自分が担わなければと思っているが負担感がある。

父との関係：

父親に自分の気持ちを伝えられない。

学級との関係：

友だちとの関係、学級への「愛着」も形成されず居場所がなく、集団から退避している。

＊情緒上の問題が大きく、不安を一人で耐えているために、エネルギーが枯渇している状態がみられました。

② 学習面

知的な発達上の問題はない、学習態度も勤勉性は身についている。

学習の遅れに不安を抱いている。

③ 進路面

進学したい希望はあるが、授業に遅れているので不安が高まっている。

＊学習、進路でも不安が学習の遅れに影響を与えています。

2. 校内支援チーム結成時の留意点

副校長、担任、学年の教員、教科担任、養護教諭、SCがB子の校内支援チームとして関わることになりました。毎週、副校長、担任、養護教諭、SCは記録をもとに情報交換することで、適宜修正、調整していくことになりました。相談室登校を勧め、できることを考えていきます。

① 学習面への援助をすることで、不安を軽減し自尊感情を高める。進路の幅も広げて将来を考えさせる。

② 心理・社会面では、気持ちに寄り添い自己理解を促す。

3. 不安・喪失感が強い生徒への対応におけるSCの役割

不登校の場合、校内支援チームの方針が立っても、本人をどうやって学校につなげていくかは慎重に行う必要があります。一度切れてしまった絆をつむぎ直す作業をするためには、B子との関係作りのための粘り強い働きかけをする人が必要になります。この学校では、SCがそれを担当することになりました。

1）相談室登校が始まるまで（2年生9〜10月）

2年生の9月、SC勤務の日に短時間の相談室登校を提案したところ、父親もB子も同意しました。しかし、しばらく不登校状態が続きました。今のB子には、休息が必要ですが、長引くのも気になります。級友の誘いかけはしばらく控え、担任の家庭訪問、SCからの手紙などで、つながりが切れない

ような働きかけが続きました。

2) 相談室登校始まる（2年生10〜3月）

10月に生徒たちが音楽鑑賞で学校にいないとき、SCからB子に電話をかけてみたところ、「今から行っていいですか」と来ることになりました。それを契機に、相談室登校をするようになりました。ちょっとしたきっかけ作りも大切な役割になります。

〈B子との関係作り〉

不安と緊張が高く、やっとの思いで来ているのがわかるので、最初の数回は「安心できる空間作り」をめざしました。雑談、描画、身体をほぐすストレッチなどで相談室登校がスムーズにいくような雰囲気作りに努めました。日常生活や身の回りのことなど、例えば洗濯の仕方、簡単に作れる料理など、B子は質問してきて、家事は負担ではあるけれども、意欲があることをうかがわせました。

〈枠を作る〉

相談室登校が継続してきたため、枠組みを作ることにしました。これは、相談室への登校に目的意識や達成感を持ってもらうためです。

相談室登校からまた不登校になってしまう場合には、この枠組みが作れず、いつ来て、何をするのかを生徒が自分で決めなくてはいけない場合に多いようです。
① 相談室登校した時と帰る時、職員室にいる先生に挨拶をする。
② 相談室では、SCと心のケアをする。
③ 学習活動への準備として、活動の記録を書く。1日の予定、目標、身体と気分の状態、宿題、振り返りを書く。

●ワーク● 1-8
喪失体験の理解
喪失体験とは何かについて調べ、受容するまでの段階ごとに、支援者が何をしたらよいかを述べてください。

〈B子の喪失体験のケア〉

B子は両親の離婚がまだ受け入れがたく、気持ちの整理がつかないこと、母親が病弱なため心配であること、自分のことを話せる友だちがいなくて寂しいなどと涙ながらに語りました。家のことも学校のこともできない自分は価値がないが、将来は人の役に立つ仕事をしたいと話しました。傷つきやすく人間関係を作るのに時間がかかること、班での活動は、強い口調で言われるのが苦手と語りました。

〈心理・社会領域の対応策の立案・実施〉

喪失体験が癒えてきたら、学級に復帰するために必要な心理・社会的スキルを育てます。
① 自己理解・自己表現力の育成
不安に対するストレス耐性をつける。自分の気持ちに気づき、引っ込み思案にならずに相手に伝えるアサーション力をつける。
② 学級活動への参加
学級の一員であることを意識できるように行事への参加、小グループでの活動で他者との関わりを持つことを開始する。参加するグループは、担任と本人が相談して後ろ扉の近くで誰とでもニュートラルに接することので

③ 学級全体へのSSTの導入

　この学級にはいじめはありませんが、B子にとって学級が安心できる存在ではなかったように、他の生徒にとっても横のつながりが薄い学級でした。そこで、一人ひとりの生徒が学級への愛着が持てるような温かな学級づくり、生徒同士の人間関係構築力をめざして、担任が学級でSSTを取り入れることにしました。

> ●ワーク● 1-9
> 学習課題の設定
> 　学習支援のためのIEP（Individualized Education Program：個別教育プログラム）を主要科目について立案してください。何を、どこで、どのくらい行うという具体的な計画が必要になります。

〈学習領域の対応策〉

　ストレス耐性がついてきたら、学習を開始します。進路への不安解消のためにも定期考査を受けることをめざします。ここで、SCは教員への橋渡し役となります（（　）内は担当者）。
① 教科書ワーク、教科担任からもらうプリントをやる（担任、養護教諭）。
② 自分で決めた家庭学習、担任から出された宿題をやる（担任）。
③ 相談室登校をした日は、可能な限り、時間のある学年の教員がわずかな時間でも対応するよう計画を立てる（担任、養護教諭）。

〈作品展に出す家庭科の課題を仕上げる〉

　そのほかにも、家庭科の教員の指導を受けて、刺しゅうを施した巾着を完成させ、作品展に出しました。

4. 教室復帰に向けて

〈校内研修で事例検討会をする〉

　情報を共有することでB子への理解が得られました。新学年になって教室復帰するために学級、学年の受け入れ態勢の必要も話し合われました。復帰できなかった場合、進路を考えると、週1回の相談室登校ではB子の学力向上を保障することはできないこと、別室登校を支援するには学校側の条件が整わないことから、適応指導教室を勧め、教室復帰をめざすことでまとまりました。

> ●ワーク● 1-10
> 教室復帰への段階決め
> 　学年の変わり目は、再登校のきっかけになります。この段階でB子は、教室に帰る準備ができているかを以下のチェックリストで確認してください。

1. 個人の準備
〈心理的要因〉
1) 学校への不安が軽減している。
2) 家にいることに飽きてきた、あるいは、少しあせりが出はじめている。
〈社会的要因〉
1) 友だちに会いたい、話したいという気持ちがある。
2) トラブルになった友だちとの関係が修復・あるいは対応策が具体的にでき

た。
3) トラブルになった先生との関係が修復・あるいは対応策が具体的にできた。

〈学習の要因〉
1) 学習の習慣がついている。
2) 集団の授業についていく心の準備・意欲がある。
3) わからないときに先生に助けを求めるスキルが育っている。
4) 自分が学校でどのように勉強とつきあうのかの折り合いがわかっている。
5) 高校進学に向かって、意欲的な目標がある。
6) 自分の学習上の問題点が理解できていて、その対応方法がわかっている。

2. 学校側の準備
〈安定要因（登校が継続されるための要素）〉
1) 不登校に陥った要因（いじめ、担任との関係、学習の遅れ）が解決されている。
2) 安心空間がある（学級での居場所、部活動、保健室など）。
3) 他生徒とは異なる登校形態が許容できる。
4) 受け入れのスタッフ（コーディネーター、担任等）とのつながりがある。
5) 学級の友だちが「普通」に受け入れてくれる土壌がある。

〈発展的要因（積極的に学校に関わるための要素）〉
1) 本人の学習上のスタイルを理解し、学習への自信、スキルをつける準備・スキルが教員側にでてきている（少なくとも一人は）。
2) 特別支援教育のシステム（通級との併用、取り出しなど）があり、活用できる。
3) 学級でソーシャルスキル教育が実施される。
4) 部活動に打ち込める要素がある。

1) 相談室と適応指導教室へ（3年生5月〜）

進級してB子は一度教室に通いましたが、4月末に「居場所がない」と不安が強まったため適応指導教室への移行準備が開始され、5月中旬から通うことになりました。適応指導教室は学校との連携には積極的で、月に一度学校訪問をしてB子の情報交換をしました。

2) 家庭状況の調整

B子が教室に戻れない背景には、不安の強さと自己主張ができないことがありましたが、SCに自分の気持ちを語るようになるにつれて、家庭でも自分の気持ちを伝えることができるようになりました。大きな転機は、「母親に会いたい」と伝えられたことです。今まで父親が嫌がると思い言わないで思いを封じ込めていたのですが、夏休みに弟と一緒に母親と会うことができたと報告してくれました。これをきっかけに、自分の気持ちを伝えてもわかってもらえるという安心感と自信が復活し、表情にも明るさが出はじめました。

3) 相談室で級友と給食を食べる

給食を級友ととるようになり、そのまま昼休みも一緒に過ごすようになりました。

1 不登校

4）相談室以外で活動する（3年生7月〜）
〈保健室で手伝う〉

保健室では、「健康カルタ」を描く、掲示するなど、養護教諭の手伝いをしました。

〈施設訪問部に参加する〉

養護教諭が顧問の「施設訪問部」では老人保健施設に届けるカード作りに誘われました。施設訪問にも参加し、お年寄りに喜んでもらえて感激していました。

〈作品展に出すエプロン、絵を完成させる〉

家庭科室でミシンを借りて縫い上げ、水彩画も家で仕上げてきました。

5）教室に入る（3年生10月）

給食を食べた後、5時間目の合唱コンクールの練習に誘われて級友について行きました。そのままパート分けにも参加し、練習にも加わることができました。

数学の先生の指導を受けたとき、「教科書には書いていない具体的なたとえがわかりやすかった」と喜んでいました。その後、先生に促されて数学の授業を受けることもできました。

6）教室復帰をする（3年生10月〜）

2学期の中間考査を教室で受けて、その後は、朝から教室に行くようになりました。3学期は始業式から登校し、本番の受験、合格と、山を乗り越えて、卒業遠足にも楽しく参加でき、卒業を迎えることができました。

5. 事例の経過と介入のまとめ

次ページの表1-2にまとめてあります。

第2部 事例編

表1-2 事例の経過と介入のまとめ

時期	事例の状態 校内	事例の状態 校外	介入	変化
2年6月	登校渋り	頭痛、腹痛		
2年9月	不登校状態	身体不調続く 小児科医受診し異常なし 家事はB子が担うが、無気力から生活リズムが不規則	直接的な登校刺激は控え、担任による連絡 担任・SCの父子面接 担任による家庭訪問 SCによる手紙連絡	相談室登校へ
2年10月	相談室登校が始まる 相談室登校が定着 中間考査を受ける（保健室）	夕方買い物に出る	担任・SCによる連絡 校内支援チーム結成 安心できる居場所作り SC面接（傾聴・共感） 枠作り 学習計画と支援 養護教諭の健康教育	週1回は1日学校に居られるようになる 食事は規則的になる
2年11〜3月	相談室登校	家事は皆で分担	個別SST（認知の広がりとアサーション） 個別学習支援 父親とのコンサルテーションを継続 校内で事例検討会 新学期から教室復帰を意識させる	生活リズム整う 家庭学習が定着 自己理解、自己表現が進む 定期考査、作品展に参加
3年4月	2週間登校後、欠席	父と適応指導教室見学	SC面接で心理・社会面の課題を認識させる 適応指導教室を紹介	教室復帰にチャレンジする
3年5〜8月	適応指導教室・相談室登校が定着	母親と会う 父親と高校見学	適応指導教室と連携 相談室外の活動に誘う 担任による夏休み面談	休まず出席する 父親にアサーションができる
3年9〜10月	教室に入る 進路相談	部活動で施設訪問 母親と会う	級友との交流の機会を作る 相談室外の活動を勧めることで、自己決定し、課題を達成し、成功体験を促す	部活動、作品展への参加 作業課題の達成、仲間との協同作業、居場所の確認 母親への依存と自立の芽生え
3年1〜3月	高校受験準備、合格、合唱コンクール、卒業	友だちと遊びに行く	担任、学年による受験・卒業に向けての指導	学校に適応 進路決定

2 いじめ

事例を通していじめる側、いじめられる側、周囲の児童生徒への支援を学びます。

タイプ	支援対象者	支援内容
ボス争い型（闘争型）いじめ	**ボスタイプ** 　担任がリーダーシップをとれていないときや、ボスを中心とした序列で自分の位置を確かめようとするときに生じやすい。自分の地位を脅かす存在への敵対心から相手の劣等感を刺激してつぶしにかかる	**ボスタイプへの対応** 　本当の意味でのリーダーの資質が身につくような指導をボスや2番手、3番手にしていく。現在のボスが劣等感の反動で地位にしがみついている場合は、劣等感の緩和が必要
	周囲の児童生徒 　身体的、精神的に弱いものが虐げられていき、ボスの価値観の下に劣等感を植えつけられている状態。ボスがそれほど強い存在ではない場合には、中間層は、自分も強くなれば上に立てると思い、小グループが乱立する	**周囲の児童生徒への対応** 　恐怖心の緩和のために物理的な安全空間をつくったり自尊感情を回復するための活動を行う 　序列内から出られないという思い込みが強い場合は、物理的にグループが解体できる工夫をする（授業の少人数化、班編成、学級の撤廃等）
みにくいアヒルの子型（異質なもの排除）いじめ	**いじめられる対象** 　転校生、体型、運動能力、LD、アトピーなど異質な個性を持つものを差別排除する形のいじめ	**いじめられている児童生徒への対応** 　いじめられている児童生徒にも、ターゲットにされやすい特性があるため個別の対応が必要
	いじめの中心人物 　いじめの中心人物は強いストレスをため込んでいる	**いじめの中心人物への対応** 　いじめている児童生徒には、個別のアンガーマネジメントが必要になる
	周囲の児童生徒 　自分がいじめられることへの恐怖心でいじめに参加している者、見て見ぬふりをしている者、鬱憤晴らしで快楽的に参加している者がいる	**周囲の児童生徒への対応** 　自分を守る力をつける。教員との信頼関係や周囲の仲間を信じる力を育てていく。共感性、道徳性の育成が不可欠。快楽的に参加している場合は、ストレスの解消を行う必要がある
犯罪型（パシリ、恐喝、暴行など）いじめ	**いじめの中心人物** 　中心人物と取り巻き数人によることが多いが、陰に学外の暴力団や非行グループが関係している場合もある。ターゲットを集団の暴力で心理的に追い詰めていくため、自殺の危険性もある	**いじめの中心人物への対応** 　問題行動を起こす児童生徒の背景（愛着、虐待、ネグレクト、発達障害等）を的確に見立て、危機介入としての初期対応が大切。本人に、自分のしている行為が犯罪である自覚をさせる必要があるため、学校内で抱え込まずに、警察や児童相談所等と連携することが大切。他の児童生徒にも予防として、何が犯罪なのかを教育する必要がある
	周囲の児童生徒 　いじめの内容が尋常ではないため、いつ自分が被害者になるかという不安および、とても自分たちでは解決できないという無力感から傍観者になりがち。守ってもらえない不安で慢性的にストレスを抱えている	**周囲の児童生徒への対応** 　犯罪からどうやって身を守るかについての具体的な知識と対応策を与える（例、万引きを強要された、自分のものを巻き上げられた、麻薬をすすめられたなど） 　見つけたら、大人に助けを求め、報告を受けた大人（保護者、教員等）は、組織的に具体的に対応するという姿勢を示すことが大切

● 第2部 事例編 ● ● ●

小学校事例

**個別対応と学級への SST を通じて
いじめを軽減した事例**

　自我と自己中心的思考を取り違えている児童が多く、学級の規範がくずれて、いじめが発生した事例です。管理型の学級経営を見直し、児童同士の関係性を築くために校内、校外の資源（大学、教育相談室、地域のサークルなど）を活用することで学級の立て直しを図りました。

1. 事例の概要

　5年生のクラスで、担任は管理型の学級経営をするタイプの先生でした。当初は静かだった児童たちは、先生がどういうところではうるさく、どういう場面では見過ごすのかしだいに把握しはじめました。1学期の半ばごろには授業中のおしゃべりが始まり、「トイレに行きたい」「のどが渇いた」と教室を出たがるようになりました。担任は次回からは休み時間に行っておくように言い、許可したため、しだいに授業中は騒がしくなっていきました。

　2学期に入り、運動会の練習が始まると、暑さに弱い児童はだらけはじめ、集団練習場面でルールを守らなくなり、担任に反抗的になってきました。騒ぎの中心にいるのは、以下の4人です。自分の気持ちをなかなか表現できず時には暴力を振るうこともあるA、母親のしつけが厳しく自尊感情が低いB、運動は得意だが言語能力が劣るC、受験のため

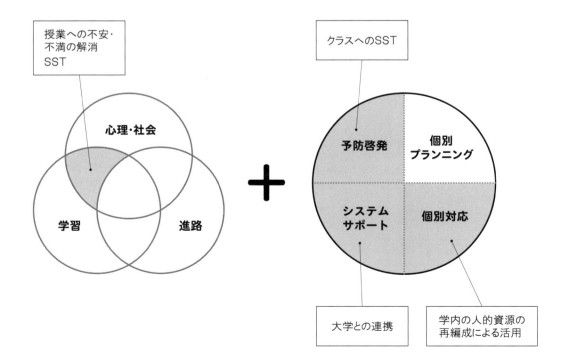

158

家庭で勉強を強いられているDです。

掃除のときは雑談や追いかけっこをして遊んでいます。女子が注意すると「うぜえ」「うるせえ」とやろうとしません。男子同士のトラブルが起きても「相手が悪い」と互いに自分の否を認めないため話し合いになりません。担任が注意するといったんは謝りますが、「むかつく」と言いながら雑巾を投げたりします。担任は学級のルールを徹底しようとしますが、A、B、C、Dらが授業中席を離れたり、おしゃべりがひどくなり、学級がだんだんと騒がしくなってきます。チャイムが鳴ってもすぐには教室に入らず、担任が注意しても答えず、席に着くと周りの子とおしゃべりをしています。担任は授業を成り立たせるために、問題行動をする児童を繰り返し指導しますが、彼らの態度は変わりません。

だんだんと男子の行動がひどくなってくる学級の状態に、女子の間ではかなり不満が高まっていますが、何か言うと男子から攻撃されるので我慢し続けていました。最初は批判的な気持ちで見ていた女子も自分たちを守るためにグループ化するようになりました。グループ内での話題は男子や別の女子グループのぐちです。

男子たちが騒がしいので、授業内での担任の指示が通りにくいのに加えて、物を投げて渡し合ったり、ゆらゆらイスをゆらしているうちに倒れて大きな音をたてるというような行動が頻発しました。

教室はとても不安定です。自分の安全圏を守るためには、他児に無関心にならざるをえず、掃除や係活動も個人活動でいいかげんになってきました。

2 いじめ

このころおとなしいEが学級の男子たちからいじめの標的にされ始めました。学級ではA、B、Cらに荷物を持たされたり、プロレスごっこの相手にされ、何人かで上に乗られたりします。周りの男子は、はやし立てたりおもしろそうに見ているばかりでした。調子に乗って自分も上から乗る子も出てきました。

●ワーク● 2-1
問題を整理してみましょう
　Eがいじめのターゲットにされる背景に、以下のどんな問題がありますか。ここまでの情報で整理してください。
1. 担任は、どんな学級経営方針と方法を活用したか。
・男子全体に対して
・A、B、C、Dに対して
・女子に対して
2. その方針・方法がこの学級に合わなかったのはなぜか。
3. 先生への反抗が、なぜEへの学級全体からのいじめに変わったのか。

〈解説〉
1）担任の学級経営方針
　担任は管理型経営方針なので、全体への指示で学級が整然とすることをめざしています。A、B、C、Dの問題行動が発生すると、その場での行動に対する口頭での指導を続けており、問題行動が繰り返される背景に対する見立てや理解に基づいた対応がなされていません。また、授業中はおとなしく聞いているため、逸脱行動や不満の声を表明していない

女子やEへの予防的対応はなされていません。

2) 学級経営方針がこの学級に適合しなかった背景

管理型経営が成り立つためには、2つの要素が必要です。1つは、児童が指導を受け入れる態勢が整っていること。もう1つは、指導された行動を行う知識やスキルを児童が獲得していることです。

この学級の男子は、活発で自己主張が強く自尊感情も強いため、管理型にはなじみません。あり余っているエネルギーを上手に授業や活動で昇華させる経営方針が必要でした。また、女子たちも一見おとなしくしていますが波風を立てないために反抗しないだけで、積極的に指導を受け入れているわけではないようです。

教師の期待が実現するためには、学級に自主性・協調性・思いやりなどが育っている必要があります。しかし、女子やEら、不満があっても自己表現をしない児童に対しては、教師が積極的に介入して気持ちを把握することで、安心感や信頼感を持たせる必要がありました。

また、児童それぞれが、家庭や学校でかなりのストレスを抱えていますが、彼らのストレス耐性は低く、自分の欲求が満たされないと八つ当たり的に相手を攻撃したり、その場から逃げ出したりします。気持ちを適切に表現できない様子からも、言語の発達の遅れや対人関係上の問題解決をするソーシャルスキルの不足している児童もいると考えられます。

3) 教師への反抗が、なぜEへの学級全体からのいじめに変わったのか

前項2）で解説したように、児童は管理型になじみませんでした。当初は、自分たちを理解してくれない先生から逃れる方法を画策しましたが、しだいに先生のパターンをつかむと、先生に反抗することでストレスを発散していました。ここまでは、先生対児童でしたが、学級の秩序が乱れた段階で対象が先生ではなくなり、あり余ったエネルギーは新たなターゲットを探しはじめました。ここまでで、自分たちを守ってもらえないと思った女子は、いくつかの小グループに固まることで自己防衛をしているので、男子のターゲットにはなりません。そこで、一人でいたEが格好のターゲットになってしまったわけです。

> ●ワーク● 2-2
> この時点で学校はどのような対応をしたらよいかを、包括的スクールカウンセリングモデルに基づき列記してください。
> ・組織作り（学内、学外）
> ・個別対応の対象と内容
> ・予防的対応の対象と内容

2. 学校の初期対応

実際にこの学校が行ったのは以下のことでした。学校には、まだ包括的スクールカウンセリングモデルの概念がない段階での対応です。

1) 学内組織の活用

生徒指導委員会の開催と学校全体のルールの再確認。

学級担任に経営を任せていた校長、副校長も荒れの激しさから生徒指導委員会のバックアップの必要性を感じるようになり、生徒指導主事、教育相談担当者、SC、養護教諭と担任で学級の建て直しのための方策を立てました。委員会が見立てたのは、児童の「規範意識の希薄さが問題だ」という点でした。そのため、規範意識を定着させることを優先し、大人が見守ることで児童の荒れを防ぐことを目的としました。
① 規範意識の確認。
　チャイムが鳴ったら席に着く。
　廊下は走らない。
　授業中必要のないおしゃべりはしない。
② いじめを誘発しやすい環境を作らないよう整える。
③ あまり使われていない教室は施錠する。
④ 給食の準備時間や、休み時間、掃除の時間など荒れが目立つ場面に職員がさりげない目配りをする。
⑤ 少人数、TT（ティームティーチング担当の教員）などを当該学年にできるだけ配置する。

2）SCの活用
　この学校には、週2回SCが来ています。児童が休み時間や放課後自発的に相談にくることもあれば、保護者が相談にくることもあります。この段階では、学級では規範意識の回復、相談室では不安を抱える子どもたちへの対応を中心に行うことになりました。
① 何よりも安心の場の提供として相談室を活用する。
② 学級の雰囲気にストレスを感じている児童となるべく関わるようにする。
③ いじめられている児童との関わりを持つ。
という方向性です。

〈その後の様子〉
　ルールを守らせるために、担任だけではなく他の教員からの注意も増えました。その場では静かになってもそのストレスを教室で発散するようになり、担任から注意されると見えないところでのいじめが悪化するようになりました。担任と児童の距離が離れていき、ますます授業中も騒がしくなってきました。常に複数の大人が教室にいるので、最初は緊張していましたし、授業を聞かなくてもわからないことをTTから個別に聞けるので児童は喜びましたが、TTに上手に質問したり甘えたりできる児童だけが得をする状態になり、授業の秩序は乱れたままです。また、担任への不満をTTにもぶつけるのでTTは児童の味方として聞くべきか担任と協力するべきかで困ってしまい、学習の支援はするけれど、児童との良好な関係を保つために生徒指導には関わらないようになっていきました。

●ワーク● 2-3
　あなたが立てた介入プランと、この学校の初期対応の違いを比較しましょう。また、この学校の対応がなぜうまくいかなかったのかを考えましょう。

3. 専門家とのチームの結成
　校内での対応の限界を感じた学校は、問題の根本的な見立て直しの必要性を感じ、外部の専門家の協力を求めることにしました。教

育委員会を通して派遣された大学教授は、学級・校内の行動観察、これまでの指導の経緯を聞いて以下のことを指摘しました。

1) 専門家による状況の見立て

① 問題が生じている背景の見立て不足により、対応が不適切だった
　ア　個別指導が必要な児童の見立て
　・いじめ、規範崩壊の中心児童
　・いじめられる児童
　・自己表現が苦手・言語発達の遅れがある児童
　イ　学級のダイナミクスの見立て
② 規範意識の定着の方法が不適切
　規範意識と道徳性の育成方法を教師が理解する必要がある
③ TTの活用方法や目的が不明確

そこで状況を見立て直すことから始めました。

2) 新たな見立てと対応策の立案

① 個別指導が必要な児童のアセスメントと共通理解

A：自分の気持ちをうまく言語化できないので、感情と言葉を結びつけるように支援する。アサーションの方法を教えて、練習できるようにする。

B：母親から常に能力以上のことを求められているため、自分に自信がない。自己肯定感が低く、自分より弱い者にストレスをぶつけがちになる。対応としては、自分らしさの理解と自信の回復。ストレスの正しい表現方法を学ばせる。

C：体育や図工は得意だが、言語力が低いため、コミュニケーションが自分の中でうまくいかないと感じている。対応は、言語力、国語力の習得支援。言葉で行動をコントロールできる練習。

D：受験のストレスを抱えている。言語能力も行動力もあるため、感情の発達とストレスマネジメントの方法を教え、練習する。

E：学習能力は標準より低め。国語の読解力も低く一度言われたことの理解は3分の1程度。自分から関わりを求めていくタイプではないため、関わってくれる人としか関われない。言語の理解力、表現力を育てる学習支援と同時に、アサーションの方法を教え、練習させる。

●ワーク● 2-4
1. A、B、C、D、Eの見立てをもっと詳細に行う場合、誰にどんな専門的アセスメントが必要だと思いますか。
2. 1つの地区（出身校のある地区、現在の勤務地など）を選び、どんな専門機関があるかを列記してみましょう。
3. 専門機関につなげる場合に、どんな手続きや保護者との関係が必要になるでしょうか。

② 学級のダイナミクスの理解

自分の感情を理解できなかったり、適切な言葉で表現できない児童が多い。またストレス耐性が低く、少しのことでもキレてしまう児童も多いため、中間層の児童が関わることをやめてしまい、傍観者になってしまっています（第1部理論編第1章「図1-10　いじめのグループダイナミクス」参照）。

ア　いじめる子、暴力を振るう子に不足しているソーシャルスキル
- 自己中心的な段階で人に対する愛着は未発達
- 自分のストレスを適切に把握したり表現することが苦手
- ストレス耐性が低い
- 先生の役割が理解できておらず、道徳性が未発達

イ　傍観者に不足しているスキル
- 自分の役割はきちんとこなすが、他者に規範意識を持たせる意欲が停滞
- 暴力的な子、引きこもる子を理解する力が不足（共感性、他者理解）
- 自分の考えや気持ちを伝える力が不足（自己表現、アサーション）

●ワーク● 2-5
この学級に規範意識を定着させるために、次のことを考えてください。
1. 規範意識はどうやって育つか。
2. これまでの指導で、なぜ規範意識が定着できなかったのか。

〈解説〉
この学級ではルールを守ってよかったことがこれまでありません。元気のよい児童の自己主張は抑圧され、おとなしい子やまじめな子はルール違反の子の分も仕事をしなくてはならないうえに、一緒に叱られてきたためです。したがって、規範意識そのものの定義づけや守ることが自分を大切にすることにつながったり、友人関係が円滑になることを理解することから始める必要がありました。

道徳性の発達については、理論編第4章第4節を参照してください。

4. チーム対応による学級経営方法の変化

1) 学校の対応

大学教授の助言を受けて、学校は以下の方針を立てました。
① 介入チームの再編成（全体対応、個別対応）
② 学級全体へのソーシャルスキル教育の実践（専門家の協力による）
③ 担任による、学級の雰囲気作り（管理型から児童の自主型へ）
④ 規範意識の定着の実践（タイムアウト制度の導入→場所、内容の精査、準備）
⑤ 言語力アップのための個別取り出し授業の実施（計画、人員、教材、場所の確保）
⑥ 計画の評価、修正

●ワーク● 2-6
1. 理論編を参考に、この学級に必要な道徳性、感情教育、ソーシャルスキルの内容を列記してください。
2. 総合的な学習の時間5回を使って、ソーシャルスキル教育のプランを立ててください。

2) 学級におけるソーシャルスキル教育の導入

① ソーシャルスキル教育（「　」内はワーク名）

1	目的　思春期の自分の心と体の理解　ミニレクチャーと「エゴグラム」
2	目的　対人関係をうまく乗り切るため

● 第2部 事例編

	に「5つのコミュニケーションタイプ」「エゴグラムフィードバック」
3	目的　ストレスマネジメント ストレス解消のための基本スキル
4	目的　アサーショントレーニング 「住宅事情」（ロールプレイをしながらグループで問題解決する）
5	目的　対立解消トレーニング 「冒険の森」

② 対象児童の変化

A：毎回のワークにより、自分の気持ちの言語化が促され、コミュニケーションタイプを知ったことで、アサーションの方法が少しずつわかってきた。

B：エゴグラムにより自分の対人スタイルを知り、ストレスマネジメントにより、ストレスの自分なりの発散方法ができつつある。

C：コミュニケーションスタイルのロールプレイによる実践で身につけた方法を、担任やTTが支援をしながらいろいろな場面でも実践できるようになってきた。

D：ストレスマネジメントと対立解消のワークにより、イライラの感情に気がつくようになった。身近な問題の解決に関わるようになってきた。

E：少人数でのワークではボランティアの支援により、課題の理解が助けられた。コミュニケーションタイプを理解し、アサーションのロールプレイで、小グループでは自分の気持ちを少しずつ言えるようになってきた。

● ワーク ● 2-7
担任は、管理型から児童の自主型の学級経営に変えるために、日常の学級経営でどのようなことができるか、以下の点について列記してください。
1. 教室環境について
2. 授業の進め方について
3. 児童同士の協力関係の促進方法について

3）担任の対応

① 担任の行ったワーク（「　」内は教材名）

1	「今日の気分は？」 自分の気持ちのモニタリング
2	「手の中にあるものは？」 周りから受けている価値観を知る
3	「わたしの・ぼくのフルバリュー」 ありのままの自分と向き合う体験
4	「四つの窓」 自己表現・自己理解・他者理解

（本田、2007 より）

② 管理型から生徒主導型、協力型へ

ワークと並行して担任は次のようなことを行いました。

ア　教室環境

　グループ学習を増やす。空き教室を利用する。班決めを工夫する。

イ　授業形態の工夫

　先生主導の授業から、作業を増やし、児童が主体的に関わる場を作るようにする。

　授業内支援ではなく、TTによる少人数授業や学生ボランティアを活用した個別の学習支援を行いました。

ウ　協力関係の工夫

掃除当番制と責任の明確化。
叱責ではなく責任をとらせる工夫をしました。
③　学級の変化
　小グループでの発言の機会が多くなり、自分の意見を聞いてもらえる体験が増えたことにより、授業中も挙手をして発言する児童が多くなりました。担任のワークにより気持ちと言葉のマッチング、周りとの関係、ありのままの自分と向き合うことができました。また担任はワークシートなどから、児童の望ましい自己イメージなどを理解し、道徳性の発達と今何をなすべきかを考えさせる実践に生かすことができました。

4) タイムアウトの導入
①　タイムアウトの目的
　何かのきっかけで自分の気持ちをコントロールできずに、暴力・暴言などがあったとき、時間を決めてその場所から離して、学級の児童の安全と学習する権利を守ります。このことを全職員に共通理解しておきます。
②　具体的な事例
　掃除の時間にAがほうきを振り回して遊んでいて注意され、注意した女子をほうきで殴った場合の対応。
　副校長が相談室で、落ち着いてから、どうすればよかったかを聞く。掃除をしてもあまり認めてもらえないこと、何か注意されても、その場の状況をうまく説明できない気持ちを話して、受け止めてもらう。そのことをアサーション練習の動機づけにしました。
③　効果
　トラブルがあったとき、タイムアウトをさせることにより、学級の落ち着きが出てきました。とくに今まで我慢をしていた女子の気持ちが安定するようになりました。

5) 個別支援教育が必要な児童への取り出し授業の導入
①　目的
　言語の理解力、表現力を育てる。
②　個別取り出し授業の内容
　Eに対して、担任がIEP（個別教育プログラム）を作成して国語の時間に取り出し授業をしました。担当はTT。
　「なぞり学習、吹き出し、短文づくり、カードを使っての作文づくり」などを行い、セルフモニタリングの練習をさせるとともに自分の考えたことを書く練習をさせました。
③　効果
　自分に合ったレベルの学習をすることで初めて体験する達成感を得たので、個別学習は積極的に取り組み、わからないところを質問できるようになりました。この個別取り出し授業により、少しずつ言語の力がついてきて、教室での他の教科へもよい影響が出てきました。

6) 継続的な関わりのための役割分担
　個別に継続的な関わりを持つ担当教員も、さりげない声かけや見守りを続けました。これは休み時間や特別活動のときなどにもあり、当該児童だけでなく学級全体に対する見守りでしたので、これをきっかけとして、不満を抱えていた女子と教職員が話をする光景が見られるようになりました。

● 第2部　事例編　● ● ●

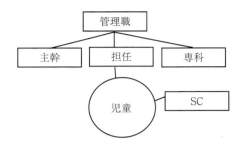

図2-1　介入前の校内の態勢

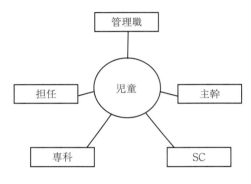

図2-2　介入後の校内の態勢

7）相談室の活用方法の変化

受容的カウンセリングと並行した啓発教育を導入しました。

① 受容的カウンセリング

Eと毎週1回放課後、相談室で話す時間を持ちました。学級でのつらい状況を聞き気持ちを受け止め、どんな自分になりたいかを一緒に考えていきました。

② 啓発教育の導入

相談室内に表情ポスターを貼り、気持ちと言葉のつながりを考えさせました。リラックスできる環境にして、ストレスマネジメントの手段を考えさせるようにしました。

Dはイライラしているときに、廊下などで話を聞いてもらうことから始め、そのうち何かあったときに自分から相談室を訪れるようになりました。友だちや親の言葉にストレスを感じている自分を知り、どうしたらよいかを考えていくことにより、少しずつ自分をコントロールできるようになりました。

Eは状況カードやロールプレイによるアサーショントレーニングを行いました。相談室に来室する他の学年の児童とも関わるようになり、友だちの幅も広がり、笑顔が見られるようになりました。

5. 本事例へのコメント

この事例は、規範意識が未発達な集団に対する介入の方向を修正したものです。学級集団は、エネルギーがあり自主性も自尊感情も能力も高い集団です。学級運営がうまくいかなかったのは、管理型にすることおよび問題行動をなくすことに焦点が当てられたために、学級集団の潜在的な健康度が減退したことにあります。

方向修正は、包括の図式では以下のように実践されています。

1）組織的対応

教育委員会と連携して、学外の専門家の助言をもとに計画を実践しました。TTの活用方法の変容、教育ボランティアの導入などを実践しました。専門家による見立てと計画への助言により、感情発達、道徳発達の理論的理解が深まり、実践方法に深まりと効果が高まりました。

2) 個別対応

適応の問題とされる児童の個別の見立てを学習面にも広げました。

3) 啓発教育

傍観者層の社会性を高め、対人関係の問題を自主的に解決できる力を育てるための予防的介入を実践しました。

4) 学級経営の方向性の修正

教師主導の管理型運営から、児童の自発性、個人の能力を生かせる形での学級経営方針に変容しました。

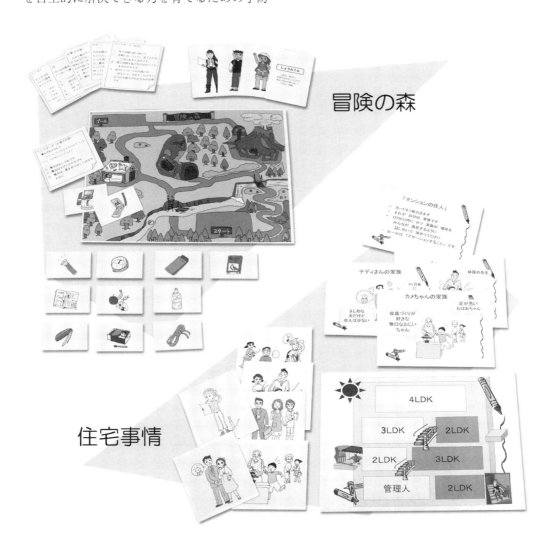

ソーシャルスキルトレーニングのワーク「冒険の森」「住宅事情」

●第2部 事例編 ● ● ●

中学校事例

いじめの発覚から介入までを慎重に行った
危機介入事例

1. 事件が発覚した状況

F子は公立中学2年生。身長は156cm。色白のやせ型です。6月に入って登校渋りが始まり玄関で座り込んでしまいます。母親が事情を聞こうとすると「大丈夫」と言って出かけていたのですが、帰宅時間は遅くなり帰るとすぐに寝てしまいます。やせたようにも思えました。F子は「部活（バレーボール部）で試合が近いから練習がたいへん」と伝え、5月の連休明けからお弁当の代わりにお金を要求しています。

ある日、F子が忘れていった携帯電話を母親が見ると「ミーティング用のお菓子を用意すること」「とろい」「F子だけできてないんだから、毎日腕立て100回」「1年生と掃除やっとくこと」「遅い！すぐに3年の飲み物、買ってきて」「全員からしかとされたい？」というようなメールが入っていました。発信者は、G子を中心とした部活の同級生のH子、I子（いずれも同じ学級）です。F子が玄関で座り込んだ日のメールには「先輩の誕生日なんだから、みんなにプレゼント10個ずつ買ってくること」というのがありました。ノートや教科書にもいたずらがきがあります。母親は、いじめられていると直感してすぐに担任に事情を聞きに行きました。F子は小学校でいじめを受けていたことがあったためです。小学校では、効果的な介入はされません

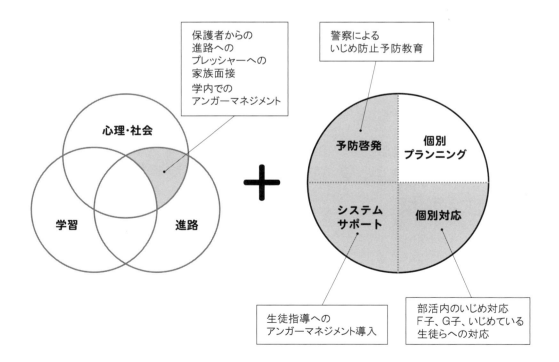

168

でした。一度担任に相談して、いじめている子どもたちを先生が注意してから、いじめがもっとひどくなってしまったのです。それ以来、F子は学校を信用しなくなり、いじめっ子たちが行かない別の学区に越境入学をしていました。中学校には、週1回SCが来ていますが、F子が相談に行った形跡はありませんでした。養護教諭もF子のことは知りませんでした。

●ワーク● 2-8
被害者が黙っている背景
1. F子は、なぜ、被害者として相談できないのでしょうか。
2. F子自身の問題は何でしょう。
3. 学校の組織の問題は何でしょう。

---

2. 対応のための情報収集

対応を開始するために情報を収集する必要がありますが、いじめの場合は当事者らへの面接は一斉に行うことが大切です。F子を先に面接するとF子が言いつけた形になり、いじめが悪化することもあるためです。また、G子、H子、I子の面接に時間をあけると打ち合わせをされてしまいます。あるいは、H子、I子が無理やりいじめをやらされていた場合には、自分のとった行動について罪悪感から自傷、家出など別の行動を起こす可能性もあります。関係者の安全を確保したうえで、事実を調査するための方策を練ってから面接をすることになります。

そこで、担任、部活動顧問から情報収集を開始し、生徒指導部、SC、教育相談で対応策を十分に練ってから生徒への面接を行うことにしました。得られた情報は、以下のようなものでした。

1) 担任からの情報

担任は今年この学校に赴任した数学の男性教員。教員歴4年目。1年生の途中から不登校の男子生徒が1人おり、その家庭訪問や特別支援教育が必要な生徒2人への対応に追われている毎日。当校は、40人近い学級が5学級あり、数学も1、2年生複数の学級を教えているので毎日準備や小テストの採点に夜遅くまで学校に残っている。学級は、おとなしめの学級委員がまとめているが、陰にG子を中心にした元気のよい男女のグループがあってまとまっているように見えていたので、運営は生徒たちにまかせていた。G子、H子、I子とF子は部活動も一緒だし、学級でも比較的一緒にいることが多いので仲間だと思っていた。F子は遅刻もないし、宿題もきちんとこなす。相談にも来ないのでいじめを受けているとは全く気づかなかった。

2) 部活動顧問からの情報

顧問は当校に赴任して4年目で3年生の担任。部活動は木曜日以外毎日あるが、英語科のため放課後の補習や個人面談などで部活動に最初から全部出られる日はないものの、必ず顔を出し、練習状況を見てはいた。また、土曜日午後の練習はできるだけ出るようにしていたが、そのときには下級生が上級生の指示でよく動いており、ミーティングでのお茶やお菓子の用意をしているのに感心していた。

部活動後の掃除も丁寧にやっているようで、体育の教員からは用具がいつもきれいに整っ

ているとほめてもらっていた。そのことは部長に伝えていたが、実際は、F子と1年生が毎日やっていたとは知らなかった。

　生徒との情報共有は、部活動後に部長が来て報告することと、クラブノートの記録を見ることで行っていた。その中には、毎日の練習記録がきちんと書かれており、欠席者も少ないので、運営はきちんとできていると思っていた。このやり方は、バスケットボール部の顧問をしている生徒指導部長が行っているのを見てまねをしていた。バスケットボール部では、部活動がうまく運営されていて生徒の成績も上がっていたためである。F子が顧問に相談に来たことは全くなく、練習を見に行っている間もF子が浮いているような様子は見られなかったので全く気がつかなかった。

3）生徒指導部からの学校の情報

　この学校では、今の生徒指導部長が転任してくるまでは荒れが激しく、茶髪、制服の乱れなどもあった。学級も落ち着かず、学力も低迷状態だった。生徒指導部長が頭髪、制服の乱れを直すところから始め、部活動を通して生徒指導を実践して3年になる。教員に同じ意識で生徒指導に当たろうと呼びかけてはいるものの、荒れの時代からいる教員は疲弊しており、早く転任して行きたいという気持ちも強くある。また、教員研修担当の教員が今ひとつ問題意識が低く、生徒指導部から研修をもちかけても実施までに時間がかかっている。校長は生徒指導部長の意見を理解し、新しいことを実践してくれるが、教頭は荒れの時代を経験しているため担任の先生方に新

しいことを要請するのはかわいそうだという思いで、校長と教頭の間で情報が途切れている。

　生徒指導部長は、SCとも連携したいけれど、SCは不登校児や保護者面談でスケジュールがびっしりつまっているようで、なかなか時間を合わせるのが難しく、今のところ不登校やいじめの被害者は保健室とSCに対応を依頼し、けんか、暴力、いじめを行っているものは生徒指導部が担当して説諭や担任との指導をしている。危機管理、学校カウンセリング、ソーシャルスキル教育や面接技法などいろいろな研修会に参加してなんとか生徒の問題行動を予防したり学級運営に役立てたいと考えており、学級運営のための質問紙を導入もしている。G子の問題についてはアンガーマネジメントが効果があるのではないかと考えている。

4）SCが把握している学校の状況

　SCは本校2年目。生徒指導部長とは当初からいろいろ相談してきており、「カウンセラー室だより」も月1回は出している。内容は、リラクゼーションや友だちとのトラブルの解消方法など。週1回の来校だが、不登校と保健室登校の生徒が全校540人で20人近くおり、その対応でほとんどの面接時間が使われている。担任や養護教諭を通すと授業中も面談できるが、昼休みや放課後は、自由来談にしており集団で相談室に来ておしゃべりしていく生徒が多いため、一人で相談に来る生徒は入りづらいのではないかと思っていた。G子は昼休みに友だち数人とやってきて、「黒ひげ危機一発」のようなハラハラ系のゲ

ームをやって帰っていくことが数回あった。F子は全く来たことがない。

●ワーク● 2-9
学校の問題点の整理
担任と部活動顧問、生徒指導部、SCからの情報をもとにして、この学校の問題点を整理しましょう。

〈解説〉

問題点の整理
① 援助資源があるが、必要な生徒に届いていない。
② 援助資源が面でつながっていない。
③ 生徒指導に熱心な教員と荒れを体験して疲弊している教員の温度差が大きい。
④ 校長と教頭の学校経営方針が統一されていない。
⑤ 生徒指導には膨大な労力がいるが、効果が少ないという思い込みが強い教員がいる。

3. チームの結成

この段階で組織的な動きを起こすためには、これまでの思い込みを変える必要があります。温度差のある教員を巻き込んでいくのは時間がかかるので、動ける教員だけでチームを作ることにしました。チームには、教頭も入ってもらうことにしました。教頭が入ることでミーティングには多少の困難が考えられますが、新しいやり方に効果があると理解できれば古くからの職員も同意してくれる可能性があるためです。校内で意識に差がある場合には、反対の意見の中心になっている教員と協働することで、互いに教員のことや生徒のことを考えているのだという共感を得やすくなります。会議に参加してもらえなくても、進行状況を報告していくだけでも効果があります。

この学校の問題は、それぞれが問題に気づいて対応をしているのに情報が共有されていなかったり、面として対応ができていないことです。担任、顧問、生徒指導部長、SCが情報を共有し今後の対応を決めてからG子、H子、I子、F子の面談に当たり、直後から対応を開始する必要があります。また、担任らがこの問題に対応している間、副担任に学級対応についての協力を要請しておくことにしました。副担任は、新人教員で生徒指導にはなれていませんがやる気のある男性です。後輩を育てていくという意味でもチームに入ってもらうことにしました。

話し合いをするなかで、以下の意見が出てきました。

4. いじめの関係者全員への対応策の協議
1) G子に対して
① いじめの対象はF子だけとみていいのか
② 学校が行うべき対応は何か
③ 家族への対応はどうすべきか

G子は小学校からいじめを繰り返しているという情報があります。F子に対してだけとは限らないかもしれません。しかし、学級全体に調査をするとG子個人の問題が学級全体の問題になるため、相当の組織的対応が必要になります。たとえ全体に調査をしたとしても、証拠が少ない段階ではG子に面接を

してもごまかしたり、その場だけは謝っても陰で続ける可能性が大きくなります。また、G子がここまでいじめをしなくてはならないような家庭環境にあることを考慮すると、家族への介入も慎重に行う必要があるだろうということになりました。

また、この問題における学校の役割は何だろうという話し合いも行われました。学校は、教育機関であり警察や裁判所のように取り調べや犯罪を裁くところではありません。学校の中での教育的指導の範囲、生徒の安全監護義務責任の範囲でできることを限定する必要があります。

2) F子に対して
① 学校の対応をどう信頼させるか
② 対応が開始された後の心身の安全の保証をどうするか

F子は、これまでの経験から学校を信頼していないので、介入をするといっても拒否する可能性があります。また、大騒ぎにならないようにと自分一人でこらえていたのに、メールを勝手に見て相談なしに動きはじめた母親との関係が悪化する可能性があります。そうなると、F子は学校からも家庭からも孤立する危険性もあります。G子らへの対応が始まったときにF子とG子らが接触しない保証はありません。G子が急に変わる保証がない限り、対応が始まった段階でのF子の安全保証をどうするかが課題となりました。

校長は警察や児童相談所など積極的に外部との連携をするべきだという意見でしたが、教頭はできるだけSCや生徒指導部でできることをし、校内で収めたいという意見でした。

5. 生徒指導体制の変容に向けたチームの判断

1) G子に対して
① 本人との面接を行う
② 家庭訪問で家族関係の調整を行う
　継続指導ができるように、警察の少年相談につなげる
③ アンガーマネジメントのプログラムを受けることを必須とする

判断をする際に問題になったのはG子の行動は、恐喝に当たるのかという点です。もしそうなら、学校で抱え込むことは許されないため児童相談所に通告することになります。F子の携帯に残っていたメールはデータを別のメディアに保存したうえで、児童相談所、警察の少年相談に意見をもらうことにしました。結果は、G子の行為は恐喝に当たるとのことでした。また、自分が出したメールとわかる行為では、恐喝と断定できるような言い方はしていないがもっと悪質な行為は口頭でやっている可能性がある。しかし、F子から被害届が出ないと警察は介入できないそうです。学校の責任としては、G子にこれ以上非行を繰り返させないための教育的指導を行うこと、およびF子の心身の安全の保証となります。

G子に対しては、行った行為が恐喝に当たること。児童相談所から家庭裁判所に通告して審判が始まる可能性がある行為をし続けていることを告げることとしました。そのうえで、そのような行為を続けていたG子自身も自分の問題を解決する必要があるのでアンガーマネジメントのプログラムを受けることを学校の生徒指導部の決定事項として伝える

ことになりました。

2）H子、I子に対して

H子、I子の問題は、G子を止められなかったこと。および自分たちも犯罪行為を手伝ったことです。ただし、詳細がまだわかりません。したがってまず面接をしたうえで継続指導内容を決めることにしました。

① 本人との面接
② 家族呼び出し面接
③ 継続指導

3）バレーボール部に対して

① いじめがあることを明確に伝える
② 対応策を実施する
　・いじめの責任
　・チームの作り直し

情報を収集したうえでいじめをやった者も止められなかった者もチームとしての責任があるとして、練習時間と予防の活動をする曜日を分けて1か月行うことにしました。

4）学年全体に対する警察によるいじめ予防教育

この学校は、数年前までは非行への対応として警察が地域を巡回していたこともあり、警察とはパイプができていました。学年の状況を伝えると、全体に予防教育として何が犯罪行為で、それをするとどうなるのかについてきちんと話をする機会を持ったほうがよいという助言をもらいました。

また、警察もいじめや暴力などの相談に乗れることを生徒に伝えることでF子のように学校に相談をするのを躊躇している生徒の逃げ場を作ることにしました。

●ワーク● 2-10
生徒への聞き取りの留意点

G子、H子、I子とF子にどのようなタイミングで面接を実施するかを考えてください。
1. 面接で何を聞くのか
2. 面接までに何を準備しておかないといじめがさらに悪化する可能性があるか

6. 対応開始後の状況

1）H子、I子からの情報と保護者対応

SCと副担任が面接に当たりました。面接のために呼ばれると、2人はすぐに何のことか気づきました。最初はG子に知られることを恐れて黙っていましたが、G子にも面接が始まっていること、これから対応が始まることを伝えると、2人は話しはじめました。

3人は同じ小学校から来ました。G子は、小学校からターゲットを変えてはいじめを続けていたようで、反抗するとその子がターゲットになるので、2人ともG子のそばからは離れず、逆らわないようにしていたようです。担任が注意してもG子は担任をばかにして従いませんでした。逆に担任いじめをみんなに指示するほどでした。

F子がいじめられるようになったのは、1年生の夏休み以降です。9月の文化祭以降、部活動（バレーボール部）の部長が厳しい人に交代しました。以前の部長は練習には厳しいけれど下級生を丁寧に見ていたし、G子のきっぷのよさを買ってくれて、G子たち1年生は、2年生よりも3年生を慕っていたそう

です。この間はG子もいじめはしていません。2年生からの練習内容の指示があっても3年生に確認するということを繰り返していたようです。

　現部長らは、バレーボールの実力も低く、運営方法の決定も優柔不断でした。今まで自分たちを無視してきたG子には風当たりが強く、G子らは一度引退した3年生の先輩に相談に行きましたが、部長は交代したのだから現部長の指示に従うように言われたとのことでした。G子は、部長たちが権力を持っているので違う方法で対抗することを考え、表面上は従っているようにして陰でばかにするという方策に変え、そのためにF子をパシリに使い、お菓子の準備や誕生日のプレゼントなども過剰に用意させて、あたかもG子たちが現部長たちを慕っているように見せかけておきながらどこかで大恥をかかせてやろうと考えていたとのことです。G子らがF子に用意させたプレゼントは部員みんなからと言って部長らに渡し、お菓子代も部費からになっていたので余っている部費は、G子と一緒にH子、I子がお菓子を買って食べたり1年生におごったりしていました。

　生徒指導部長と担任は、改めてG子の問題の深さに気づいたようです。ことの重大さからすぐにH子、I子の保護者も呼び、2人が恐喝の手引きをしていた事実を伝えました。学校で具体的に教育的指導としてアンガーマネジメントを導入することも伝え、保護者にはSCと継続的な面接をしてもらうことにしました。家族はたいへんなショックを受けていましたので、その日家庭でどうするかについて具体的に伝えました。こういう場合、家庭でさらに責められる可能性もあるため、家ではこの話はしないこと、明日以降また具体的に学校で対応を開始するので、G子から連絡があっても、先生からコンタクトをとるなと言われていると伝えることにしました。また、緊急で相談したいときには、生徒指導部長に連絡がとれるようにしておきました。

2）G子からの情報と対応

　担任がG子に面接をするから残るように伝えると、G子はすぐにH子、I子のところに行こうとしました。打ち合わせをされると困るので、それを阻止して、H子、I子からも事情を聴くことになっているからそのまま面接室に来るように促しました。G子は、F子を目で探していましたが、F子はすでにいませんでした。

　面接室でG子はだんまりを決め込みました。生徒指導部長と副校長が面談に当たり、G子がやっていた行為が恐喝に当たることを伝え、これから両親も学校に呼ぶことを伝えるとG子は泣き出しました。親は絶対に呼ばないでほしい。父親も母親も厳しいから、学校では謝っても家で何をされるかわからないと言うのです。

　教頭がG子に両親はあなたが言うことをきかないから厳しくなるのだろうと言うと「誰も自分のことなんかわからない。いつだって自分が悪者にされる。いじめには、H子だってI子だって加わっていた。男子たちだって笑っていたんだからみんな同罪だ」と、G子はヒステリックに泣き出します。アンガーマネジメントのことを伝えても、「自分は悪くない。下手なのにいばる部長が悪い。自

2 いじめ

分がそんなものを受けなくてはいけないなら学級のみんなだって受けるべきだ。不公平だ」と興奮が収まりません。生徒指導部長は、G子の言い分をじっと聞いたうえで、毅然としてG子に伝えました。「言い分はよくわかった。部活動への憤りや家でつらいこともわかった。それを君は、直接相手と解決しているだろうか。いじめをすることで本当に君の気持ちは救われているのだろうか。君の行為は、犯罪に当たる。結局、君は自分で自分を余計に苦しい状況に追い込んでいる。君が学校でアンガーマネジメントを受けて自分自身の気持ちを正しく表現するようになりたいという気持ちがあるなら、学校は協力をする。しかし、学校での教育的指導に君が従わないのであれば、司法に判断をゆだねることになるがそれでいいのか、よく考えなさい」。G子はしばらくじっと黙っていた後、「……受けます」と静かに答えましたが、「でも、親にもやってください」とにらみつけました。

3）F子からの情報と対応

F子は、最初面接を拒否しました。「自分は困っていないから、余計なことはしないでほしい」というのです。校長と部活動の顧問が面接の相手になり、これはF子一人の問題ではなく、部活動や学級全体の問題であることを告げると同時に学校が具体的にどう動くかを伝えました。また、顧問が自分が気づけていなくてつらい思いをさせたことをわびると、F子は一瞬とまどったような表情をしました。しばらく黙っていましたが、やがて「信じていいんですか」とつぶやきました。校長は「つらかったね。私も初めてだし、きっと時間もかかると思うけれど、一緒に解決していこう。F子さんも一緒にがんばってくれるかな」と伝えるとF子は泣き出しました。

4）G子への対応

G子へは、生徒指導部長とSCがアンガーマネジメントを実施することにしました。アンガーマネジメントは、5課程の構造化された認知行動療法の1つです。本田（2002、2010）が米国・カナダで実践されている方法を日本に合わせて作り直したもので、気づき、知的理解、自己受容を経て新しいスキルの学習、スキルの練習という5課程をひとつずつ進めていきます。自分の行動パターンに気づくことから始め、混沌とした気持ちを整理していきます。自分が何を誰に伝えたいのか、今までなぜ誤った方法をとっていたのかに向き合い、このままだとどうなるのかを内省していきます。そのうえで、本当に自分がわかってもらいたいことや伝えたいことを正しく表現する方法を学んでいくというものです。G子は、1回30分ずつで約3か月間、SCからこのプログラムを受けました。当初5回の予定でしたが、G子自身がもう少し気持ちを整理したいと言い出すようになり、合計で12回実施しました。

5）G子の両親への対応

G子の両親は、家庭訪問時の面接では激怒しました。G子がそんなことをするはずがないと言うのです。警察にまで相談したなんて責任放棄だ。名誉棄損で訴えるとまで言いだしました。校長と生徒指導部長とがじっと保護者の言い分を聞いていくうちに、G子が

口を出しました。「あんたたちがそうだから、私が何も言えないんじゃないの！」母親は、G子の言葉にびっくりしたようでした。「私がやったのよ。小学校だって今だって、お母さんだって言ってたじゃないよ。あんなばかたち相手にするんじゃないって。教師だって力もないくせにって、ばかにしまくってたの誰よ！あんたたちなんて、だいっきらい」。G子は、泣きじゃくりながら叫んでいました。思わず手を上げそうになった父親を校長が静かに制し、「G子さんはこれだけ苦しかったんです。お父さんやお母さんが大好きだから、本当のことを言えなかったんですよ。わかってあげられますか」と伝えました。両親は顔を真っ赤にして黙り込んでいました。校長は、G子が学校でのアンガーマネジメントに応じていることとその日程を伝えると同時に、保護者が継続して相談できる先として少年相談の担当者の連絡先を残してその日は帰りました。

翌日、G子は欠席しましたが、母親と一緒に警察の少年相談に行ったそうです。

6) F子への対応

F子は、外部のカウンセリングにかかることになりました。学校内のSCには、G子、H子、I子も相談にいっていることを知っていたのでまだ信じられないし、公立の教育相談室も小学校のときの経験から信頼できないためです。G子らとどうつきあってよいかわからないので部活動も辞めると言いだしました。顧問は、F子の気持ちが収まるまで待つことにし、休部扱いにしました。H子、I子から謝罪が入り、学級内や学年、部活動内で対応が始まるとF子も安心しはじめました。G子自身が変わってきている様子を見て少しずつ心を開いていったようです。

1学期は、部活動を休みましたが夏休みの練習からまた復帰できるようになりました。

7) H子、I子への対応

H子、I子は、放課後、教育相談担当教員との継続面接を週1回ずつ5回行いました。アンガーマネジメントの手法に基づき、自分たちがなぜいじめをしているG子に逆らえなかったのかについて内省を促していきました。当初は、G子のせいにしていましたが、自分たちにもいじめを楽しんでいるところがあり、G子と同罪だと理解するようになっていきました。学級でのSST、面接、部活動の立て直しでH子、I子は、少しずつ自分たちの問題点に気づき、G子とのつきあい方やF子への謝罪の方法も考えていきました。

8) 学年への対応

警察の少年相談担当者からの講話は、次の週に実施されました。G子、H子、I子、F子への対応や部活動への対応も始まっていたのでそれぞれの座席は離しましたが全員一緒に聞きました。担当者は、少年法や刑法をきちんと説明し、いじめや暴力が社会的にどういう罪になるのかを伝え、繰り返す場合の処遇についても説明してくれました。学級に対しては、副担任が生徒指導部長と相談しながら総合的な学習の時間を使ってソーシャルスキルトレーニング、主にはアサーションと対立解消を取り入れることになりました。週1回ずつ、1学期間行いました。生徒たちは急

に動きはじめた学校に対して一時は戸惑いを見せ、プログラムに素直に乗らない生徒もいましたが、繰り返して実施していくうちに真剣に取り組む姿が見られるようになっていきました。

9) 部活動への対応

G子のストレスになっていた現部長らと顧問が面接をすると、現部長も自分たちが2年のときに無視されていたことを根に持っていたことでG子を追い詰めてしまったことを反省しましたが、顧問が不在の状態での運営には不安や不満が大きいことも話しました。顧問の放課後の補習を他の先生にも協力してもらうことにして、部活動の立て直しと練習のために、できるだけ顧問が部活動の指導に当たれるようにしました。しかし、やはり時間的な余裕がないため、大学生で教員志望の学生にコーチを依頼することにしました。話し合いになれていない生徒たちが意見をまとめていくのは難しく、部活動をやめたいと言いだす生徒やG子がやめればいい、そもそもF子が黙っていたからいけないんだと言いだす生徒も現れました。教室でも同様のことが起こった時期があり、G子やF子は、自暴自棄になりそうなときもありましたが、それぞれが相談者に支えられながら乗り切っていきました。

引退した3年生も受験の合間に練習を見に来たり、F子やG子たちの相談に乗るようになりました。現部長も顧問やコーチとよく相談しながら部活動を運営するようになりました。

●ワーク● 2-11
危機介入がうまくいく要素を、以下の点で整理してください。
1. 組織化するための学校のレディネス
2. チーム対応のコーディネーション
3. プログラム導入に際しての本人への意識づけの方法
4. 家族対応をスムーズに運ぶ際の要素

まとめ

1) 組織的対応を始めるための下地の状況

組織対応を行うには、各々の組織が機能している必要があります。この事例の場合、SC、生徒指導部長などは過剰労働気味に機能していましたが、連携していませんでした。ただし、連携する気持ちは十分にあったので、スムーズに進んだわけです。下地ができていない場合には、ここまでスムーズには進みません。まず、1つの組織が十分に機能するようなプランを立てることが大切になります。

2) チーム対応時のコーディネーション

コーディネーションがうまくいった要因は2つあります。1つは、校長とは考え方が異なっていた教頭もチームに加えたこと。もう1つは、校外の専門的機関を積極的に活用したことです。チーム作りには、横の連携やコミュニケーションが欠かせません。この学校の場合、校内には2つの動きがありましたので、その2つを分裂させるか協力関係にするかの鍵を担っている教頭の理解を得ることが大切でした。協力してくれる若手の教員もメンバーに加えました。また、学内で問題を抱え込むのではなく、警察や児童相談所など地

域の専門機関の助言をもらいながら対応の協力を受けています。この事例では対応しなければならない対象が多くいましたので、学校内外から応援を要請する必要があったのです。

3）対応開始時の本人への問題提示

G子への対応がスムーズに進んだのは、心理教育的指導の手法を持っていたためです。G子のようにいじめを繰り返したり暴力を繰り返している生徒の場合、説諭では行動を変えることは困難です。同時にG子を排除するのではなく、学校の一員としての尊厳を認め、教育的な指導を行っているところがG子を動かしています。面接に当たっては、生徒指導部長と校長という学校での権威者が登場し、その2人がG子を一人の人間としてきちんと尊重しているところに学校の姿勢を示していることになります。こういう学校にG子はいたいのか、違う選択肢を選ぶのか、G子に考えさせています。G子の信頼を得たうえで家族への面接を行っていますので、家族介入もやりやすくなっていたのです。

4）家族への対応がスムーズにいった要因

2つの要因があります。1つは、学校は、学校の責任、保護者の責任に対する法的な要因をしっかり押さえていたこと。もう1つは、保護者のショックや気持ちの揺れ、言い分を十分に聞いていることです。そのうえで、危機介入の基本である「連系（いったん切れた元の関係性をつなぎなおすこと）」を行い、方法は間違っていたが互いが心配し合っていることに気づかせることで、家族の機能を健康な状態に戻す働きかけをしています。

3 非行

事例を通して非行に対する学校ぐるみの対応を学びます（問題行動は重複して起こる場合があります）。

予防		危機介入 いずれの場合も日ごろから校内の危機介入時の役割分担を明確にしておく	中・長期計画（再発予防） いずれの場合も当事者への学習領域、心理・社会領域、進路領域での支援計画の作成、実施
校舎の安全管理 校内の美化活動 公共物を扱う権利と責任を教える **生徒指導** 学校生活のルールとマナーを明確にして公正な生徒指導を行う 教育相談、特別支援教育校内委員会との情報共有と早期介入のシステム	授業妨害	児童生徒の学習権の保障 冷静にルールを守ることを求める 妨害が続く場合は別室指導 保護者面談	ルールの運営について教員間のコンセンサスを確認 授業研究
	器物損壊	本人、周囲の児童生徒の安全確保 状況によっては警察へ連絡 現状復帰を本人、児童生徒らと一緒に行う、保護者面談、謝罪、弁償 当事者の衝動性のアセスメント	校舎、物品の管理状態の見直し 学校への愛着を育てる活動
学習 学習に遅れがある生徒への個人／小グループでの支援、TT、補習教室、進路に結びつく学習 **予防啓発教育** 意思決定とその責任と結果について教える ストレスマネジメント、アンガーマネジメント、アサーション、SST CAP 等の人権教育 セイフティ教室 生活習慣・健康、性、薬物乱用、飲酒、喫煙等の予防教育 親教育プログラム	暴力	本人、相手、周囲の児童生徒の安全確保 暴力の深刻さ、規模によっては警察に連絡 児童相談所、少年センター、警察との連携 保護者面談、謝罪 当事者の衝動性のアセスメント	安全で安心して学べる学校づくり→行事活動、部活動、学習支援態勢、教育相談、進路相談の充実 校内研修
	怠学	保護者と連絡、本人の安全確認 登校した際教室に入らない場合の居場所と学習指導者の確保 生活習慣の指導	養育環境の改善への働きかけ 保護者支援プログラム
	触法行為	発見の場合は直ちに別室で個別に指導（飲酒、喫煙、薬物、恐喝等） 保護者面談 児童相談所、警察、少年相談センター、医療機関との連携	当事者の学校復帰へ向けての準備 地域の健全育成プログラムの充実 保護者支援プログラム 校内研修

● 第2部 事例編 ● ● ●

小学校事例

非行は中学でいきなり本格化するのではなく、小学生のときにすでにさまざまな問題が起きています。家庭や学校に居場所がなくなると地域での非行に巻き込まれやすくなるため、早期に専門機関を含めた地域ぐるみで介入することが予防につながります。この事例では、学校で事件が起こり介入をしていく流れに沿ってどう対応するかを考えていきます。

**家族支援・地域連携により
非行の初期対応を行った事例**

1. 事例の概要
事件が発覚した状況

A男は小学校5年生。身長は160cm。学年にしてはやや高めで、ぽっちゃり型です。5月連休後から遅刻、欠席が増えてきました。担任は、産休明けの女性教師のため、A男のことが気になってはいたものの、昨年までの担任は異動していて事情が聞けず、放課後本人と時間をとろうとしてもA男がすぐに児童館に行ってしまったり、自身の保育園への迎えの時間などがあってそのままになっていました。夏休みの水泳講習もA男はほとんど来ませんでしたが、担任は担当をはずしてもらっていたため、状況を把握していません。

9月になり、遅刻、欠席はなくなりましたが、掃除になるといなくなり、係の仕事もかったるそうに、やったりやらなかったりが増え、周囲がいらだってA男を無視するようになります。仲間はずれにされても他の教室に遊びに行ってしまうのでトラブルにはなり

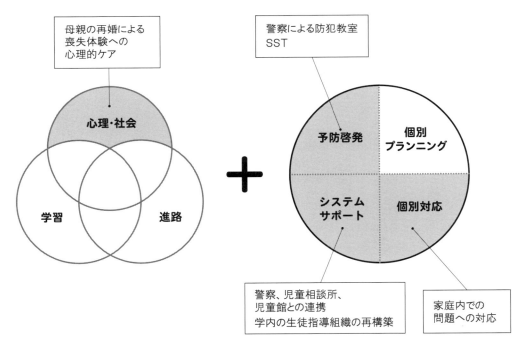

ませんでした。この間、本人が、教師にもSC（週2回来ている）にも相談に行くことはなかったようです。

9月中旬の運動会前、体育や移動教室で誰もいないときに、文房具や洋服などがたびたび隠されることが生じました。いつの間にか戻っているので、担任も児童も騒ぎ立てることはしなかったのですが、そのうち、漫画本、キーホルダーなどが、しまってあるはずのカバンや机の中からなくなるようになりました。他の学級でも、ものがなくなる事件が発覚した日に、A男が児童館でキーホルダーを中学生に見せていたと数人の児童が担任に報告してきました。学校から児童館に連絡を入れると、カードゲームのレアカードや児童が持ち込むゲームソフトがなくなることが続いていると報告を受けました。また、下級生の保護者から、児童館で上級生と対戦して負けるとレアカードを取られるので注意してほしいという申し入れもあったと聞きました。状況からA男がその中にいるらしいことがわかりました。この電話を近くで聞いていた教員らが集まってきて、「そういえばA男らしい子が、駅前の自転車を盗んだところを捕まっているのを見た」という情報や「夜間、中学生らと徘徊しているらしい」という情報も入ってきました。

●ワーク● 3-1
問題点を整理しましょう
　この状況は「危機介入」に当たります。その場合、以下の4点を見立てていく必要があります。
1. 誰の問題か。
2. 対応する問題は何か。
　1）A男の問題（本人、家族）
　2）学校の問題（学級、組織）
3. 緊急対応として、今日行うことは何か。
4. 長期対応として、明日以降に行うことは何か。

〈解説〉
1. 誰の問題か
　問題行動の中心はA男です。ただし、この状況になるまでわからなかったということは、その背景に家族、担任、管理職、児童館職員、学級の児童、教職員が関係していそうです。

2. 対応する問題は何か
1）A男の問題
直接の問題：心理・社会上の問題
　窃盗（触法行為）
　夜間徘徊（ぐ犯）
　問題が生じている場所：学外（児童館、街中）、校内でも行っている可能性あり
間接の問題：非行を起こすに至った要因
　心理・社会上：学級内での友人関係のトラブル
　　　　　　　学級の一員としての役割行動の放棄
　学習上：学習意欲の減退
　問題が生じている場所：学級内
　家庭がA男の状況を把握していない
2）学校・児童館の問題
担任の問題：
　A男と学級の状況を把握しておらず、適切な対応がとれていない

第2部　事例編

保護者との連携が不足している
生徒指導部と連携が不足している
学校の問題：
産休明けの教員の支援が不足している
児童館との情報交換、連携ができていない

> まとめてみましょう。
> どうやら、どの施設も「子どもの監督責任」を果たしておらず、「情報を抱え込み」、「他機関と連携不足」であることが、この問題の背景にありそうです。

3．緊急対応として、今日中に行うことは何か
1）情報の独り歩きを止める
2）A男の非行を一時的に止める

　これを、A男、学校組織、地域の3つに対して行っていきます。

　緊急介入の目標は、問題行動が生じる直前の状態に戻すことです。この場合は、「A男に関する情報が独り歩きを始める前の状態に戻す」ことです。つまり、学校がこれまで放置していた問題に対して組織的に対応を開始しはじめることでそれ以上情報が独り歩きするのを止めると同時に、A男が一時的にでも非行を止めるようにするためです。その後、長期的対応目標としてその問題が生じた背景になる要因に個別対応していきます。対応は、学校内で緊急対応チームを作り開始します。

① 個別対応
A男・家族に対して：
　A男には、放課後に個別面談をして状況を聞きます。この場合、帰宅は一人でさせず、保護者に迎えに来てもらうか自宅まで送り届けます。これは、突然事情を聞かれたA男の安全管理のためには必要なことになります。
　家庭訪問して状況報告とこれまでの情報収集、この日、および2〜3日間（危機的状況の期間）のA男の安全管理、危機予防（夜間、家から出さないような支援）について話し合います。

② 校内組織としての対応
担任に対して：
　情報収集（A男に対するこれまでの対応、学級に対する対応、学校への報告など）
担任の支援体制を作る：
　緊急に対策チーム（校長、副校長、生徒指導部、養護教諭、SC、学年担任団）を作り介入計画を立て、実施する。
全学級に対して：
・盗難事件への対応報告
　担任・生徒指導主幹・校長から、一連の盗難事件に対する対応を始めること、自分の持ち物はきちんと管理することなどを報告する。
・非行予防のための注意・対策
　児童館や学外でもカードを勝負のかけに使うことは、犯罪行為に結びつくことを伝えてやめるように注意をしておく。先生たちも見回りに行くことを伝える。
・保護者への報告
　プリントを配布して、上記2点についての報告と注意を伝える。その際、疑問点について質問する先の担当者も決めておく。

③ 地域対応
児童館に対して：
　情報収集
教育委員会に対して：
　事情の報告後、対応会議召集の依頼

まとめます。

　さあ、緊迫してきました。ここで気をつけることは、情報の独り歩きを止めるために、さらなる情報を独り歩きさせないことです。児童や保護者への事件の報告と予防の協力依頼は、やり方によっては大騒ぎを引き起こしますので、校内での緊急会議と教育委員会との連携によって慎重にかつ迅速に情報の収集やプリントの配布などを行う必要があります。

●ワーク● 3-2
　この時点から介入が始まる場合、連携すべき機関はどこでしょう。校内、校外に分けて列記してください。

〈解説〉
〈連携すべき機関〉
校内：生徒指導部、養護教諭、SC、校長、
　　　副校長
校外：教育委員会、児童相談所、児童館、警察

　非行の場合、校内だけで対応するのは誤りになります。すでに、校外の非行グループとの接触があり、窃盗事件も起こしているためです。また、徘徊があるということは家族の中で虐待等の問題も考えられます。もし、情報を校内で止めてしまった場合には、学校は非行が生じているのに報告しなかったこと、および、今後の事件などが予防できたのにしなかったという過失が問われることになります。

●ワーク● 3-3
　介入を開始する場合に集めておきたい情報を列記してください。

〈解説〉
　包括的に事例をとらえる場合、対応初期に情報を把握しておくことが大切になります。ただし、介入前にすべての情報を集めるのは難しいので、必要な情報を列記しておくことにより、対応しながら必要な情報を集めることができます。

① 学校について
　この学校では、A男の問題が生じたときに、情報が生徒指導部会に伝達されていませんでした。この学校でできる対応策を立案していくうえでは、現在の組織の稼動・連携状況を調べる必要があります。
・児童の問題が生じた場合の対応マニュアルが問題別にできているのか
・生徒指導部会の情報共有の状況
・養護教諭、SC等との協力体制
・管理職による担任への指導・監督状況
・児童館職員との日常的な連携状態

② 家庭について
　生育歴、結婚後の家庭内での変化

③ 地域について
　地区の特徴（安全性、歴史など）
　非行予防のための活動

　以上の準備に基づき、それぞれから以下のように情報が集められました。この情報を読んで、この事例が生じた背景を見立て、介入計画を立てていきます。

2. これまでの経過

1) 家庭からの情報

A男はひとり親家庭に育っていました。母子の仲はよく、A男はいろいろなことを母親に話したり母親と一緒に出かけたりするのが大好きでした。母方祖父母とは交流はありません。3歳で離婚後母親一人でA男を育ててきていましたが、小学校3年生のときに再婚。両親共働きのため3年生までは学童保育を利用していましたが、母親の仕事が休みの日は、A男は学童保育には寄らずに家に帰っていました。4年生からは放課後児童館に行き、児童館が閉まっても母親が帰る7時すぎまでは家に帰ろうとしなくなりました。公務員の継父が母親より先に帰っているため、家にいたくないのです。結婚後1年くらいは継父も優しくA男に気を遣っていたのですが、宿題を先のばしにしたり、母親に甘えて身の周りのことをやってもらおうとする態度が気になりだし、4年生から厳しくしつけるようになりました。A男が母親に甘えようとすると、母親を厳しく注意します。母親もA男のためだと思うようになり、A男には悪いと思いながらも突き放すようになりました。このころ母親が妊娠しました。3、4年生の担任は、家庭の事情を把握していたため学校でA男と話す時間を作ったり、宿題ができていない場合でも放課後できるところまでやらせるなどの工夫をしていました。A男は担任を慕っており学校には来ていましたが、終業式の日に担任が他校に異動になることを聞き、ショックを受けます。

さらに、母親が出産間際のため、それまで欠かさず行っていた春休みの旅行がなくなりました。A男は、児童館に朝から入り浸るようになり、体育館で友だちとバスケットやボールけりをして遊んだり、カードゲームをしたりしていましたが、幼児を連れた母親からボールが危ないと職員に苦情が出て、職員から注意されてしまいました。それ以来児童館には行かなくなり、近くの公園でカードゲームをするようになりました。

5年生の担任は、産休から戻った女性教員になり、登校しぶりが始まりました。継父が厳しいため、一度は起きて食事をしますが、継父が出かけた後、母親にぐずるようになり、遅刻、欠席が続くようになりました。母親は、継父に言うとA男が厳しく叱られると思い、登校しぶりのことは隠していました。1学期は昼夜逆転が続き、夏休みの夜、街を徘徊しているところを万引きグループの中学生に誘われたのをきっかけに、駅前の自転車を盗んで乗り回したり、原付の後ろに乗せてもらったり、夜の徘徊が楽しくなってきます。この間、駅の保安係から保護者（継父）が呼ばれて注意されていますが、初犯のため、家庭で十分に指導をすることを約束したので学校には報告されていません。継父は、このとき初めてA男が学校に行っていないことを聞き、母親とA男を激しく叱ったようです。A男は、継父の前ではおとなしくするようになったため、継父はそれ以後とくにA男と関わっていません。

9月からは、学校には遅刻せずに行くものの、中学生らと放課後、児童館に遊びに行くようになり、先の情報のような状況になりました。このころにはA男は母親にも何も話さなくなっていたので家族はA男の友だち

関係や行動は把握していませんでした。母親はかなりショックを覚えていましたが、妹に手を取られその後もA男には十分に関われていませんでした。

2）児童館からの情報

昨年館長が代わるまでは、毎年PTAからの声かけで学校に出向いて児童館の様子をPTAと情報共有する会を4月に持っていました。しかし単に儀式的な顔合わせだけでその後の連携がないため、昨年からPTAが児童館長を呼ぶのをやめていました。

児童館では、2年前から開始された「子育て広場」の事業を重視しており、体育館や遊戯室での小学生・中学生の活動は、自主性に任せています。これまで小・中学生を中心とするイベントや祭りを子どもたちが自主的に運営する流れがあったためです。

ここ数年リーダー不足で、自主活動はばらばらな様相を見せていたのに気づいてはいたとのことですが、子どもたちの自主性に任せようとしていたため、活動に指導員がつくこともなく、カードが取られるという事態も把握していませんでした。

3）警察少年課からの情報

この地域には、ここ数年複数の徘徊少年のグループができたそうです。暴力や暴走するわけでもなく、縄張り争いをするわけでもない。主に公園やコンビニ、ゲームセンターの周りにたむろし、地べたに座り込んでお菓子を食べたり、おしゃべりをしていますが、ゴミは散らかしたままマナーの悪い行動をしてはいなくなります。自転車や傘がなくなることはしばしばですが、いつの間にか戻っていたりもするそうです。また、同世代や大人にはつっぱっていても、お年寄りや小さい子どもには優しいらしい。メンバーも固定されておらず、実態をつかみにくい様子です。

> **●ワーク● 3-4**
> 次ページの表3-1を見て、A男の問題行動が学校内、家庭、地域に何がきっかけで拡大していったかを見立ててください。
> きっかけが見つけられると、修復するためのヒントが見つかりやすくなります。

3. 見立ての軸の作り方

1）2年間問題が浮上しなかったのはなぜか

この事例は、家庭内で早期対応があれば個人対応ですむ可能性があった問題です。しかし、家庭内での対応は2年間ありませんでした。その間、家庭内の状況は悪化していましたが、問題は表面化していません。

問題が出なかったのは、担任が家庭の機能不全を一手に代用していたためです。校内でも同様にA男の校内における支援システム（養護教諭、SCなど）は機能する必要がありませんでした。これは、機能が一箇所に集中するときによくみられます。この事例では、担任が代わり校内での代用機能がなくなった時点で、A男の家庭内の問題が地域を巻き込む問題に発展するきっかけになっています。

2）SOSに気づいていたのに対応がなかったのはなぜか

この事例でもう1つ大切なのは、担任が代

表 3-1　A男の事件が生じる過程

年　月	学校内	家庭内	地域
3年生	担任がA男をフォロー 学童保育	母親再婚 継父との3人暮らしが始まる 母親は、甘えさせ 継父は、A男に優しい 3月　3人で旅行	
4年生 4月〜	担任がA男をフォロー 学童保育がなくなる	継父が厳しいしつけを開始する 母親もA男を突き放しはじめる 9月　母妊娠	放課後児童館に6時すぎまでいる
3月	終業式の日に担任が異動になったことを知る	母親出産間際のため恒例の春休み旅行は中止	児童館に入りびたり、友だちと遊ぶ 幼児の母親とのトラブル後は行かなくなった
5年生 4月	学級替え 4年時の担任は異動 産休から戻った女性担任に代わる	継父がいるときは、家にいつかない 母親と一緒にいる時間が増える	
5月連休	遅刻が増える 掃除、係の仕事をやらなくなる 仲間はずれになる	朝起きなくなる	一人で徘徊
5月中旬	提出物が遅れる 行事への不参加	母親が出産（妹）	万引きグループに誘われる
8月	学校の水泳指導には全く来ない	母親と妹と3人で乳児のペースで日中過ごす 継父が帰って来る時間になると出かける 補導され継父が引き取りに行く	夜間、中学生らと徘徊。原付の後ろに乗せてもらって、街中をツーリング 駅前の自転車を盗んで乗り回す。保安員に見つかり注意を受ける
9月初旬	文房具を隠す遊びを始める 学校は、A男と特定できないため放置	継父がA男に対するしつけをさらに厳しくする	
9月中旬	運動会準備期間、空き教室から漫画、キーホルダーなどを盗む		児童館内でカード、ゲームソフトがなくなる事件が続く

わってから、A男はさまざまな場所で何らかのSOSを出しており、担当者は察知していたにもかかわらず、誰も直接介入することができなかった点です。校内で児童の情報が他の担任と共有されていなかったことや、問題が浮上した場合の対応が各担任に任されていたことが、早期対応の遅れの要因の1つでした。

5年生の担任はA男のSOSに気づいていても家庭に連絡したり、他の教員に協力を求めることをしていません。

また、学校、家庭、地域の情報共有がなされていなかったのは、組織の連携が形骸化されていたうえに、連携行動を決断させる暴行や事故などの決定的な事実がなかったこと、および、事件事故の際の責任基盤が共有されていなかったためです。警察からの情報では、地域にはすでに非行グループが散在しはじめているようですが、マナーは悪いもののお年寄りや小さい子どもには優しくするため、誰もが介入に二の足を踏んでいたようです。このような地域の場合、A男自身に対応すると同時に、A男の非行は地域全体に関わる問題であるととらえ、第二のA男を出さないようにするセーフティネット作りに着手していきます。

4. 対応の流れ
【校内における組織づくり】
1) 教育委員会指導課との連携

事例検討会の開催

検討会に参加すべき人・機関は、児童相談所、警察、児童館、学童保育、校長、副校長、担任、生徒指導、養護教諭、SC、教育委員会指導主事です。

非行は、早期に介入し、校内で抱え込まないことが大切です。A男の場合、すでに徘徊（ぐ犯）、窃盗（触法）という犯罪行為が行われているため、学校の責任としては警察、児童相談所への通告と連携を行わなくてはなりません。これを怠って、重大な犯罪になった場合、過失責任が問われるためです。

この場合、校内のみで連携するよりも教育委員会の指導課と連携するほうが組織的に迅速な動きができます。緊急の事例検討会を開催してもらうことで、関係者を一堂に集めて状況把握、対応検討ができるためです。この事例では、指導課からスーパーバイザーを依頼してもらい事例検討後、教育委員会とのパイプ役および対応の全体像をスーパーバイズしてもらうことにします。

2) 生徒指導部との情報の共有

| ① 職員会議での報告の見直し |
| ② 定例会の持ち方の見直し |

この学校では、これまで生徒指導部への児童の問題行動への対応は、担任が主に行い、情報共有は、事後報告の形でのみ行われていました。また、どの事例を報告するかについても担任の判断に任されていたため、報告が多い人と全くない人とで差がみられました。

そこで、月1回の定例会を職員全体で行い、その際に「見つめてほしい児童」を各学年リストアップし、全校で情報を共有することにしました。その際、問題の種類を包括的SCの概念図の3つの輪の分類に合わせ、学習、心理・社会、進路に分け、対応の経過についても報告する書式を作成しました。

表 3-2 「見つめてほしい児童」の書式例

児童名	学習	心理・社会	進路
Aさん	授業の内容は理解しているが、授業妨害や、教員に絡むことが増えた	25分休み、上級生とのトラブルが多い	塾が週4回になり、宿題が多いらしい

生徒指導部での情報共有については、個別ファイルを生徒指導部用の棚に作成するようにし、見つめてほしい児童の対応について気になる情報があった場合に、その児童用のファイルに連絡を加えておくシステムを作成しました。連絡は担任とファイル両方に伝えます。

3） 非行予防のためのプログラム作り

| ① 教室内でのソーシャルスキル教育 |
| ② 警察との連携による予防教育 |

地域に非行グループができているため、その予防が必要です。悪化はしていないけれども、同世代や教員への不信が強そうな気配がします。したがって、介入のポイントは、児童と教員との信頼関係の回復、児童同士の関わり合いの力を育てることになります。よくやる間違った対応は、規則を厳しくして、管理体制を強くすることです。これを行うと、児童同士の対立構造を悪化させ、校内での居場所がなくなった児童たちが地域や家庭内で問題を起こす可能性があるためです。

同時に、現状の非行グループを学校内に戻していくために非行・犯罪を繰り返した場合にどうなるかについて警察から予防教育をしてもらいます。

4） 担任への支援

| ① A男への対応 |
| ② 学級経営の支援 |

① A男への対応

担任は、復帰したばかりで一人でこの事態に対応するのは難しいでしょう。A男へは、生徒指導部を中心に、養護教諭、SC、管理職らでのチーム対応を実施し、担任は学級経営に専念することを勧めます。担任が学級でのA男の受け入れ基盤を作りながら、生徒指導部のチームが外部専門機関との連携で、A男とその家族への対応に当たります。A男の家族介入については後述する【家庭への対応】を参照してください。

② 学級経営への支援

学級内での担任の役割は、ものがなくなったことへの対応と、A男と学級の人間関係の調整です。学級の児童は、盗難事件においては被害者ですが、A男を無視したことにおいては、加害者にもなります。こういう場合、どちらかの立場を強調すればA男対学級の構図ができてしまいますので、複数の教員が学級の動向を見守る必要があるのです。

盗難事件については、なくなったものの調査を行い、A男がやったことを認め、とったものが見つかるのであれば、以後の対応は児童相談所と連携します。A男らがカードのやりとりをした相手は、この学校だけではないためです。また、A男への面接は生徒指導部に依頼します。

学級とA男の関係については、盗難事件についてA男は生徒指導部との面談や警察

との連携できちんと責任をとることへのめどをつけたうえで、学級の問題として取り扱っていきます。互いに自分の行動についての責任を果たすためです。

その後、学級の人間関係の築き直しとなります。学級の人間関係の築き直しには時間がかかります。ソーシャルスキル教育の導入や日常の学級活動の中での児童同士の関係の調整は担任一人では難しいので、養護教諭、生徒指導部、学年の他の担任らを含めて実施していきます。ソーシャルスキル教育の進め方については参考文献（本田、2007）を参照ください。

【家庭への対応】
① A男の家庭内における居場所作り
② 家族関係の調整（児童相談所・警察少年相談）

A男が徘徊するようになったのは、家庭内に居場所がなくなったためです。再婚をして父親の違う妹や弟が生まれる場合、かわいいと思う一方で、自分だけ異邦人のような気持ちになるのは自然なことです。A男の場合、新しい父親との絆ができていない段階で妹が生まれたため、孤独感は強くなっています。

継父は、事件がわかり家庭訪問のときは強いショックを覚え、母親に対する甘さを追及する姿勢もありましたが、両親の思いを聞いてみると、継父もA男を嫌っているわけではなく、男としてしっかりしてほしいという期待からの厳しいしつけになっているようでした。

こういう場合、家族調整をSCや担任が引き受けることは勧められません。すでに非行が始まっているため、今後の予防のためにも専門機関で継続的に支援を受けるようにつなげていくことが大切になります。担任やSCの役割は、専門機関と情報を共有しながら校内でのA男の生活を安定させていくことになります。

【地域連携】
1) 児童相談所
① 親子での相談
② 緊急一時保護

ぐ犯の状況が激しい場合は、児童相談所から家裁への通告となり、審判が始まります。A男の場合、窃盗（触法）とぐ犯があり、家庭内での監護責任が果たされていないため、家庭内の状況によっては、一時保護により本人にも家庭にも親教育や家族関係の調整を行うことも必要になります。

また、A男にはまだ非行グループの誘いを断るだけの力がついていないため、一時保護により、非行グループとの接触を断ち切り、生活習慣を整え直すために有効になる場合もあります。法律的な対応については、「第1部理論編第2章　ここまで進んだ子どもへの支援」を参照してください。

2) 警察
① 少年相談
② 巡回の促進

窃盗も校内での盗難も、被害届が出ていない場合には、予防的対応として警察の少年相談を使うことになります。被害届が出ておらず、校内の他の児童や保護者からも「二度とやらなければいいです」と言われた場合でも、

第2部 事例編

その後の具体的な予防のためには専門機関と連携しておく必要があります。「二度とやらないため」に具体的にどうしたらよいかについては、学校、家庭、地域が連携しておく必要があるためです。家庭内、学校内での原因への対応、非行を助長する地域の環境の整備を行っていきます。

> まとめます。
> 　A男の対応について、ここまでやる必要があるのかなと思うかもしれません。しかし、非行の場合、初期対応が大切です。非行を過少評価してしまうと、「この程度なら、大丈夫なんだ」とエスカレートしていくためです。また、家族にもA男を受け入れたり対応する力がない段階で家族に任せるのは問題を家庭内に封じ込め、地域との連携を断ち切ってしまうことになります。非行傾向のある少年は、思春期にまた同じ傾向を表す可能性もありますので、予防のためにも家族が専門機関につながることは大切です。また、早期にきちんとした組織的介入があることが他の非行傾向にある少年たちへの予防にもつながりますから、非行は初犯の段階で法律に基づいた対応をしておく必要があるのです。

中学校事例

複数生徒の非行から
学校崩壊の危機に陥ったＢ中学校

中学校内外での非行行為が複数の生徒によって同時に生じると、追随する周辺生徒の同調によって学級内にとどまらず学年、時には学校全体にその影響が拡大する場合があります。校内の秩序維持ができない状態が長年続くと、生徒も教員も保護者も「自分たちの力では状況を変えられない」と無力感に陥ってしまうことが多く、負の循環が始まります。すでにそのような負の循環が始まっている学校でのSC活動について包括的スクールカウンセリングの概念に基づいて検討してみましょう。

学校全体のダイナミクスのアセスメントから、危機介入、再発予防の初期段階までを考えます。

1. Ｂ中学校の様子

Ｂ中学校は開校25年の比較的新しい全10学級、生徒数370人の中規模校です。開校以来、問題行動が常態化し教育困難校として知られています。大都市の周辺地域に立地し、最寄り駅からバスで10分以上の住宅地と農地が混在する地域にあります。生徒の大部分が、大規模校のＣ小学校から進学してきます。学力は自治体内の平均以下ですが、運動部の活躍は目覚ましい学校です。この2年ほどは比較的落ち着いているといわれていましたが、授業中に廊下をフラフラしている生徒は複数おり、授業態度も決して熱心とはいえない状況です。

今年度は副校長以下ベテラン教員数人（養

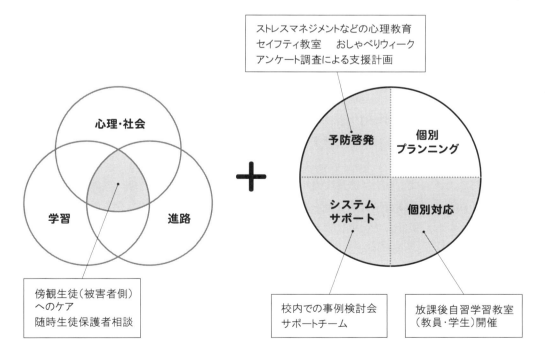

護教諭含む）が異動し、SCも交代しました。生徒指導主任は留任しており、昨年度同様の生徒指導方針で1学期がスタートしています。5月の連休明けから、遅刻・早退、茶髪や異装の生徒が少しずつ増えてきました。問題行動の中核となっている2年生の男子3人（D男、E次、F輔）は、登校しても授業には出ず、空き教室などに入り込んで遊んでいたり、授業に出てもふざけて授業が成り立たなくなる教科が出てきたりしています。講師や新任教員の授業で問題が起こることが多く、担任や学年担当のベテラン教員が出向くと落ち着きます。追随する生徒は他学年も含め男女合わせて10人を超え、トイレでの喫煙、器物損壊、不要物の持ち込みなどが続発しています。指導するとその場では従いますが、翌日には同じ状態です。相談室には休み時間や放課後、おとなしい生徒たちが逃れるようにやってきて「教室にいると物がなくなったり壊されたりするので……」とカバンを抱えてソファに座り込んで眠っていたり、不安や不快感を話していきます。SCは、相談室だよりでストレスとのつきあい方や自尊感情、自己表現方法について触れ、間接的に生徒たちが自己理解を深められるように働きかけました。

教育相談係会は生徒指導が頻繁に入るため中止になることが多く、SCは養護教諭や生徒指導主任、管理職と個別に情報交換をしています。おとなしい生徒たちの中には心身に不調をきたしている生徒が増えていましたが、養護教諭も生徒指導担当教諭も管理職も「事態はすぐに変わらないから、仕方ないね……」と言うものの解決策は出せませんでした。

> ●ワーク● 3-5
> **負の循環をもたらす要因**
> 　校内体制を乱し、システム全体を揺らしている要因は何でしょう。以下の視点から考えてみましょう。
> 1. 生徒
> 2. 教員
> 3. 保護者
> 4. 学校システム

生徒指導主任をはじめベテラン教員数人に、これまでの状況や今年度の異動後の変化についての情報を個別に聞いていくことにしました。その結果、問題行動を起こしている生徒（追随者も含む）たちは、小学校時代から学級崩壊の中心人物であり、大人への不信感や不満が大きいことがわかりました。自制心や規範意識に乏しく、場にふさわしい行動ができませんが、そのもととなる自尊感情や自己効力感、自己理解や自己制御、葛藤解決の力を育てるための支援を家庭でも学校でも受けてこなかったことがわかりました。一方、彼らの影響を受けて心身の不調をきたしている生徒は無力感を感じていますが、被害を受けている彼らへの支援には手が回らない状況です。

教員は眼前の問題行動への対処に追われていて、全体像の見立てや介入計画が十分でなく、情報の共有も不十分で、無力感やあきらめを感じている人も多いようです。ベテラン教員ですら、時に強い無力感や抑うつ感を感じることがあると漏らしています。ましてや、今年度着任したばかりの教員は困惑し、管理職への怒りを感じている教員もいるようです。

一部の保護者は、非常に協力的ですが、当事者の保護者は無関心で、逆に学校に責任を求めようとする保護者もいます。

問題行動生徒への指導のための情報交換や関係者による検討会は適宜行われていますが、教育相談係会は定期開催できていません。教育相談活動の年間計画も具体的にはありません。服装やチャイム着席などの生徒指導も新任教員は生徒に押し切られることが多く、なかなか全教員一致という状況にはありません。つまり、ここには学校システムの機能不全があります。

◆ポイント◆
SCへのニーズのアセスメントと教員集団との協働態勢作りを意識して情報収集を行う。同時に相談室を利用する生徒からの情報とすり合わせて学校全体を見立てる。

2. 学校全体の機能不全

これまでの情報を総合すると、この状況は学校全体の危機であるにもかかわらず、全教職員がその認識に立って危機介入プランを立案、実行するというチーム対応になっていません。教員は、大人不信や不満を抱えた問題行動中核生徒や周辺生徒への対応に追われており、まじめに勉強したい生徒たちへの対応ができていませんが、それは仕方ないことと教員も生徒もともにあきらめ感があります。この無力感とあきらめ感が負の循環を生じさせ、一部教員の怒りを管理職に向けさせる結果となっています。

SCに対しては、心理学的視点から全体状況の分析と各生徒の分析および支援策の立案について協力することが顕在的・潜在的に求められています。教員間の対立、とくに生徒指導がうまくいっている教員とそうでない教員の間に対立関係が生じる可能性が高く、それが顕在化すると生徒からも教員チームの足並みが乱れていることを指摘されてさらに生徒指導が困難になるなど、悪循環を生じさせます。

3. 中核生徒・周辺生徒各個人の状況分析

養護教諭からの情報によると、問題行動を起こしている中核生徒・周辺生徒ともに保健室の頻回利用者で、生活の乱れ（睡眠や食事など）があり、それぞれの家庭の事情をこぼしていくことがあるとのことでした。6月中旬、SCの提案で生徒指導部と教育相談係会合同の事例検討会を開催しました。そこで問題行動を起こしている生徒一人ひとりの背景を理解し支援策を検討しました。その結果、授業に出ないのは学習についていけないことも理由の1つとわかりました。彼らは小学校時代からすでに学習面でのつまずきや学習習慣の未形成があったとの報告がありましたが、保護者の学習への関心が低く、結果的に放任されてきたようです。

そこで、個別の学習支援を開始することになりました。学生ボランティアを数人導入し、放課後自主学習教室として個別学習と相談相手を兼務してもらうことにしました。また、それらの情報とその他のさまざまな情報を総合して各問題行動生徒と追随者の背景を分析し、その他の生徒も含めたダイナミクスについて共通理解を図り、支援計画も教職員

全員で共有するために職員会議で徹底することにしました。その際、SCからも状況の心理学的分析について説明することになりました。持ち時間は15分です。

> ●ワーク● 3-6
> 持ち時間15分で、SCとして職員会議でどんな内容の話をしますか。概略と伝え方の工夫について考えてください。

> ◆ポイント◆
> 問題の中核になっている生徒の心理・社会的発達状況に基づいた理解はもちろんですが、学校システムや教職員集団のダイナミクスやメンタルヘルスなどまで必要なことを短時間に効果的に伝える方法も工夫します。

実際に、SCが15分で告げたことは、次の3点が中心でした。
① 生徒理解（個と集団）について
　教員が経験的に行っていることが理論的にも適切であることを伝え、エンパワーすると同時により効果的な働きかけの工夫について話しました。
② 対応の基本策について
　個々の生徒の自尊感情を損なわないようにしながら、現実原則に則った具体的対応について話しました。
③ 教職員チームのチームワークとメンタルヘルスについて
　ストレス反応として心身の不調は当たり前であること、できるだけ早期に立て直しをすること。そのためには、可能な日には定時に退勤し十分な休養をとることがチーム全体の協働には必要なことであると話しました。

口頭だけでなく、できるだけ見やすい模式図などを用いて理解を助けるとともに、必要な時には見直せるようにしました。

> ●ワーク● 3-7
> 学習支援ボランティアの導入の目的と期待される効果、導入に際しての留意点を考えてください。

> ◆ポイント◆
> 教職員の負担感ができるだけ少なく、効果が目に見えるものを考えます。

4. 学習支援ボランティアの導入
1）学習面：意欲と自信の回復
　ふざけたり授業を抜け出したりして「勉強していないし、する気がないから成績が悪くても当たり前」という彼らの自己防衛のポーズを尊重しつつ、比較的抵抗の少ない学生ボランティア導入を決定しました。教員には今さら聞けないことでも、年齢の近い学生には聞きやすいからです。もちろん、担任をはじめ各教科担当者も可能な限り個別の学習支援を行うことにしました。学習に対する意欲を少しでも持てるように、またできるだけ負担感の少ない学習方法を見いだせるようにすることが目的です。小さな成功体験を積み重ねて、自己効力感や自信が持てるようにし、「やればできる」「わかると勉強が楽しい」という良循環に転換する契機を作ったのです。

2）心理・社会面

学生ボランティア導入は、学習だけにとどまらず、生徒が持っている不満や不安、悩みの相談相手としても機能してもらえる可能性がありました。ストレス低減と同時に、学生ボランティアが問題を解くのを見て、答えがわからないときの答えの探し方、先生への質問の仕方などこれまで学んでこなかったことを学ぶことができます。また、学生ボランティアとのコミュニケーションが対人関係のモデルになりますし、彼らの存在自体が進路選択のモデルにもなりうるのです。

3）疲弊している教員の負担軽減効果

教員による補習に比べて、気軽に参加できるので、各生徒の自信や自尊感情を回復することができると同時に結果的に疲弊している教員の負担軽減にもつながることが期待されました。ボランティア受け入れの準備や活動日のマネジメントはSCと副校長が行うことにし、校内へのスムーズな導入をめざしました。

5. 学校全体への支援

各問題行動生徒と追随者の背景には、生活習慣や家族関係の問題もあると思われましたので、養護教諭やSCによるチャンス相談（日ごろの声かけやちょっとした立ち話）でのストレス対処法などについての心理教育的関わりを行うようにしました。しかし、SCは中核生徒との接点がなく、追随生徒の保護者面接や被害生徒の心理的ケアを担当しました。

夏休みの学習教室には、問題行動の中核生徒たちはあまり参加しませんでした。2学期が始まると授業に集中しようとする生徒が増えてきたので、学習面での差が際立ってきました。

そのためか、9月以降、問題行動は校外で頻繁に起こるようになりました。夏休み中に、卒業生とのつながりができたようで、深夜徘徊や万引きなどでの補導が報告されました。そのころから、追随していた生徒たちが教室内で騒ぐことが少なくなり、授業は落ち着きました。しかし、校外で脅されたなどと訴える1年生の生徒が複数いました。そこで、サポートチーム結成を決定し、情報連携を本格化しましたが、中心になっているD男たちと卒業生のG太グループの問題行動は激化し、ついに近隣のH中学校の1～2年生との集団暴行事件へと発展しました。全員逮捕・補導となった事件の後、全校集会が開かれました。また、B中のある自治体では学校は自由選択制で、同時期に次年度の入学希望者数の発表があり激減することがわかりましたので、この学校存

> **注　サポートチーム**
>
> 少年自身の問題だけでなく家庭の対人的・経済的問題、学校や地域生活上の多様な問題が複雑に絡んでいる非行少年に対して、関係機関や地域の協力者が有機的に連携して対応しようというもの。通常は個人のサポートチームとして立ち上げることが多いですが、B中の場合は学校全体を支えるサポートチームです。所轄の警察の少年係、少年センター相談員、児童福祉司、保護司、民生児童委員、青少年健全育成地区委員、学校評議員代表、PTA会長、SCなどがメンバーです。情報共有のための会議が定期的に開催されますが、意見や方針のすり合わせが難しい面もありました。

● 第2部 事例編 ● ● ●

続の危機への介入をどうするかが検討されました。

10月、この危機状況を受けて、全校アンケートによる意識調査を行うことになりました。アンケートの原案はSCが作成し、生徒指導部と管理職で最終決定しました。その結果、過半数の生徒が現状にショックを感じ、不満や不快感を持っていて、改善したいと考えていることがわかりました。

アンケート結果は、11月初めの全体朝会でフィードバックし、その結果を知っての感想と改善策の具体的な提案についても再調査しました。また、改善策として、安全・安心な環境作りとの回答が多かったのを受けて、セイフティ教室を開催しました。セイフティ教室は、子どもを事件の加害者にも被害者にもしないために開催されます。講話やワークの担当は警察官が中心になります。B中では全校生徒が一堂に会する形ではなく学級単位で行いました。自身の振り返りや話し合いをしやすくするためです。TTで副担任などがつき、複数教員で対応しました。

12月、2学期最後の朝礼で再調査の結果をフィードバックし、3学期からの取り組みを具体的提案として提示しました。

● ワーク ● 3-8
資料1、2を参照して、アンケート調査の目的と活用方法について考えてください。

資料1　B中学校アンケート結果（第1回）
＊Q2以外は複数回答可能な質問項目

Q1　現状を見てどう感じている？

ショック	33.9%
悲しい	19.3%
悔しい	21.2%
困った・嫌だ	58.1%
仕方ない	25.6%

Q2　改善案に協力してくれますか？

協力する	16.0%
状況によって協力する	67.7%
合計	83.7%

＊3学年は9割以上が協力すると回答

Q3　どんなふうに変えたらよい？

もっと安全で安心な環境に	54.3%
校則違反にもっと厳しく	38.3%
もっと授業がわかるように	34.5%
地域にも居場所を	33.2%
困った時の相談場所を校内・外に	29.8%
何をしても効果は望めない	20.0%

資料2　B中学校アンケート結果（第3回）
＊Q1・Q2以外は複数回答可能な質問項目

Q1　改善策の学校全体の達成度

完全にできている ある程度できている	59.0%
あまりできていない ほとんどできていない	34.0%
無回答	7.0%

Q2　自分自身の達成度は？

完全にできている ある程度できている	67.0%
あまりできていない ほとんどできていない	25.0%
無回答	8.0%

Q3　よくなってきているところは？

身だしなみが整ってきた	53.0%
行事に熱心に取り組む人が増えた	52.0%
授業に集中できる人が増えた	50.0%
あいさつをする人が増えた	48.0%
遅刻が少なくなった	46.0%

＊上位5位まで

Q4　達成できている理由は？

生徒一人ひとりの自覚が高まったから	51.0%
先生方がきめ細かく注意するようになったから	43.0%
よくない噂で学校の名誉を汚したくないから	35.0%

＊上位3位まで

Q5　課題が達成されるとどんな気持ち？

うれしい	43.0%
気持ちがよい	43.0%
できることがわかったので自信	37.0%
ほめられることが増えやる気が出てきた	26.0%

＊上位4位まで

Q6　友だちへの支援は？

できているところを伝えて力づける	40.0%
手伝えることがあるか聞いてみる	36.0%
気持ちや愚痴を聞いて元気になれるように手伝う	35.0%
高い課題へ挑戦できるように励ます	26.0%

＊上位4位まで

Q7　これからの取り組みは？

きれいにして過ごしやすい環境を作る	49.0%
検定への挑戦者を増やす	45.0%
団結が強まるようなイベントを考える	43.0%
TPOにふさわしい服装や言動	33.0%
個人や団体を表彰する	31.0%
部活や委員会をもっと活発に	30.0%
成果をまとめて発表する	22.0%
生徒会主催の行事を増やす	16.0%
その他	1.0%
無回答	18.0%

＊複数回答可

6. アンケート調査

1）危機感の共有

この状態を重大な危機であると感じることが常態化した荒れからの脱出の第一歩です。しかし、慣れや防衛のために危機感を持てない、あるいは何をやってももうムダというあきらめから抜け出せない生徒や教員、保護者もかなりいましたので、実施目的の第一は、生徒たちだけでなく教員や保護者にも危機意識を共有してもらうことです。

2）生徒主体の改善・改革が可能であることの確認

同時に、学校改善に取り組もうと考えている生徒が過半数を超えていることを知り、「学校を変えていけるかもしれない」「変えていこう」という意欲を高めてもらうためでもあります。そして、学校を変えていくのは生徒自身であること、教員は生徒の意見を尊重しながらともに考え、改革案の提案や実行を行うが主体は生徒であり、民主的・建設的な解決をめざしていることを実感してもらうことも目的です。

3）相互支援による全員参加を意識する

また、「友だちへの支援」という項目を設けることで、すべてのB中生が生徒自身の力で再生をめざすのだと意識化してもらうという目的もあります。

活用法としては、生徒からの提案を受けて具体的な改善策を決定していくことが可能です。ここでは、「きれいにして過ごしやすい環境を作る」との回答が多かったのを受けて、校内清掃の徹底や掲示物の見直し（生徒作品や校内美化の呼びかけポスターの掲示など）を生徒会主体で行うことにしました。校舎内の清掃だけでなく、校舎の外周や地域ボランティアとしての清掃活動にまで広げて行い、近隣の住民からの肯定的評価も得られるようにしました。

7. 再発防止のための取り組み

3学期の始業式、登校した生徒を迎えたのは「心機一転！新生B中学校！！」という地域の協力者から贈られた横断幕でした。こうして地域からの全面的なバックアップを受け新生B中は新しい一歩を踏み出しました。3学期末には、取り組みへの達成度を生徒と

保護者にアンケート調査し次年度計画への参考としました。新年度、所属学年教員は、追随生徒へのきめ細かい対応を続け、逮捕された3人をそれぞれの措置施設に訪ねるなどして学校に戻ったときに備えています。

● ワーク ● 3-9
再発予防のための取り組みとしてどのようなことが考えられますか。

◆ポイント◆
すべての生徒が自分たちの意見が尊重されていると実感でき、取り組みの成果が実感できるものを考えましょう。

3学期以降の取り組みのポイントは、再発防止のための心理教育です。これは、新たな問題が生じたとき、学びと育ちの環境を自ら守る力を身につけるために必要です。

1）相談室だよりの活用

生徒たちに身につけてほしい特性について相談室だよりで取り上げ、学級活動の時間などに学級で読み合わせ、話し合うという試みをしました。取り上げた内容は、「ストレスとの上手なつきあい方」「自分も相手も大切にする自己表現の方法」「問題解決のコツ」などです。教育相談係会議の中で生徒の状況を把握し、適宜テーマを決めました。対象は、生徒だけでなく、保護者や教員が読んでも読みごたえがあり、実際の場面で、可能な限り活用できるものを心がけました。

2）おしゃべりウィーク

学級での話し合いでは発言できない生徒の声を聞くために、"おしゃべりウィーク"を企画して校内のさまざまな教員と話せる機会を作りました。

3）教員研修

心理教育は、単発の授業で扱うよりも、いつでも、どこでも、誰でも行えることが重要です。そのために、教員研修で基礎理論を押さえ、日常場面で各教員の個性を生かして応用できるようにしました。逮捕・補導された生徒たちの復帰後の対応も共通理解を図り準備を整えました。

これらは、再発防止に向けた取り組みの初期段階であり、次年度以降は、より生徒の主体性回復や学習面の強化をめざした取り組みを長期展望で行うことが必要になります。表面的な落ち着きだけでは、何らかの外的刺激によって再び問題行動が激化する可能性があるからです。

8. 事例介入のポイント

1）全体像を見立てたうえで、負担感なく実行できるところから介入案を実施する
（次ページ表3-3参照）

2）外部機関との連携を早期に行う

外部機関との連携を早期に開始する必要があります。教育的配慮という名目のもと学校で抱えておくことがマイナスに働く場合が多いことを意識しておきましょう。学校内であっても、学校外で犯罪と認定されることは犯罪行為です。例えば、暴言（脅迫）、暴力（暴行）、器物損壊、備品の持ち出し（窃盗）、

表3-3 SCの見立てと介入案

	SCの見立て	SCの介入案	実際の支援策
中核生徒	家庭の保護機能が十分でなく、学習、心理・社会、進路すべての面で十分な支援が受けられていない。自己肯定感が持てず、ストレス耐性も低いために問題行動を起こすことで発散と自己顕示を行っている。誤学習と反抗、承認欲求の強さがある。	個別に聴き取りを行い、生徒自身が求める支援を特定し実施する。自らの行動が持つ意味について気づかせ、自尊感情を育成するための個別指導を保護者とともに行う。	問題行動に対しては即時的に注意をし、落ち着いたときに行動の振り返りをさせ作文指導をする。授業に参加したときに適切な課題を与えて達成感を味わわせる。
追随生徒	さまざまな事情で現状に不満や不安を感じている。それぞれの事情への対応策が講じられていないので、中核生徒に追随することで発散・自己顕示し、承認欲求を満たそうとしている。誤学習と承認欲求がある。	個別に聴き取りを行い、生徒自身が求める支援を特定し、実施する。学級活動を中心にした居場所作り。	問題行動に対しては即時的に注意をし、達成可能な学習課題を与えて自信を持たせる。学級活動を中心にした居場所作り。
傍観生徒	常態化した荒れに圧倒され無力感を感じている。不安や不快感、怒りを感じても我慢している。心身の不調とともに学習への意欲や達成にも影響が出ている。	心身に不調の出ている生徒には個別相談を行い、ストレス対処法や問題解決のための仲間作りを勧める。	心身に不調の出ている生徒には個別相談を行い、ストレス対処法や問題解決のための仲間作りを勧める。保護者支援も行う。
保護者	教育に熱心な保護者と問題行動の当事者の保護者、関わりを持ちたくても持てない保護者、積極的に関わりたくない保護者の温度差があり一部対立関係が生じている。	当事者生徒の保護者との個別相談により、保護機能促進を図る。	傍観者生徒の保護者およびPTA役員からの相談に応じる。保護者会での説明やアンケートを実施。
教員	荒れの常態化で疲弊しており、無力感やあきらめを内在している。立て直しに積極的な教員とそうでない教員との間に温度差がありチームとしての機能が果たせていない。時に対立構造になることもある。	全体状況の分析後、生徒指導方針を一致させて実行し、本務である授業の充実を図る。中核生徒など補習が必要な生徒への個別指導を切り口に対話し承認欲求を満たす。	全体状況の分析後、生徒指導方針を一致させて実行する。学生ボランティアによる自主学習教室への側面支援を行う。

●第2部　事例編　●●●

喫煙はもちろんのこと、正当な理由なく教員の指示に従わないことはぐ犯行為に当たるという解釈さえできます。保護者がこれらの行為について危機意識を持っていない場合などはとくに早期に所轄の警察や少年センター、児童相談所などの外部専門機関と情報を共有し対応を検討しておきます。時期を逃さず介入するためです。ただし、学校内で何もしてもらっていないと当該生徒や保護者が感じている状態で専門機関に依頼することは、当事者にとっては"見捨てられ感"となり、怒りや不信・不満を生みますので逆効果です。あらかじめ、どのような場合に外部専門機関への紹介の対象となるか、その理由は何かを明示しておくとよいでしょう。

　本事例では、日常的な情報交換は学校と警察、学校と地域協力者の間など二者関係ではありましたが、校外での非行事実が多発しはじめた段階でサポートチームを立ち上げました。これは、地域も含めてネットワークとして見守り、介入する準備が整ったことを周知する意味があります。重大な問題であると認識しているが、当事者を非難・批判することを目的としていないことの表明でもあります。これは支援目的のチームなのです。セイフティ教室の担当者として、サポートチームのメンバーの一部は直接生徒たちと接点を持ち、実感を強く持たせるようにもしました。

3）危機状態への即時的な介入を行い、学校全体でめざすゴールを明らかにする

　本事例では、複数生徒の逮捕・補導と次年度入学希望者数激減の報が入った時が"その時"でした。慣れや防衛からこの事態を重大な危機と認められない生徒や保護者、教員もいました。しかし、なかには大きなショックを受けている生徒や保護者、教員もいたので、この事態をどう認識することがB中学校の今後にプラスに働くのかという視点での戦略的実態調査をすることにしたのです。

　その事態は、「ショック」「困った、嫌だ」と答えた生徒が過半数を超えており、改善策に協力すると答えた生徒は「状況によって協力する」も合わせると8割を超えています（資料1参照）。実はこれは、教員の予想を大きく上回るものでした。予想以上に生徒はこの事実を深刻に受け止め、改善したいと希望していたのです。ここに思い込みの落とし穴があることが明らかになり、潜在的可能性の大きさを実感することができ、教員側もエンパワーされました。また、3学期末の改善策達成度に関するアンケート実施時には、保護者に「大人になるまでにB中生に身につけてほしい徳・品・態度」のキーワードを選んでもらいました。教員が選んだ50個のキーワードを列記し、同意できるものを選んでもらったのですが、その結果は、①思いやり74.1％、②あいさつ73.2％、③責任67.0％、④忍耐59.8％、⑤素直さ55.4％、⑥言葉遣い50.9％、⑦優しさ49.1％、⑧勇気43.8％、⑨協働／自主性／積極性42.0％という結果になりました。割合の多寡は検討の余地があるにしても、これらは非常に常識的なものです。回答してくれた保護者集団に偏りがあった可能性（PTA役員を中心に学校に協力的な保護者が中心だった）も否めませんが、荒れが常態化している学校の生徒や保護者がその他の学校と大きく異なる感受性や考え方を持っ

ているとはいえないという当たり前の結果を得て、教職員の責任を痛感するとともに協力者は過半数を超えることがわかって大いに力づけられました。このような実態調査をもとに支援策を検討すると合意が得やすく、実施後の評価を行うときにも有益な尺度となりえます。

4）生徒を主体にした取り組みになるように提案していく

自尊感情や自己効力感など自分を肯定的に見ることが難しい生徒たちに、自分たちの力で学校を変えたのだと実感してもらうために、生徒中心の取り組みを考える必要があります。"自力復興"が必要なのです。成功したときに達成感を感じられる試みではあっても、あまりにハードルが高いと失敗する確率も高くなります。2〜3割がんばれば、8割の成功があると感じられる取り組みを考えていきます。

こうして、全体が少しずつ底上げされていくなかで、並行してその流れに乗り切れない生徒への個別支援を行い、問題行動生徒とそうでない生徒の対立関係を解消し、ともに育ち合う関係へと変化させていきます。

5）被害側生徒だけでなく、加害側生徒の"育ち"への配慮を忘れない

加害側生徒を悪として対立構造を作っても学級や学校の再統合には効果的とはいえません。失敗した人の再出発を許容する寛容さを持った柔軟な環境を作ることで、多様な生徒すべての育ちに学級の効果が得られるはずです。

4 特別支援教育

事例を通して校内体制作り、民間教育機関でのプログラムについて学びます。

	考えられる要因	個別	全体	組織
障害特性とその対応	**障害特性による学習上の困難** 注意集中の困難 読字／書字障害 算数障害 その他の感覚統合障害	**担任・特別支援教育コーディネーター** 情報収集 指示、課題の出し方を工夫する 感覚統合を進める遊び、活動を取り入れる 児童生徒、保護者への学習方法に関する助言 個別の進路指導 特別支援学級との連携 **SC** 情報収集 個別カウンセリング 児童生徒の認知の特徴、学習への抵抗感を軽減させる方法について保護者、教員へ助言	**学習支援ボランティア、少人数指導、補習教室等の学習支援** 学習内容と進路を結びつける指導	**特別支援教育校内委員会** 個別支援計画、個別指導計画の作成、周知とそれに基づく指導のための校内体制作り TT、取り出しのシステム作り **研究・研修係** 特別支援教育校内委員会と協力して授業研究 校内研修の企画、実施 **地域連携** 民間相談機関でのアセスメント、学習支援 医療、教育相談所、発達支援センターの利用
二次障害とその対応	**二次障害** 障害特性による対人関係上の困難からいじめ、不登校、非行、学習性無気力、うつ、自尊感情の低さ、自信欠如等の問題が起きる	上記に加えて **担任** 学校生活での人間関係（係活動、部活動、グループ活動等）に配慮した学級運営 **特別支援教育コーディネーター、SC** 児童生徒の対人関係の特徴を教員へ助言 本人、保護者の障害認知、受容の過程を支援する個別カウンセリング、親教育プログラム 個別、小グループのSST	**学級での予防啓発教育** ストレスマネジメント、アンガーマネジメント、アサーション、SST、CAP等の人権教育 特別支援をテーマとした保護者研修会	上記に加えて **特別支援教育校内委員会** 教育相談、生徒指導との情報共有と早期介入のシステム作り **地域連携** 教育相談所、民間相談機関でのアセスメント、カウンセリング、SST、保護者グループ 医療機関による診断と投薬プログラム

● 第2部 事例編 ●●●

小学校事例

はじめに

目立った知的な遅れはないにもかかわらず、学習や対人関係において適応しにくい学習障害（LD）や注意欠陥多動性障害（ADHD）、自閉症スペクトラム障害（ASD）等の子どもたちがいます。保護者は学校から問題行動を指摘されるので、気にはなっていても専門機関にかかるには葛藤があるようです。病院につながって発達の障害であると診断はつけられても、投薬が中心です。ソーシャルスキルトレーニング（以下、SSTと略す）や学習支援への助言は受けられても実際のトレーニングをしているところは少ないのが現状です。また、教育相談室では親子並行面接が主流です。子どもは相談員との一対一の遊戯療法が中心で、保護者は別の相談員との面接になってしまうため子どもの様子が親に伝わらず、具体的な支援方法がわからない保護者もいます。相談員との信頼関係はできても同じ悩みを持つサポートグループはまた別に探さなくてはなりません。子どもも個室の相談場面では落ち着いていても問題行動がでる集団場面の練習ができないのが現状です。

このような状況の改善のために、民間でSSTを行うところが出はじめました。医療機関の内部でSSTを実施している場合や、民間で独自に実施している場合があります。ここで紹介する親子SSTもその1つです。民間だからこそできる柔軟な構造作りとサポーティブな雰囲気作りを通じて、子どもと保護者がともに学びながら成長できる場を

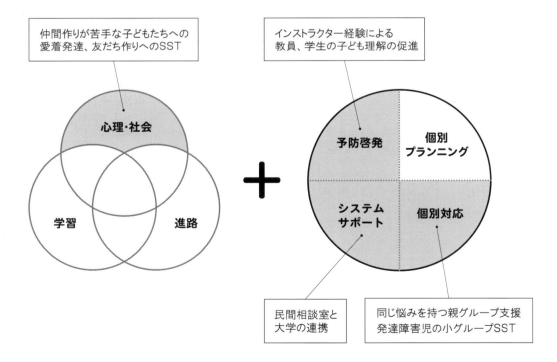

提供しています。プログラムの設定に際しては、包括的スクールカウンセリングモデルにおける個別アセスメントの知識と技術を駆使し、運営に際しては地域連携モデルを採用しています。

**大学と民間相談室が連携して
子どもの社会性の発達を支援した事例**

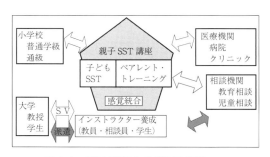

図 4-1　親子 SST と他機関の関係

1. 民間相談室「A 相談室」の親子 SST の概要

親子 SST は、2 つの目的で開催しています。1 つは、病院、教育相談室、学校など既存の専門機関では構造上運営しにくい親子合同のトレーニングを実践すること。もう 1 つは、相談機関や学校で SST が実践できるインストラクターの OJT（オンザジョブトレーニング）です（図 4-1）。

1）プログラムの事前準備

参加者は、小学校 1 年生から 6 年生までの定員 8 人の子どもとその保護者です（子どもは医療機関で ADHD、ASD 等と診断されている場合と、そうでない場合とがあります）。1 回 2 時間 × 5 回が 1 期、募集は、病院、療育センター、教育センター、学校等からの紹介を通して行います。申し込み後、親子の予備面接を行い、主訴と子どもの特徴を聞きアセスメントの参考にし、5 回のプログラムを作成します。インストラクター養成のために、毎回の主となるインストラクターを決めて、プログラムの立案・実施後の振り返りをし、子どもと親の理解を深め、介入を検討し、次回に役立てます。このプロセスはスーパーバイザーによるフィードバックを受けながら実施します。役割を交代しながら一連の流れを体験することで、自らが学校や相談室で SST をリーダーあるいは TT（ティームティーチング担当の教員）として実践できるようになるためです。そのため、プログラム作成時には、次ページの表 4-1 のように目的、内容のほかに介入の方法についても予測しておく練習をします。

2）プログラムの流れ

親子一緒に感覚統合活動を行った後に、親子別室でグループによる活動を進めます。感覚統合活動を一緒にやるねらいは、保護者の子ども理解の促進と、日常生活でも応用できることに気づいてもらうためです。じっとできない、固まるなどは感覚過敏や体幹バランス、協応運動などがうまくできない場合が多いからです。また、保護者の関わり方の行動観察ができるため親グループでのフィードバックが具体的にできるようになります。

① 子どもグループ

子どもグループでは、「感覚統合活動」→「室内グループ活動」→「外遊び」を行いま

第2部 事例編

表4-1 子どもグループのプログラムの例

活動名・目的	活動概要	介入時の留意点
1. 感覚統合 15分 ボールをキャッチ！ 目的： 　空間把握 　コミュニケーション	スーパーボールをキャッチボールしたり、紙コップに投げ入れる	・うまく投げられない・キャッチできない子は最初は手渡しから始める ・どう投げれば取りやすいかを、一緒に考える ・紙コップの向きや目と手の動きをスーパーボールなしで練習する
2. グループ活動 40分 宝物をさがせ！ 目的： 　グループへの愛着 　協力（意見を伝える、友だちの意見を聞く、意見をあわせる、困っている人を助ける）	グループ1 山手線の路線図を使う ① グループを作り説明を聞く ② グループに1枚山手線の駅が描かれた路線図を受け取る ③ 電車orキャラクターのいる駅を知る手がかりとなる情報カードと電車orキャラクターの絵が描かれたカードを各自受け取る ④ 全員の情報をまとめながら場所を決め、路線図にカードを貼っていく（カードの情報は言葉で伝える。カードの持ち主が路線図に貼る） ⑤ 宝の隠し場所を見つける グループ2 地図帳の地図を使う （以下省略）	Cさん ・ルールを理解して参加する ⇒何をするのかわかりやすいように、手順を簡単に紙に書いたものを用意して見通しを立てる ⇒他者の話を聞いていないときは、自分にその情報が必要かもしれないことを知らせる （途中省略） F君 ・衝動性のコントロール（失敗したらやり直す。最後までがんばる。つまずいたときの切り替え） ・話している人に注目できる。必要な情報を選べる ⇒人のカードの情報を聞けるように。宝を探すにはすべてのカードの情報が必要なことを伝える ⇒経路の書き込み役をやらせて役割をもたせたい （以下省略）
3. 外遊び 20分 けいどろ 目的： 　集団に対する愛着 　協力 　ルールの理解	① 範囲と、牢屋の場所を指定 ② 捕まった泥棒は、タッチしてもらうと再び逃げることができる ③ 作戦を1分間話し合う ④ 泥棒が全員捕まるか、3分経ったら、警察と泥棒を交換する	・警察と泥棒の区別がつきやすいように、警察はビニールテープで作ったたすきをかける ・ルールの確認を、図を使って説明する ・どうやったら、捕まえられるか、逃げられるかなどを一緒に考える
4. 振り返り 20分 目的： 　その日の活動を言語化して整理する 　日常の遊びへの移行	① お茶とお菓子を食べながら、今日の活動で楽しかったこと、もっと工夫したいことなどを話し合う ② 日常遊びの導入	・お茶やお菓子などを、役割分担して自然に配れるように支援する ・小グループでの振り返りが終わったら、8人が自由に混じって遊びができるように支援する

表 4-2　親グループの活動の概要

	活動の概要	介入のポイント
親子感覚統合	① 親子での感覚統合活動（体幹バランス、目と手の協応、耳と身体、感覚を開く、言葉と行動の連携など）	・子どもへの関わりを観察し、適切な子ども支援の方法を、ファシリテーターがモデリングする
親教育プログラム	① 感覚統合活動時の子どもの行動についての理解を深める ② 親教育プログラム（子どもの行動の翻訳、上手なほめ方・しかり方、きょうだい関係の調整、学校との連携など） ③ 日常の問題への自由な話し合い	・集団時の逸脱行動の理解 ・技法にたよらないように、子ども理解のうえに成り立った支援と練習をする ・親同士がサポートグループになれるよう共感的な雰囲気をつくる
子どもの活動のフィードバック	① 各グループインストラクターが報告 ② 感想を述べ合う	・それぞれの子どもの成長目的に合う声かけや、家庭内でできることを提案する

す。「感覚統合活動」では体幹バランス、目と手の協応、耳と身体の協応、集中視などを親子でのゲームを通じて学んでいきます。感覚統合トレーニングは通常作業療法士がいる病院で実施されますが、専門家が少ないため訓練を受けることが困難です。また、トレーニングは個別で行われるためグループ場面でのSSTとつなげることができません。親子SSTでは、親子遊びを促進するために、家庭でできる基本の感覚統合を紹介すると同時に、授業中の集中力や持続力を保持するため必要な身体の軸を作ることの大切さを理解してもらいます。「室内グループ活動」は楽しい活動を通じて、子どもの集団活動への安心感を確保し、さまざまな活動への興味関心を高めていきます。活動の中には、ターゲットとなるソーシャルスキルが繰り返し使われるように組み込んでいるため、遊びながらスキルを伸ばせるようにしています。「外遊び」は近くの公園や広場に出かけての活動です。日常場面に近いセッティングをすることで集団遊びのルールや共感性、向社会的行動の練習をしていきます。

② 親グループ

親グループでは、安心して自分たちの悩みを話せるよう、自由な話し合いを中心に進めていきます。参加者中心型のグループを意図し、話題に出た事柄から、子どもの行動や気持ちの理解、関わりのポイントなど親教育プログラム（ペアレント・トレーニングなど）を提供します。保護者自身が他者に受け入れられたという体験をして、情緒面を深めるような工夫をしています。最後には、子どもグループのスタッフが親に子どもの活動の様子を一人ひとりに伝え、伸びている点、伸ばしたい点を共有することで、親が子どもの意外な面を知ったり、成長を実感したりすることができます（表 4-2、表 4-3）。

表4-3 親グループの5回のプログラム例（主な活動と目的）

	主な活動	目的
1回	1. 目的・ルールの確認 2. 自己紹介ワークと困っていること・願い、グループへのニーズ 3. SST、感覚統合の勉強 4. ペアレント・トレーニング（概要の説明と宿題）	1. 枠を確認し支援し合える関係を作る 2. メンバーの願い、関心、ニーズを把握し、共通点、相違点を知る 3. SSTのねらい、子どもの発達を理解する 4. 子どもの行動の意味を理解し、子育てのスキルを身につけ自信を持つことを目標とする
2回	1. 親子遊び（感覚統合）の感想 2. 子どもの行動の理解 　例　日常場面での行動、SST中○○君がついたての陰に隠れたのは？ 3. 子どもの行動を3つに分ける 　・やってほしくない行動 　・やってほしい行動 　・絶対に許せない行動	1. 実際に体験し親自身が感じたことに気づき、家でも応用できるようにする 2. 子どもの行動の背景を理解することで、適切な対応を身につける（行動を翻訳する） 3. 子どもの行動のとらえ方には人により差があることに気づく、自分の価値観を検証する
3回	1. 子どもへの対応① 　ほめる＝良い注目を与える 2. 困っていることの話し合い 　例　担任との関わり、生活習慣、学習の課題、両親の方針の違いなど 3. 「聴く力」を身につけるワーク	1. 自分のほめ方の癖に気づき、ほめ方のヴァリエーションを広げる 2. 環境調整のみならず、自身の課題に気づく。メンバーの工夫からヒントを得る 3. 自分が聴いてほしい聴き方があるように、子どもにもあることに気づき共感性を高める
4回	1. 子どもへの対応②③ 　余計な注目をしないで待つ、ほめる、限界設定（宿題） 2. ストレスマネジメント 3. 話し合い	1. 子どもの小さな変化が受け入れられる、子どもの課題がより具体的になり、子ども自身にも自覚させ、親は冷静に対応できるようになる 2. 親自身がストレスを発散し、平静を保つ方法を身につける
5回	1. 親子SSTで得られたこと 　実践してみたこと、実践が難しかったことの話し合い 2. 子どもにとっての適切な環境、就学先と親の不安など 3. 子どもへの対応④ 　一緒に楽しむこと	1. 完璧である必要はなく、努力しようとしている自分を受け入れる 2. 柔軟に考えて、子どもにとってより適切な就学先の情報を集めることの大切さに気づく。今後のサポートネットワークに関心を持つ 3. 子どもの障害を受容し、一緒に楽しめることを実感し、自己肯定感を高める

2. 事例

1) 参加者の概要

表4-4は参加者の特徴です。今回のメンバー（B男〜I）はさまざまな特徴を持つ子どもが集まった混合メンバーです。グループ分けを類似した傾向の子どもにするか混合にするかは、子どもたちに他者への興味が芽生えはじめているか否かで決めます。おびえが強い場合には、一対一でのトレーニングから始め、支援者と関わり遊びができるようになっ

4 特別支援教育

表 4-4 参加者（8 組）の特徴

		子どもの課題	保護者の願い 子どもの成長	保護者の願い 自分の成長
グループ2	B男	高機能自閉症 集団活動からの逃避	こだわり行動の軽減 集団への興味・参加	学習支援の方法 家庭での支援の方法
	C	知的ボーダーライン	ルールの理解	学校での担任対応 進路
	D	LD 集団への不安	集団への参加 セルフエスティーム	きょうだいの問題への対応
	E	ASD 疑い 集団活動からの逃避	集団への興味・参加	家庭での支援方法
グループ1	F	動作性 LD・ADHD 一方的な会話	他者への興味 自己コントロール	きょうだいの問題への対応 ゆとりを持った対応
	G	話が拡散して止まらない 集団活動を楽しめない	子ども同士の会話 集中力・他者理解	母親自身の不安が高い 母親自身の自信のなさ
	H	注意、集中力、不器用 思い込み、話が止まらない	自信、断る力 相手にわかるような会話	きょうだいの問題への対応 母子分離
	I	言語性 LD アンガーマネジメント	感情のコントロール 適切な自己主張	家庭での感情表出、暴力への対応

たら同世代の仲間とのグループ活動を導入していきます。このグループは、人と関わりたい気持ちはあるけれども注意が散漫になったり一方通行で話すために会話がつながらない4人（グループ1）と、一人遊びからようやく脱しはじめてはいるものの、新しい場面だと不安が強くなって退行したり、寡黙になったり、一人遊びに戻りがちな4人（グループ2）の2グループ構成で実施しました。

●ワーク● 4-1
プログラムの立案

表 4-4 を参考にして子どもグループの5 回分のプログラムを作成してみましょう。

〈解説〉
次ページの表 4-5 は A 相談室で作成されたプログラムです。混合メンバーの場合には、全体の活動の中では感覚統合や基礎的なソーシャルスキルを行い、小グループ活動のときに同じ課題でもレベルや材料に差をつけたワークを作成します。安心空間を作ると同時に、平行遊びをしながらも他のグループへの興味を喚起することができるためです。競争心や興味を活動への動機づけとして活用していきます。

2）B 男の個別プランニング

親子 SST に参加する子どもはまだ一人遊びが好きな子が多いため、集団に自然に導入できるように個別のプランニングをします。
① 基礎情報
B 男。小 2 男子。小学校入学時に、医療機関で高機能自閉症と診断されました。
② 予備面接

第2部　事例編

表4-5　子どもグループのプログラム例

	各回の目的	感覚統合（全体）	グループ活動（小グループ）	外遊び（全体）
1回	・アイスブレーキング（緊張をゆるめ、関わりへの安心感を育てる）・見立て・行動観察	「自己紹介／陣地へゴー！」進め、バック、ジャンプ、かかしの動作	「部屋づくり」アイテムカードを選んで部屋を作る	「バナナおに」2人で協力して、バナナになった友だちを助ける
2回	・コミュニケーション・アサーション・協力	「耳をすませて」音に対応したボールをとる	「みんなの学校を作ろう」教室や遊具の配置を話し合う	「公園探検」公園にある、色と音をそれぞれ3つ見つける
3回	・コミュニケーション・自己表現・協力	「落ちた落ちた」指示に合わせてポーズをとる	「すごろくトーキング」テーマについて話す	「魔法のじゅうたん」小さなマットの上にボールを乗せて運ぶ
4回	・コミュニケーション・アサーション・協力	「ボールをキャッチ！」ボールを、洗面器や紙コップでキャッチする	「お店はどこだ？」情報カードをもとに、お店の場所を探す	「けいどろ」警察は泥棒を捕まえる泥棒は宝物を守る
5回	・協力・問題解決	「ファイヤーウォーター」円になり、爆弾に見立てたボールを落とさないように回す	「七夕探偵」暗号をといて部屋に隠された物を探す	「S字おに」S字の上を両端から走り、相手と出会ったらじゃんけん

　名前や学年を聞くと答えましたが、目が合いません。相談室にあった恐竜のフィギュアとぜんまい仕掛けで動く恐竜の人形に興味を持ち、並べたり動かしたりして遊びはじめました。スタッフが一緒に遊ぼうとして手を出すと「アー、アーッ」と大きな声を出しました。

③　事前ミーティング

　予備面接での母親からの情報と、B男の行動観察の様子が報告されました。自分の興味の世界に入ってしまい、指示が入りにくいことが確認されました。

④　プログラム1回目

　自己紹介では、円の中央に出てきて寝そべり、スタッフが抱えて起こすと、寄りかかりました。部屋作りでは、アイテムカードの山からカードを選ぶと、画用紙の端から順番にカードを並べて貼っていきました。スタッフが「お部屋になるように貼るんだよ」と言いましたが、そのまま貼り続けます。6つ目を貼ろうとしたときに「5つまでだよ」とスタッフが言うと、「アァー！」と大きな声を出しながら、貼り続けます。用意されたすべてのカードを貼ってしまうと、「恐竜やってもいい？」とスタッフに聞きます。「おもちゃはだめだよ」「終わったなら、この紙に絵を書こう」と言いますが、「恐竜やってもいい？」と繰り返し、人形のある方に行きます。「じゃあ、1つだけならいいから、あっちの部屋に戻ろう」と言いましたが、戻る気配がないので、「じゃあ、それ全部持ってとにかく戻ろう」と促し、何とか部屋に戻りました。残りの時間は人形で遊びました。外遊びでは、なかなかみんなが集まっている場所に行かずにいましたが、「好きな食べ物のところに集まれ！」と言って、食べ物の写真のパネルを出すと、みんなと一緒に集まりました。

表 4-6 感覚統合の不全と学校生活上の困難（Ayres, A. J.／佐藤監訳、1982 を基本に筆者作成）

	現在の状態	育てたい点
愛着心	愛着の対象が狭く、特定の物に対する愛着はあるが、大人、子ども問わず、他者への興味・関心が少ない。それが原因で、集団からたびたび外れて1人遊びをしているようだ。	集団への愛着心 ① 協同活動への興味 ② 仲間への興味
共感性	他者の気持ちの理解は難しく、遊びの段階は1人遊びの段階	一人遊びから平行遊びへ 平行遊びから協同遊びへ
規範意識	前道徳的段階	決められた枠組みの中で活動に参加する
感覚統合	体幹の筋緊張が低い 触覚防衛はない	腹筋・背筋の筋力

3）支援のステップ

ここからは、支援の流れに沿ってステップごとにみていきましょう。

ステップ1：情報の収集

このステップでは上記の予備面接と1回目の様子が情報のすべてです。

ステップ2：見立て

情報の整理ができたら、情報を理論によって意味づけし見立てをします。

●ワーク● 4-2
見立て
　B男はまだ一人遊びが好きなようです。B男の発達状況を見立ててください。見立てのヒントは、第1部第4章第6節のソーシャルスキルのアセスメントのポイント（個人）（127ページ）を参考にします。項目（愛着心・共感性・規範意識・感覚統合）ごとに考えてみましょう。

〈解説〉
表4-6が、A相談室で作成されたB男の見立てです。

ステップ3：計画の立案（目標と支援策の決定）

計画のステップは、見立てをもとに、目標と、具体的な支援のための手立てを決める段階です。今回の場合、目標は5回のSSTで達成できる短期目標になります。目標は、具体的・客観的な表現で記述することが大切です。それによって、客観的な評価が可能になり、複数のスタッフが共通理解することが可能となります。

●ワーク● 4-3
目標・支援策
① 5回のSSTで達成可能なB男の目標を考えてみましょう。
② 目標が決まったら、5回を通じてグループの中でB男を一人遊びから平行遊び、協同遊びへと導入していくために、回ごとの目標を設定します。
③ 目標を達成するために、具体的にどのような支援をしたらよいか、思いつくだけ挙げてみましょう。

第2部 事例編

〈解説〉

以下が、A相談室のスタッフミーティングで作成されたB男のIEPです。

目　標
① 決められた枠組みの中で活動に参加できる ② グループの仲間と一緒に平行遊びができる ③ 協同活動や仲間に興味を持てる

回ごとの目標
1回目　スタッフと一対一でかかわり遊びができる 2回目　活動の枠組みを理解して、やれそうな活動に参加できる 　グループの他のメンバーと同じ空間で、自分用の教材（学校を作る）をスタッフと一緒に作成できる（平行遊び）。安心空間（恐竜で遊ぶスペース）とグループの空間を自由に行き来しながら、断続的にグループに参加できる（一人遊び→平行遊び） 3回目　グループの他の子と一緒に、1枚のすごろくで活動できる（平行遊び→協同遊び） 　決められた枠組みの中で（せりふが決まっている）、友だちとコミュニケーションがとれる 　一人遊び（安心空間での恐竜遊び）の切り替えができる 4回目　グループの他の子と一緒に、1枚の地図で活動できる（平行遊び→協同遊び） 　決められた枠組みの中で（せりふが決まっている）、友だちとコミュニケーションがとれる 　他のグループの活動に興味を持つことができる 5回目　グループの他の子と情報を合わせて、宝物を探すことができる（協同遊び） 　はじめから終わりまで、活動に参加できる

支　援　策
① 決められた枠組みの中で活動に参加できるために ・B男担当のスタッフを一人決める ・1日の活動の流れを箇条書きにし、文字とイラストで視覚化する ・活動の枠組みを明確化し、文字とイラストで視覚化する（作業の手順に番号をふり箇条書きする、ルールを箇条書きする、発表の順番を紙に書くなど） ・場所の枠組みを明確化する。入ってはいけない場所には貼り紙をする ・活動が早く終わったら恐竜で遊んでよいことにする（時間と場所を決める） ・砂時計もしくはタイマーを活用する（恐竜で遊ぶ時間の枠決めなど） ・家庭でも、お母さんからB男にSSTの目的（友だちと楽しく仲良く遊ぶ）を説明してもらい、「活動が終わったら遊んでもよい」という約束を確認してもらう ② グループの仲間と一緒に平行遊びができるために ・集団の中で一人遊びができる環境の設定（同じ教材を一人分用意しておく） ・自分の世界が侵害されない「安心空間」を作る（部屋の隅に恐竜で遊ぶ場所を決めて作る） ・共同作業に必要なコミュニケーションスキルを使う機会を増やす（「貸して」「ありがとう」「見せて」などのコミュニケーションが必要なプログラムを行う。質問する、質問に答えるといった要素があるプログラムを行う） ③ 協力活動や仲間に興味を持てる ・事前（1週間前）に自宅に活動予定をイラストや写真つきで送る（見通しを立てる） ・完成の見本を見せる（見通しを立てる） ・言葉に動作や絵をつけて、わかりやすく説明する（スタッフが実際にやりながら見本を見せる、イラストや実物を見せながら説明する） ・B男が好きな恐竜を、教材の中で使用する ・集団の中での役割を明確にする、役割を与える ・仲間との「つなぎ」をスタッフが行う（「○○ちゃんは、こういうことが言いたいらしいよ」） ・人を意識させる言葉かけをする（「おもしろそう」「○○君が見てほしいみたいだよ」「○○ちゃんが次にやるよ、どうなるかな？」など）

ステップ４：スタッフの介入方法の改善

●ワーク● 4-4
介入方法の改善点
　初期のスタッフの介入がなかなかうまくいっていません。もう一度事例を読み、スタッフの対応や介入の問題点を思いつくだけ挙げてみましょう。

〈解説〉
　以下は、Ｂ男担当のスタッフが１回目のプログラム終了時にスーパーヴィジョンを受けた内容です。
① 予備面接でのＢ男への対応
　初回に恐竜のおもちゃで遊び、それが許されたことで、"好きに遊んでもよい場所"と認識されても仕方がありません。Ｂ男が恐竜で遊びだしたときに、何分やっていいのか、何が終わったら遊んでよいのかなど枠組みをはっきりさせたほうがよかったでしょう。家庭でもSSTの目的について話しておいてもらうとよかったです。
② 予備面接の情報が第１回目の介入に十分活かされていない
　「指示が通りにくい」という情報はシェアされましたが、どうしたら指示が入りやすいか。そのような状態になったらどうするか、といったＢ男への対応方法が十分に検討されないまま１回目が始まってしまいました。
③ 第１回目のスタッフの介入
　Ｂ男が大きな声を出すと、「それじゃ……」とＢ男に合わせています。声を出す場面を分析し、混乱してパニックになって出るのか、欲求を通したいときに出るのかを冷静に見ま

す。Ｂ男の場合、自分のやりたいようにできなくなると大きな声が出ていることがわかるので、後者のようです。この場合は、周囲が大声に振り回されてしまうと大声を出す行為を強化してしまう可能性があります。また、早く活動が終わってしまったときにどうするかも、先にＢ男に示しておくとよかったでしょう。

4) Ｂ男の変化

●ワーク● 4-5
Ｂ男の変化
　Ｂ男は５回の活動を通じてグループに関わるようになっています。スタッフのどのような介入が、Ｂ男のどのような要素（愛着、道徳性、ソーシャルスキル）に影響したかを考えてみましょう。

〈解説〉
　２回目以降、予定表を使って見通しを立てたことや、Ｂ男用の教材が用意されたことで、安心して枠の中で活動できるようになりました（道徳性）。また、場や活動が構造化されたことで、安心感を得、情緒的な余裕が生まれて、他の子の作成した物への興味が芽生えています（愛着）。外に行きたがらないときに、無理やり連れて行くよう説得するのではなく、理由を聞いたことで、Ｂ男自身がなぜ自分はやりたくないのかを自己理解することができ、それを自己表現するスキルを使うことができました（ソーシャルスキル）。後半では、場を構造化することだけでなく、Ｂ男の自尊心に働きかけた介入を行ったことで、

● 第 2 部　事　例　編　● ● ●

表 4-7　グループの変化、B 男の変化、B 男へのスタッフの介入の変化

	グループ1の変化	グループ2の変化	B男の変化	B男へのスタッフの介入
1回	大人に向かって一方的に話をする。子ども同士の会話がかみ合わない	一人遊び。部屋に入るときや、全体グループでは、不安を示す。自分からは話をしない、隠れる	一人遊び 不快な場面は、保護者にすがりつく、大きな声を出す	言葉の指示が多い。後からルールを追加する。B男が大きな声を出すと、とまどい、B男の欲求に譲歩する
2回	自分の意見が通らないと、寝転ぶ。子ども同士意見を言えるようになるが、話しだすと止まらないことが多い	自分用の教材があれば、その場にいることはできる。平行遊びが始まる。大人のスタッフに自分から話をする	枠組みの理解・母子分離を開始 仲間の近くで平行遊びの開始 できる活動へ参加 他の子が作成したものをのぞき込む	事前に家庭に予定表を送る。予定表を見せながら、次の行動の見通しを立てる。グループの他の子と同じ教材をB男用に余分に用意
3回	一人の子が話し合いを仕切る場面があった。自分の言いたいことを相手に伝えることはできる。話し合いが始まる	ルールと枠組みを理解して、活動に参加しはじめる。小グループでは、他者の発言に興味を持つ。「ぼくも同じ！」などの共感の言葉も。協同遊びの始まり	一人遊びとグループ遊びの切り替えができる 不安な活動は、やらない理由を言えた 大きな声を出す場面がほとんどなくなる	活動の手順、発表の順番などを箇条書きにし、視覚的にわかりやすく提示して、構造化。外に行きたがらないときに、理由を聞くようにする
4回	話を聞く、順番を守るなどの話し合いのルールが守れるようになる。相手に同意を得ることができるようになる	子ども同士の会話がみられる。「貸して」「見せて」「ありがとう」などの基本的なコミュニケーションが定着しはじめる。グループ1の地図にも興味を示し、みんなで見に行く	全体グループでみんなの前で発表 休み時間に、グループの仲間と恐竜で平行遊び。片づけの時間が守れるようになる	子ども同士をつなぐ介入。「〜します」など、場を構造化するための言葉だけでなく、「B男君は片づけ得意だもんね」など、B男を信頼し、B男の自尊感情を高める言葉かけ
5回	互いの話を聞きながら問題解決しようとする。意見が通らなくても最後まで参加できた。グループ2の低学年の子の面倒をみる子が出てくる	グループへの愛着が出てくる。小グループでは課題達成時に、全員で「やったー！」と飛び跳ねて喜ぶ場面も	最初からグループに参加できるようになった グループ1の活動にも興味を持ち、のぞきに行き、話しかける場面も	「○○君、がんばって発表しているね」「聞いてほしいみたいだよ」など、他の子を意識させるような言葉かけが増える

B男が自発的に行動する様子がみられるようになりました（道徳性）。安心して枠の中で活動できるようになってきたことで、仲間と一緒にやってみて「楽しかった」「おもしろかった」という体験が積み重ねられ、グループへの愛着が出てきました。子ども同士をつ

表 4-8 親グループの変化

	親グループ全体の変化	B男の母親の変化
1回	不安と緊張で堅い表情。きょうだいと比べて育てにくい、みんなができることがなぜできないのか、と、できないことで苦労している話が多い。親子感覚統合活動の感想は、できないところに目が行く	B男の知的能力をどう伸ばすかに興味 B男が不安、パニックになると混乱 環境調整に労力を使っている
2回	通常学級でやっていけないと言われるのではないか、学校にもっと理解してほしいと環境調整に関心がある。子どもは些細なことでキレるので、対応に困っている親が多い（親にとっては些細なことでも、子どもには重要な意味があることを学ぶ）	ほっとしたい気持ちがある 何とかしたい一方でこの子には絶対に無理という思い込みがあった
3回	グループメンバーの発言に関心を向けて、共通の課題、個々の課題を意識するようになる。子どもの行動の背景を勉強することで、ペアレント・トレーニングの動機づけが高まる。グループへの愛着が出てきて、支え合いの雰囲気が高まる	できている子どもに驚き、知的能力より、社会性を伸ばしたい気持ちが出る
4回	子どもに変化が出てきたことと、親グループの凝集性が高まることで笑顔が多くなる。ロールプレイやワークを体験することで親自身の気持ちに気づき、子どもの気持ちの理解につながる。退行させるのでなく成長させることを意識する	子どものパニックがおさまるまで親が待つことができる 子どもを待たせることができる
5回	子どもの成長に喜ぶ。子育てに関しての思い込みから、自分の感覚で判断する方向にいく。肩の力が抜けて、子どもを受容し、生活の中で、子どもとの作業を楽しむ話が増える。子どもにとって適切な就学先の情報を交換し、地域資源に関心を持つ	家庭でB男と一緒に金魚を育てはじめる 子どもにとって、適切な就学先を探す気持ちが出る

なぐ言葉かけや、他者を意識させる言葉かけを増やしたことで、他者を意識して一緒に楽しめるようになりました（愛着）。

5) 親グループの変化

次に、親グループの変化をまとめます。親グループは、ニーズアセスメントから始め、子ども理解、自分の対応の理解、適切な対応をするために自分の考え方やどうリラックスすればよいかの理解へと進みます。初回は、孤立した状態でどこまでわが子の障害を開示したらよいか戸惑う保護者が多いのでゆっくりとニーズを拾っていきます。何人かが同じ悩みを持っていますので、安心感が広がります。一方で、ニーズが違う保護者は引きこもる場合もあります。2回目にそんな保護者の気持ちに互いが気づくためのワークが入ります。悩みの具体的な形は違っても子どもを思う気持ちやどうしてよいかわからない憤りは同じなのだと感じるための大切なセッションです。子どもの変化は一度生じはじめると一気に加速するため、保護者は子どもの変化を

目の当たりにしながらうれしさをかみしめると同時に、運命共同体として一緒に学ぶ動機づけが加速していくようです。

> ●ワーク● 4-6
> B男の母親の変化
> 　B男の母親の変化は、どのようにして生じたのかを次の2方向からまとめてみましょう。
> ①　親グループの学習課題との関係
> ②　B男の変化との関係

〈解説〉
①　多くの保護者同様、当初はB男のできない面に目が行きがちでしたが、B男の行動（寝転がる、大きな声を出すなど）の背景になっている可能性のある要因がわかったことで、母親自身が安心し、できることをやろうという気持ちになっていることがわかります。例えば、B男が「アー、アーッ」と言うと不本意ながら言いなりになってしまう自分の一貫性のない関わりにより、B男が欲求をかなえるために学習してしまったことに気づきました。ペアレント・トレーニングの宿題で、日常生活のやりとりを記録することで、親の対応と子どもの反応に目が行き、子どもの話を聴く、自分のメッセージを伝えるなど、コミュニケーション能力が高まっていきました。困っていることを話題にし、他の保護者の体験や工夫を参考にして、自分なりの対処を考えようとしていました。気持ちが楽になったと何度も語られました。

②　B男が変わってきたことで、母親にも変化が見られ、SSTに対して前向きになってきています。2回目にB男がルールを守って活動できている様子を見て、安心されたことも大きいでしょう。また、目の前でB男が他の子どもたちと一緒に活動したり、遊べるようになっていく様子を見て、社会性を育てることの可能性や重要性にも気づかれたようです。SSTの場でB男がルールを守れることに驚き、家でもルールの徹底、限界設定ができるようになりました。また、最初はB男がSSTに来たがらなかったのが、3回目くらいから楽しみになってきて、保護者自身も手ごたえを感じていると感想を述べてくれました。心理社会面での成長と学習面での成長が相互に影響し合っていることに気づいて、子どもの達成可能な課題に取り組む意欲が出てきました。

6）まとめ

B男の母親は子ども理解と自己理解が進むことで、だんだんと学校と家庭の役割分担ができるようになってきました。B男は、さまざまな特徴を持つ混合メンバーの効果によって、自分とは異なる他者や外界への興味が急激に広がり始めました。スタッフはスーパーヴィジョンを受け、自分の介入を改めることで、B男が変化する様子を目の当たりにしました。子どもの成長はスタッフの励みにもなり、インストラクターとしてのスキルと自信を少しずつ身につけていきました。

中学校事例

　中学校では、小学校に比べ発達障害についての理解や特別支援教育が進みにくいようです。複数の教科担当、部活動の顧問など多くの教師が同一の生徒と関わるという環境は、責任の所在があいまいになって初期発見が遅れる危険性がある一方で、教員の連携がうまくとれている学校では多角的な生徒理解が可能になりチーム支援がやりやすくなります。
　ここでは、今までは目立たなかった男子生徒が小さな問題行動を繰り返し起こしていくことへの疑問から、担任が発達障害への対応を迫られた事例を取り上げます。大きな問題に発展しないだけに学校のシステム全体を動かしにくいのですが、同時に似たような生徒が各学級にたくさんいるということに職員が気づき、全体のシステム構築へと動きはじめるようになりました。事例検討、巡回相談の依頼、校内研修会の実施、個別対応プログラムの立案、実施に至るまでのプロセスを考えていきます。

**特別支援員が巡回相談員らと協力して
校内の支援チームを構築した事例**

1. 問題発覚と初期対応の誤り

　6月のある日、帰りの学活でJ男のカバンはあるのにいつまでたっても本人が現れないことがありました。担任が生徒にJ男の所在を聞いても誰も知りません。実は、6時間目の学級会で運動会のチームリーダー決めに立候補したJ男を誰も支持しなかったため、教

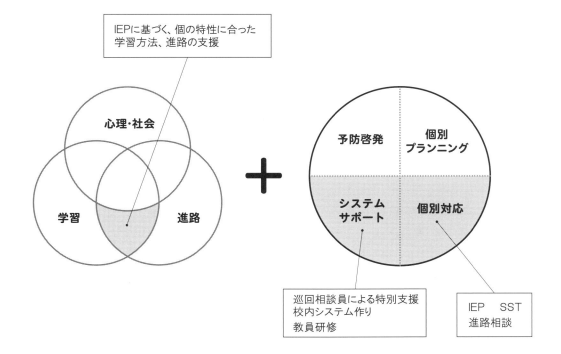

●第2部 事例編

室を飛び出していたのでした。自分の思い通りにならないとJ男が教室からいなくなることはしょっちゅうで、ほとぼりが冷めると自分から戻ってきていたため、担任は探さなかったのです。ところが、この日は下駄箱に靴はなく、家に電話をすると、泣きながら帰ってきて自室にこもっていると言います。

> ●ワーク● 4-7
> 初期対応
> 　J男が教室を飛び出した段階で、担任は誰に何をする必要があるでしょうか。
> ・J男に対して
> ・学級に対して
> ・管理職に対して
> ☆ここでは、生徒の安全管理義務の視点で考えてください。

2. 対応の流れ
【情報収集】

　家庭訪問すると、母親はけろっとしていました。担任は、学級の生徒もJ男に悪いことをしたと思っていると伝え、自分もJ男がこんなに思いつめていたことに気づかずに申し訳ないと詫びました。また、J男の状況を知るために過去にも似たようなことがあったのか、そのときはどうやって回復していたのかを尋ねてみました。母親は、家や小学校でも自分の思い通りにいかないとどこかにこもって、ほとぼりが冷めると自分から出てくるので、心配しないでくださいと言います。小学校での様子や家庭での様子を聞くと「まじめないい子」「やさしい」「積極的だし友だち思いなのに、わかってもらえないことがあり、悪者にされてきた」「理解するのに時間がかかることもあるが、人並みにはこなす力がある」とのこと。担任が、このところ頻繁にJ男がいなくなることが重なってきているため、学校のSCに相談してみてはどうかと尋ねると、必要ないとのことでした。

　本人は先生に会いたくないと言うので、担任はJ男のカバンを置いて帰りました。

> ●ワーク● 4-8
> 担任の責任
> 　担任が家庭訪問をする際に何をする必要がありますか。
> 〈ヒント〉
> 　説明義務（何が起きたのかの説明）
> 　予防（今後同じことが起きないようにするための具体的対策）

　翌日は、予想通りけろっと出てきて、リーダーは自分ができるものだとゴリ押しを始めました。中1までは周りが譲歩していたのですが、2年生の現学級は認めませんでした。J男に対するこれまでの不満が一斉に噴き出す形になり、「図にのるな」「空気を読め」「お前には無理だ」「ごねりゃ何でも通ると思うな」と手厳しい批判がぶつけられてしまいました。J男はまた飛び出しました。担任は、このときは追いかけて探しているうちに、雷と雨の音におびえて大声で泣き叫んでいるJ男を見つけたのです。

> ●ワーク● 4-9
> 問題の再発の背景
> 　翌日、学級で問題が再発生してしまっ

218

た背景を見立ててください。
[J男の問題]
・自分の行動と担任が家に来たこと、母親に伝えた内容をどのように受け止めたと思いますか
[担任の問題]
・J男への対応の方法
・学級への対応の方法
・母親への対応の方法

　J男の様子から発達障害が疑われ、特別支援教育コーディネーターが対応に当たることになりました。J男の様子を把握するために情報収集が始まりました。

1）学校状況
　この学校は、学歴が高く、経済状況も安定した家庭が多い地域で、高校の進学実績もよく、落ち着いた雰囲気の学校です。規範を大事にし、授業に熱心に取り組む教員が多く、問題行動もあまりありません。したがって、生徒指導部の危機感は低く、SCも希望のある保護者との面談を行っていました。特別支援教育コーディネーターも指名され、校内委員会も設置されていましたが、ほとんど機能していませんでした。巡回相談員が月に1回、派遣されていましたが、管理職と話し合うほか、教職員との接点はありませんでした。

2）旧担任からの聞き取り
　J男の成績は、ばらつきがあり、社会と国語は4、他は3がほとんどで体育と技術が2です。出席状況もよいのでこれまで学年会で問題になったことはありません。時々ひょうきんな顔をのぞかせますが、人と笑いのツボがずれるので、本人だけがおもしろがってハイテンションになり、周囲はかえってしらけるような時もあります。ただ、体育祭の応援など学級で取り組むことには積極的で、周囲はほどほどの関わりを決め込んでいることが多かったようです。とくに親しい友人はなく、部活動は陸上部、練習も地道に取り組みます。走るスピードは速くはなく、大会には控え選手として応援のみです。

3）現担任からの聞き取り
　2年に進級してから、表情がこわばることが出はじめました。1年次の学級は、互いに個性を認め合い、「J男ってああいうやつ」とおおらかに見る学級でした。しかし、2年次の学級では、数人の生徒が「いい子ぶっている」「キモいやつ」などとラベリングし、みんながそれに同調する雰囲気がありました。J男は、そういう学級の雰囲気の変化に気づかず、マイペースかと思うと、恩着せがましく世話をやこうとしたり、悪ぶってルールを崩す同級生がいると、真顔で注意したりしました。こうなると、学級のムードメーカーたちのターゲットになります。「あいつ、ウザいよな」「なんであんなに頭かたい？」「空気、読んでくれなきゃ困るよな」「いい子ぶって」と難癖をつけられるようになっていきました。本人は、「空気が読めない」と揶揄されていることも知っていますし、できたら友だちがほしいとも思っています。が、「親切なことはいいこと」と信じて疑わず、「正しいことを言っている」と気に留めません。周囲とのギャップが大きくなるのを気にした担任は、

●第2部　事例編

J男に「成績はいいんだから、空気を読むよう努力したらいいじゃないか」と諭すだけでした。

そんななかで今回の事件が起きました。

1. J男の見立て
【学習】
　学力にばらつきがあります。学習のしづらさや、学び方の違いによる達成度の差を見ます。聞く、話す、読む、書く、計算する、推論する力ごとに、得意不得意がどの程度あるかを見ます。
【行動】
　対人関係でのすれちがいが課題です。人への関心や、感情面の発達、こだわりの有無や対人関係スキルなどを見ます。

2. 学校システムの問題
【支援システムが機能する3要素】
1）支援を受ける対象者の共通理解
　→どういう生徒を支援する必要があるか教職員が理解できていないようです。
2）具体的支援策の存在
　→小さいトラブルはあったようですが、言葉での説諭のみで、具体的な支援方法が作成されていません。
3）情報・サービスの利用のしやすさ
　→専門家が巡回しているのに、生徒や担任の先生が活用できていません。保護者にも広報がなされていないようです。

●ワーク● 4-10
特別支援教育のシステム始動
　この段階からJ男を特別支援教育のシステムに乗せ、支援を開始するために、特別支援教育コーディネーターは、誰とどのような協力をしていけばよいでしょうか。

◆システムを始動させるためのヒント◆
1）キーパーソンを決める（担任）
2）支援に必要な情報を集める
　情報を集める段階で、協力体制を作りはじめる（保護者、他教員など）
3）既存の人的、物理的資源で活用できることをリストアップする
4）少人数で計画を立てる
　担任、特別支援教育支援員、養護教諭など
5）管理職に具体的な提案をする
6）システムを用いた成功事例を作っていく

【特別支援教育の専門相談員をまじえてのチーム会議】
　この学区には、特別支援教育の巡回相談システムがあります。特別支援教育コーディネーターが、J男をこの巡回相談に乗せ、専門家による行動観察を依頼した後、担任、学年に関係する教員、SC、管理職の参加を促して巡回相談の結果報告を受けることにしました。
　専門相談員の見立ては、J男には学習障害がありそうだということでした。学年の教員らは、衝動性や多動性の高いADHDやこだわり行動が強いアスペルガー症候群については、テレビや雑誌などである程度の知識がありましたが、学習障害がどのようなものなのかよくわかっていませんでした。そこで、専門相談員が行動観察の結果を1つひとつ挙げ

4 特別支援教育

表 4-9 J男の見立て

領域	実　態	これまでの対応
学習面	国語：国語力はあるとされている（実態は、文面通りの理解と記憶はいいが状況判断力、推測力、分析力が不足している） 　　　漢字の記憶はよい。不器用が書字の困難につながっている 数学：計算は得意。文章題や図形は苦手 美術：三次元（立体）のデッサンが不得意 技術：どちらかというと不器用	なし
行動面	体を揺する。時折、興奮する。ストレスをためこむと、教室からいなくなる、学校を抜け出す。ものに当たって壊す	言葉での説諭
対　人 関係面	部活動：まじめに練習している。先輩に対して敬語を使わないので、生意気と思われている 性格：空気を読むのが苦手。一方的に意見を押しつける 　　　理解してもらえないと、被害的な気持ちになりその場から逃げ出す	言葉での説諭
その他	聴覚過敏がある。これまでは、けろっとしていたが、周囲の目を気にしはじめている	なし

ていき、それと同様のことが日常にもないかを教員に尋ねていきました。このプロセスの中で、J男の学力の高さに隠れ、気に留められないできたいくつかの特性が明らかになりました。貧乏揺すりや唐突な物言いにみられる衝動性、書字の難しさや道具の使用の要領の悪さにみられる不器用さ、非言語コミュニケーションの弱さや、人の気持ちを推察することの苦手さも話題に上りました。

すると、ある教員が「彼は人なつこい。家族も多いし、人づきあいが乏しかったわけではない。どうして、相手の気持ちがわからないままなのか」と率直に疑問を語りはじめました。そう感じる教員は少なくありません。良好な環境のもとで、適度な経験を積んでいれば、年齢相応に発達するはずだと思うので

す。そう思う気持ちが強いほど、それを妨げているのは、たるんでいるからであり、厳しく繰り返し指導していくしかないと思い込んでしまいがちです。大事なポイントだと思った専門相談員は、熱意ある教員の指導への姿勢を肯定しつつ、J男も含めて、子どもたちのなかには生まれつきの「育ちにくさ」「発達の偏り」から不適応が生じてくることがあることを説明しました。教員は杓子定規にルールを適用し、友人にしつこく注意し続ける、相手によって敬語や友だち言葉を使い分けられないなど専門相談員が挙げる例を聞いて、J男について不思議に思っていたことが、次々解き明かされていったようです。部活動の顧問も、彼は敬語を使える学力があるはずがタメ語で話すのは先輩をばかにしてのこと

221

だと思い、「先輩を立てろ」と厳しく指導していたようです。専門相談員から示された具体的な支援例は、どれも実行可能なものでした。誰が何をやるかも決めてチーム会議を終えました。

【ケース対応からシステム再編へ：緊急対応から予防・開発的対応へ】

コーディネーターは、チーム会議で決まった支援の具体的内容を書式にまとめ、職員打ち合わせで伝えました。J男の対応策をまとめることは、支援を必要としている他の生徒に目を向けるきっかけにもなりえます。支援の方向性が見えはじめ、職員がやる気を見せたときがシステムを構築していくチャンスです。そこで、予防的対応を増やすために、研修会を実施しました。研修会では、学びにくさの疑似体験、非言語コミュニケーションの力を高める方法や怒りのコントロール等を体験的に学びました。教職員は、今まで気づかなかった生徒の言動の背景にあるものを理解するようになり、支援を工夫しはじめました。

〈学習面の支援の具体例〉

1. 文脈を読んだり、因果関係を想像する力が弱い場合の対応
1) 状況が描かれた絵や写真カードで、登場人物の気持ちや前後のいきさつを想像する。
2) 起承転結の一部分が抜けた物語を想像して完成させる。
3) 授業中も書かれていないことを読み取る活動を設定し、協同的な学習形態で、級友と意見交換をする。

2. 書字が困難な場合の対応
1) 漢字の形態は覚えているので、書き方で失点することを避けるべく、要注意箇所はセルフトークしながら書く。

〈行動面の支援の具体例〉

【よかれと思うと一途になり興奮しやすい場合】

周囲を見渡すよう、さりげなく伝えるサインを決める。

〈対人関係面の支援の具体例〉

1. 先輩にタメ語を使うことへの対応
1) 「体育会系の挨拶はこういうもの」と枠組みを作り、帽子をとって頭をここまで下げるというモデルを示す。
2. 被害的になり飛び出すことへの対応
1) SC等の支援者に気持ちを表現する。視覚的な手立てを使い、言語化しにくい感情表現の手がかりにする。
2) 学級でストレスマネジメント教育を行い、モデルを掲示し、むっとしたら、それを見るように促す。

まとめ

1) アセスメントをもとにIEP（個別教育プログラム）を立案し、実践する

まず、発達障害の特性を理解することで問題行動のもとになっている機能の発達の偏りを理解するようにしてください。生徒の問題行動が目立つ場合には、対症療法的な生徒指導が導入されがちですが、なかなか効果が上がりません。かえって、先生や学級との関係が悪化して二次障害を引き起こし問題が悪化している場合があります。人的な配置はしてあっても、アセスメントに基づくIEPがな

い場合、まず事例検討をして学年のチームとして指導計画を立てることから始めます。この例のように、1つの事例への理解が深まると他の生徒への理解も深まります。その際、専門家による行動観察（本人が書いた字、絵、学級での発言、休み時間の交流など）や心理・教育的なアセスメント（知能検査、視知覚、感覚統合などの検査）結果が参考になります。アセスメントをもとに、学習に関して学級内で行う「個に応じた指導」への配慮を行います。言語的な手立て、視覚的な手立て、感覚や経験の活用などの支援を使い分けます。

教科担当者ともIEPを共有します。そして、校内レベルで、放課後学習教室、オープン教室、定期試験前対策教室などを機能させると、より的確な学習支援につなげていけます。

さらに、本人の状態像によって、言語障害通級による指導や知的障害特別支援学級の利用も視野に入れていきます。

> ●ワーク● 4-11
> J男への個別対応は表4-10のようにできました。J男はしだいに自己理解を深め、問題行動は減ってきています。
> 一方この事例では、学級への対応が手つかずです。J男の学習障害を学級の生徒が理解するためには、学級においてどのような活動が必要かを考えてください。

2）同級生の理解を促すことで、いじめや問題行動を予防する

中学生の心理的発達課題の1つに同性集団、

表4-10　J男のIEP（個別教育プログラム）の一部

領域	実　態	短期目標の例
学習面	書字の困難 相手がわかりやすいように文章を組み立てることができる 言語化されたものの理解は高いが、言外の意を理解しにくい	パソコンを使い、原稿用紙3枚程度の感想文が書ける 言いたいことを最初に書き、理由を違う視点で2つ書くことができる ヒントを手がかりに、書かれていない内容を想像することができる
行動面	やや衝動的 積極的に人に貢献しようとする	ストレスマネジメントができる（深呼吸、目をつぶる、セルフトーク：1回自問自答してから行動する） 自分の役割の範囲を明確に理解する 「やり過ぎかな？」と同級生に聞くことができる
対人関係面	非言語コミュニケーションが弱い 空気が読めない とくに表情が読めない	教師との会話に敬語を使うことができる 他者の気持ちを選択肢から選ぶことができる 他者に気持ちを尋ねることができる
その他	聴覚過敏 周囲の目線を気に留めはじめた	ざわついたらヘッドホーンを使用し自己調整することができる

同世代集団に所属することがあります。発達障害のある生徒は、異質な反応をするためいじめの対象になりがちです。本人に自己の特性理解を促すと同時に、学級内でのノーマライゼーションを深め、本人がどういう刺激に弱いのか、パニックになっているときには具体的にどうしたらよいかについて伝えておく必要があります。ソーシャルスキルの不足している生徒が増えているため、学級全体でSSTを行い自分らしさに自信をもつ教育が大切になります。

> ● ワーク ● 4-12
> 保護者の理解を促進する
> 　学校では、J男の理解が促進されましたが、保護者はまだ障害受容ができていません。保護者の理解を促進するために、どのような配慮が必要か、以下の3項目について考えてください。
> 1. 学校での生徒の実態を保護者に伝える場合
> 2. 本人に合った進路先を選ぶ場合
> 3. 進学先に生徒の支援について伝える必要を保護者に理解してもらう場合

3）適切な進路を選択できるための支援

特性に合った支援が受けられる進学先を選ぶことは、その後の社会的自立の成否を左右するほど大事な作業です。

現在では、公立・私立を含め、多様な高校が選べます。学力水準で入れる高校を選ぶのではなく、在学中に受けられる支援の手厚さを判断材料にしていきたいものです。この事例のように、通常の進路相談の中で高校を選び、受験にも成功できそうな場合は、進学先での支援を継続するための情報連携がポイントになります。

中学校まで通常の学級に在籍していた生徒のなかで、特別支援学校の高等部を選ぶ発達障害の生徒も増えてきています。それは、作業学習を中心とした就労に向けたカリキュラムと、少人数できめ細かい指導が可能なことが大きな理由です。その他にいじめやからかいから解放されたいという理由で選び、進学後、生徒会や部活動で自己評価を高めている例もあります。

子どもが中学まで通常の学級に在籍していると、保護者は特別支援学校についての情報が少なく、心理的抵抗もあるかもしれません。しかし、特別支援学校の高等部に入学する際には知的障害の判定が受験条件になる場合もあるなど、3年生の1学期から準備が必要になることがあります。進路の選択肢に特別支援学校を入れたほうがよい場合は、本人と保護者が安心して現実的な選択ができるように中学校が特別支援学校について具体的な情報を把握して、早めに伝えていくことも大事な取り組みになるでしょう。

4）システムレベルでの対応
① 校内システムの構築

校内の多様な事例を早期から支援し、各事例の支援を展開させていくうえで、システムの構築は重要です。まず、コーディネーターと校内委員会を機能させることが急務です。そのうえでSCも参加します。そして、保護者への啓発、教職員の研修、実態把握、予防的段階から事例検討、支援計画の作成と評価

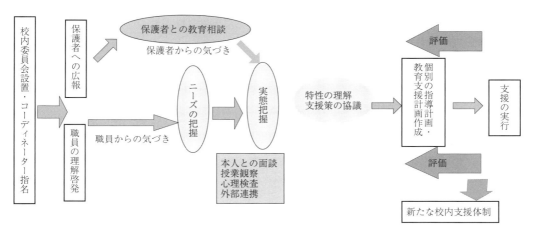

図 4-2　校内委員会の活動基本モデル

を稼働させます（図 4-2）。

　この際、事例によっては、校内外の援助資源とつなげる必要が出てきます。そのために、校内外の援助資源を洗い出しておきます。

　物質的支援には、教材をはじめ、ついたてやヘッドホン、空き教室などが挙げられます。

　人材資源はたとえば、担任以外に、教師の空き時間を活用する学校もありますが、特別支援教育の支援員や放課後学習支援のボランティアがいれば、大きな力となります。

　全く支援者がいない場合でも、教職員の連携で支援できる範囲は広がります。

　図書館司書や学校主事（技能職）の方々が、教員とは違う対応をしていることが本人の学校生活にプラスになっていることがあります。これらを個別の指導計画に入れ込んで、全人的な発達が支援できるように設計します。また、オープン教室などの実践を継続し成果を上げている学校もあり（栗山他、2006）、校内の援助資源を活用する意義は大きいのです（図 4-3）。

　このような実践が成果を生み、支援員やボランティアも得られると、さらに支援の幅が広がります。ただし、中学生は学級内で個別に支援されることに抵抗を感じるケースもあり、どのような場面で支援スタッフが支援にあたるのかは配慮が必要です。少人数指導やティームティーチングでの支援、別室登校の生徒とともに別室での指導を行っている学校もあります。

　これらも、個別の指導計画で目標と手立てを明示し、定期的に評価していくことが大切です。

　支援の専門家が加わった場合は、できる

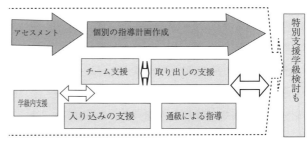

図 4-3　支援の発展

第2部 事例編

表4-11 人的リソースに応じた支援

人的リソース	支援形態
校内の教職員のみ	□チーム支援　□放課後学習支援　□オープン教室*
支援スタッフがいる	□入り込み指導　□取り出し指導
支援の専門家がつく	□取り出し指導　□学習相談　□アセスメント　□SST ○見立てと支援への助言
校外のリソースにつなげる	□通級による指導　□他機関の利用 ○個別の指導計画作成支援
	□特別支援学級や特別支援学校への転学

□＝本人への直接支援　○＝教職員への支援（本人への間接支援）
＊授業時間以外で、個々のニーズに合わせた個別指導を行う教室。曜日・時間を固定し、希望者が来室できるようにしている学校もある。

だけ教職員集団にプラスになるように活用しましょう。専門相談員が来てもコーディネーターや担任だけが話を聞いて終わりにしている学校も少なくありません。学年会や校内委員会自体をチーム支援の当事者として機能させていく必要があります。

② 地域のシステムを利用する

地域に目を移せば、最寄りの特別支援学校がセンター的機能として行う巡回相談、発達障害支援センターのスタッフやスクールソーシャルワーカー、SCなど、地域の援助資源は充実してきています。

通級による指導について、管理職をはじめコーディネーターも十分に理解できていない地域があります。学籍はそのままで、週8時間までの専門的な指導を受けられる教室です。状態像に応じて、言語障害や情緒障害の通級による指導が該当するかどうかを検討します。

地区によって通級審査のシステムは異なりますが、学籍を移さず、特性に応じた個別指導や小集団指導が受けられるよさがあります。授業を抜けて通級に通うことで学力の遅れを心配する場合もありますが、自分に合った学習を保障されること、自尊感情の回復で在籍級での学習意欲も高まることなど成果が大きく、通級による指導への期待は今後も高まっていくでしょう。

地域には、通級による指導、病院だけでなく、学習支援やSSTを行うNPOなど民間の相談機関も増えています。通常の塾やスポーツクラブなどが、本人の成長につながる支援の役割を担っている場合もあります。いずれにせよ、支援ニーズに見合った援助資源とつなげていきます。

かつては、特殊教育の対象かどうかで、場を変える教育システムでしたが、現在は、教育的ニーズに応じた支援を柔軟に行う時代です。本来は、アセスメントによって、ニーズが定まり、それに応じて援助資源につなげるべきですが、これが十分ではない現状があります。

保護者との相談を重ね、集団の中で学力や社会性が伸びるのかどうか、実態をとらえた相談活動が大切です。表4-11は、援助資源に合わせた支援形態の例です。

5 虐 待

事例を通して、校内体制づくり、関係機関や地域の人材との連携について学びます。

虐待のパターン	見立てのポイント	個別対応	組織的対応
身体的虐待	**担任** 怪我、あざの有無 おびえ、感情の起伏 友人関係でのトラブル 暴力の出現など 作文や話の中での両親をかばう様子 **養護教諭** 保健室の使用状態 **SC** 絵画、作品等からの見立て	**担任・養護教諭** 早期の個別面談 本人の権利の確認 暴力を防ぐ方法 具体的に逃げ込む場所、相談方法 欠席が続く場合は即座に安否確認 **SC** 個別のアンガーマネジメント、カウンセリング	**支援チーム** **担任** 安全確保と情報収集、保護者と面談 管理職への報告 一時保護より戻る場合の受け入れ態勢を作る **管理職** 担任とともに保護者対応 児童相談所へ通告、連絡 教育委員会へ報告 支援チームを組織し、方向づける 暴力、ネグレクトの場合は全職員で見守りの体制を作る **養護教諭** 健康管理 安心できる場所としての保健室運営 **SC** 家族システム、本人の心の状態を見立て、教員へ助言 専門機関へつなぐための児童生徒、保護者のカウンセリング 保護者の育児相談 **特別支援教育コーディネーター・生徒指導主任** 問題行動、発達障害がある場合は支援チームに入り、各々の立場から協力 **地域機関** 児童相談所、子ども家庭支援センター、民生委員、主任児童委員、福祉事務所、警察
ネグレクト	**担任** 服装、衛生面、疲労度 給食の食べ方 授業中の態度、出席状況 **養護教諭** 健康診断時の記録 怪我の手当て 保健室の利用状態	**担任・養護教諭** 食事、睡眠、入浴等の状態を把握 健診以外にも随時身長、体重の計測 食育指導 居残り学習、家庭訪問 **SC** 個別SST、カウンセリング	
心理的虐待	**担任** 表情、おびえ、感情の平坦化、衝動性など **養護教諭** 甘え、心理的な距離の異常（近すぎる、極端） **SC** 愛着の異常性 対人関係の不安定さ 摂食障害、リストカット等	**担任・養護教諭・SC** 校内に安心できる居場所を作る アサーション権を教える 枠づけしたうえでの個別の面談 ストレスマネジメント、アンガーマネジメント	
性的虐待	**担任・養護教諭** 年齢にそぐわぬ性知識、性的言動（とくに小学校低学年） 体育への参加程度 異性が近づくことへの過敏な反応 **SC** 情緒の不安定さ 摂食障害、リストカット、解離等	**担任・養護教諭・SC** 安全確保 具体的に逃げ込める場所、相談先 性感染症、妊娠等の相談 児童生徒が話しやすい状況を作る 個人情報の扱いに格段の配慮と慎重さが必要	

小学校事例

5人に1人の教師が虐待問題に関わった経験があると報告されています（文部科学省、2006）。学校関係者は、「自分の学校や学級にも被虐待児のいる可能性がある」という認識が必要です。「疑ったら通告」。これこそが、虐待の悲劇から子どもたちを守るための鉄則です。ところがその一方で、通告された事例の8〜9割は在宅ケアとなるのが実情です。虐待についてのアセスメントが難しい、保護者が努力しようとしているため経過観察になる、児童養護施設も定員ぎりぎりの状況で専門的対応を必要とする子どもへの対応が十分にできない、などが要因です。しかし、虐待を受けた子どもたちは学校内でも対人関係で問題を起こしやすく、保護者も孤立しています。したがって、学校はただ単に虐待を発見すればよいのではなく、児童およびその家族を適切に支援していく役割を求められていることになります。

ここでは、包括的スクールカウンセリングを生かして在宅の親子の見守りシステム作りを行った模擬事例を紹介します。

愛着形成のゆがみの発見から学校・地域連携による在宅ケアを実現した事例

1. A子と学校の様子

SC（月1回5時間勤務）の来校初日に管理職からSCに学校についての説明がありま

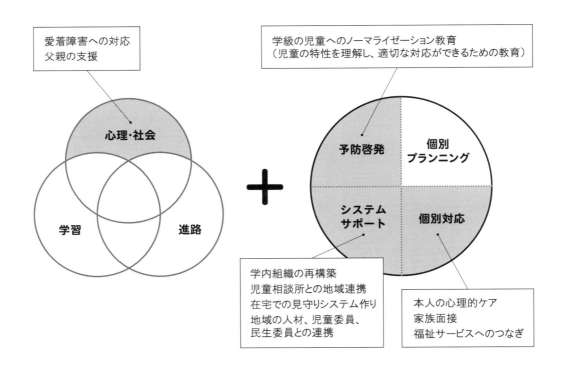

5 虐　待

した。

この小学校は各学年3学級の中規模校で、校区には旧家と新興住宅地および古くからの複数の団地が存在しています。お寺が多いこの地域では季節ごとのお祭りや区民体育祭、自主防災などの行事が活発です。また、図書ボランティア、学校農園活動や和太鼓指導、登下校時や夜間の防犯見回り隊など住民ぐるみの学校への協力が盛んです。複雑な環境の家庭も多く、非行対策に力を入れる中学校と隔月で主任児童委員同席の連絡会を行っています。また、卒業生である保護者が多く、ここで親子を受け持ったことになる教師も多いとのことです。

●ワーク● 5-1
学校がある地域の特徴をまとめてください。

休み時間になり児童のにぎやかな声が響き渡るなか、ひときわ甲高い声でかけてきたのが小柄なくせ毛頭のA子でした。

教頭に校舎を案内してもらっていた新しいSCに追いつき、人なつこい表情で、「誰んちのお母さん？」とすぐに抱きつきました。チャイムが鳴ってもなかなか教室に戻ろうとしなかったA子のことについて、校舎案内後に話がありました。

A子は見た目は1年生くらいの体格ですが3年生で、現在パート就業中の父親と6年生の兄との3人暮らし。幼少時に実母が突然家を出てから父方の祖母宅に一時引き取られましたが、祖母の死後、入学と同時に父親と兄のいる家に戻ってきました。友だち関係は不安定でトラブルが多いといいます。

周囲からは、よくうそをつく、約束を守らない、ものをとって返してくれないといった訴えが多い。学習はなかなか定着しない。いつの間にか教室を抜け出し、倉庫や階段の裏でボーっとしているところを見つけられることも多かったようです。

2年生のときにはA子が大型量販店で複数の文房具用品を万引きし、迎えに来た父親は店員と教師の見ている前で彼女をひどく殴りました。その晩、持ち物検査をした父親は、買い与えた覚えのない文房具やゲームカード、救急絆創膏、体温計などを見つけ出し、夕飯抜きにしたということでした。また、父親が夜パチンコから帰って来なかったとA子が担任に伝える日も時々あったようでした。担任教師はベテランだが昨年度から対応に苦慮しているためSCも力になってほしい、と校長が話しました。

そのあと相談室にSCをたずねて、突然A子がやってきました。「やっぱり先生ここにいたんだ。次は先生が見つけて。隠れるから見つけてよ」。SCに抱きつき、興奮気味にしゃべります。小柄なので廊下の掃除用具入れに器用に入り、笑い声をもらしながら隠れていました。

校内放送から掃除時間中だと悟ったSCに、すぐさまA子は自分の掃除場所はここの相談室である、と言い張ります。そうこうするうちに、学級の女子と男子数人がA子を見つけて指摘しました。「また、A子サボってる！ちがうでしょ！」。とたんにA子は険しい表情でにらみ返し、「うるっせえ、このガキ！ぶっ殺すぞ！」と長ほうきを持って大声

で叫びました。それに気づいた担任があわててやってきて、「A子さん！また、あなたそうやってみんなを困らせてる。どうしてわからないの」と注意しました。A子は長ぼうきを放り投げ、先生の言葉が終わらないうちにその場からいなくなってしまいました。

●ワーク● 5-2
A子の行動についての見立て

初対面の大人からなかなか離れられないA子。友だちへの衝動的な言動や保護者の養育態度などからどうも「愛着」に課題がありそうです。愛着障害について以下の資料をもとに、A子の行動がどれに当てはまるかを考えてください。

(資料) 愛着障害について
反応性愛着障害

視線をそらす・床にうずくまるなどのひきこもり反応・自分自身や他人に対する攻撃的な反応・過度の恐怖と警戒（「凍りついた用心深さ」）・他児と一緒に遊べない・身体的な発達不全。

抑圧性愛着障害
「抑圧性」

世話をする人を過度に警戒し、甘えたいのに素直に甘えられない・優しく関わってくれているのに腹を立てたり、泣いたりする・ものすごく矛盾した気持ちがある。

「脱抑制性」

初対面の人にもなれなれしく接近し、過剰とも思えるほどの親しみや愛着を示し、無警戒で相手をよく吟味しない。

（融ほか監訳、2005を参考に作成）

●ワーク● 5-3
初期対応

被虐待児であることが疑われますので初期対応が必要になります。
第1部理論編第2章の虐待への対応を参考にして、学校内で、いつ、誰が、何をすればよいかを時系列で具体的に列記してください。

2. 児童理解研修と情報交換会の重要性

この日の放課後行われた要配慮児童の共通理解研修において、A子については「わがままで勝手な行動が多く学級でも浮きはじめている。父親が厳しく叱るため家庭に報告がしづらい」と説明され、対応に苦慮していると報告されました。

研修後、SC担当でもある生徒指導主任の声かけで、養護教諭、特別支援教育コーディネーター、管理職、A子の担任（学年主任でもある）、SCが集まり、さっそく関係者で情報交換することになりました。SCは月1回だけこの学校に来ることになっているため、次回まで対応すべきことをこの日のうちに決めておく必要があったためです。

担任：わがままが多い。人の消しゴムをとったりうそが多かったりする。2年次には学級の金魚にひどいことをしてみんなから信用をなくしている。宿題や提出物はまず出さない。給食はいつも一番に食べておかわりやデザートの残りをねらうが、ルールが守れずトラブルとなる。他の保護者から、A子が遊びに来ると冷蔵庫を開け食べ物をねだる、と不満

も出た。同じ服を何日も着て来るので丁寧に面倒をみてもらっていないと感じるが、まぁ、教員生活長くやっていると、この程度ではそう驚きはしない。

　A子自身、人を苛立たせるものを持っているため、父親の躾が厳しくなるのもわかる気がする。家の中も男手ひとつであのくらいこぎれいに片づいていれば大したもの。校納金の滞りが学期に一度はあるが、連絡すれば納入される。

　6年生の兄は正反対のタイプ。ちょっかいを出されても文句を言わず我慢強い。勉強も淡々とこなすようだ。

養護教諭：腹痛で1週間に数回は来室する。給食後は元気になる。清潔に保つ生活習慣が身についておらず、汚れた服を連続で着て来るため着替えさせたこともある。いつの間にか救急絆創膏と体温計まで持ち帰っていたことがあった。厳しい父親に伝えるのはマイナスに働くのではと、連絡できなかった。虫歯も未治療のまま。

特別支援教育コーディネーター：落ち着きのなさが、家庭環境だけでなく何らかの発達の問題からくるのではないかと感じることもあるので、授業観察をSCにしてほしい。発達検査もできるとよいのではと思う。

生徒指導主任：悪いことは悪いと教える必要があるのだが、父親が極端で協力は望めない。別の学校で、虐待グレーゾーンの同じような児童を、意を決して通告したことがあったが、結局保護されるでもなく事態は何も変わらないまま卒業させてしまった。親子に対して変な後ろめたさだけが残った。

校長：主任児童委員にはA子の情報を伝え様子を見に行ってもらっている。真冬に裸足で家から出されていることがあったらしい。帰宅が遅いとよく叱られているため、夕方見かけるといろんな人が早く帰るよう声かけしてくださっている様子。

　厳しすぎるとはいえ本人が父親を嫌っている様子は見受けられなかった。給食前の校長室にある検食を数回食べたことで担任が親子面談をしたあともパパ、パパと慕い手にぶら下がって帰宅していた。かと思うと翌日顔をはらして登校する。

　毎日登校していることと父親と連絡がとれるということが救いだった。しかし、手の打ちようがなく今一番苦慮している児童だ。

教頭：今年度異動したてでA子との接点もまだ日が浅いが、いつも満たされず愛情に飢えているように感じられる。問題行動は試し行動のように思える。児童相談所への連絡は苦しいことではあるが、学校だけで解決しようとせず相談を持ちかける、というスタンスで連絡する方法もあると思う。

SC：初対面の大人にべたべた甘えてくる場面と、同級生に突然キレる場面を見た。虐待に当たると思われるA子親子の問題を進行させないよう、このチームで手立てと役割分担が決められると思う。

●ワーク● 5-4

A子の見立て

　情報からA子の状況は深刻なことがわかりました。A子の問題行動が何から生じているのか、以下の項目に分けて見立ててください。

1. 心理・社会面で何が起こっているか

その背景として、家庭、学級の人間関係に何が起こっているか。

2. 学習面で何が問題か

その背景として、家庭、学校での学習状況に何が起こっているか。

◆虐待を疑う場合の見立てのポイント◆

1. 基本的な衣食住の安定度（養育放棄）
・身体：衛生面・栄養状態・睡眠など基本的な生活状況の確認や指導が必要か
・学習：能力・学習態度の変化
・心理面：心因性の行動の有無
　　　　愛着形成・対人不安の状態、大人との関係（依存、攻撃）
　　　　同級生との関係（独り占め、敵意）
・二次障害の状態：反社会的行動の有無と頻度
　　　　自傷行為の有無と頻度
　　　　解離症状の有無

2. 暴力の痕跡
・身体的暴力
・性的暴力
・暴言、心理的虐待の有無

情報をもとに、A子が安心して生活を送れるようになることが緊急の課題であることを確認し、以下のことが決まりました。

・教頭が対応窓口となり、市の家庭児童相談室と教育委員会には今日中に連絡を入れる（通告）
・気になる表れは、小さなことでもその日のうちに個別ファイルに記入し共有する
・月に1度SC来校日に会議を設定し検討を重ねる（校内チーム会議）

●ワーク● 5-5

通告のためらいへの支援

生徒指導主任から、経験に基づく通告へのためらいや苦悩が語られています。

この段階で通告をためらう動きがあった場合には、学校のどの部署の人にどのような働きかけをするとよいでしょうか。

◆ヒント：通告のためらいが生じる背景◆

・虐待といえるかどうかの確証がない
・保護者との関係悪化への不安
・通告の利点への不信
　児童相談所が親身に動いてくれるかどうかの疑問
　施設で対応してもらえるのか
　学校には通えなくなるのか
・子どもへの被害増大への不安
　引越しをされたらどうなるか

通告後の法的、制度的な対応については、第1部理論編第2章を参考にしてください。

3. 通告後1か月ごとの展開

【〈1か月後〉5月下旬・SC勤務日】

1）通告の結果

通告の結果、父親への指導は必要であるが、生活の改善を約束したためA子は在宅ケアとなり、市の家庭児童相談員（以下、相談員とする）と主任児童委員を交えた個別事例検討会議で検討していくことになりました。

5 虐待

　父親が生活改善すると宣言しても、なかなか思うようにいかないのが虐待です。SC来校日の校内チーム会議では、通告後の経緯確認とA子と家庭の様子の情報交換および支援策の見直しを行い、続く個別事例検討会議の打ち合わせをしました。

2）A子の経過観察

　A子自身に大きな変化はなく、学級で小さないざこざは今も続いています。保健室で養護教諭がそれとなくチェックを行っており、暴力が悪化している状況は認められませんでした。また、担任の家庭訪問では6月の遠足が話題になり、いい子でいれば好きなキャラクターのお菓子を買ってやると父親が話していたとのことでした。SCは、給食を教室でとりA子に声をかけ、昼休みの様子も見守りながら観察しています。

3）個別の事例検討会議

　相談員および主任児童委員と教育委員会からの指導主事を交えたA子の個別事例検討会議が行われました。学校からは、校長、生徒指導主任、養護教諭、担任、SCが参加しました。
　相談員からの新たな情報は次の通りです。
・父親はA子を見ると、出て行った母親を思い出しいらいらする、とのこと。
・A子は禁止されている大型量販店の出入りで帰宅時間が守れない。「物わかりが悪いのではないか。言葉で言ってわからない者にどうわからせるのか」と父親が聞いてきた。

●ワーク● 5-6
父親への支援のあり方
　相談員の家庭訪問で、以上のようなことが父親から話されました。父親がA子に厳しくあたっていた背景に、どのようなことがありますか。また、それに対して、相談員はどのように対応すると父親との信頼関係を築くことができるのかを考えてください。

◆介入のヒント：相談員の父親対応◆
相談員が使える技法
・傾聴（父親の思いの理解）
・父親本人の気づきへの促し
・新たなスキル獲得への励まし　など

　相談員は、以下のように対応したそうです。
　3回訪問し、父親の愚痴をひたすら聞きながら、その中で語られる父親の苦労やA子への思いを受け止めて「がんばっているんですね」と子育てへのねぎらいを心がけました。同時に、今までのやり方で行き詰まっているところを整理し、「発達上の問題の可能性も視野に入れてみては」とアドバイスをしたところ、父親も「そういうものがあるんですか」と興味を示したそうです。

●ワーク● 5-7
　相談員が父親に会えないときはどうしますか。

相談員が父親と会えない場合
　すぐに要保護児童対策地域協議会で次の策を検討します。学校で関係の取れて

233

● 第2部 事例編 ●●●

いた教員が候補にあがることもあります。
　それでも訪問調査に協力が得られず早期の保護が必要と考えられるときは、児童相談所へ送致し、立ち入り調査を行うことも検討されなくてはなりません。

4）対応策の立案
　個別事例検討会議で、綿密な情報交換をし支援策を以下のように立てました。
① 父親の支援について
　担任が、遠足のお菓子獲得作戦をA子と立て、今週中に父親にも連絡する。
② A子の学校内での適応指導について
・養護教諭が、A子に保健室の手伝いを月・金曜日に頼み、身体の安全確認もそれとなく行う。
・SCが、6月にA子の学級で給食観察をし、7月にストレスマネジメント授業を行う。
・校長が今週、父親の了承を得て学校農園の体験活動に誘う。
③ A子の発達の課題への対応について
　相談員が発達検査の手配をし、同じペースで訪問を継続する。

【〈2か月後〉6月下旬・SC勤務日】
1）新たなトラブル発生
　6月の遠足はごほうびのお菓子も持参でき楽しい1日だったようです。しかし班で製作する「思い出の新聞作り」が完成せず、A子が持ち帰ったまま紛失してしまいました。班の子から非難を受け、久々の大ゲンカに発展しました。学級内では解決できましたがA子が暴力を振るった相手の保護者からクレームがあり、担任と生徒指導主任は対応に追われました。

●ワーク● 5-8
学級への対応
　A子の個別指導は順調に進んでいるようでしたが、このトラブルが生じたのは何が不足していたからなのでしょうか。
　「A子について」と「学級について」を分け、それぞれについて、現段階で「できるようになったこと」「これから対応する必要のあること」を列記してください。

◆見立てのヒント◆
学級のA子への理解
　個別指導を特定の児童に始めると、他の児童からうらやましがられることがあります。同級生がA子にどのような感情を抱いていたか、またその感情や反応に対して担任や学校がどのような対応をしていたかについて、事例を読み直して整理してください。

　担任は、このトラブルを同級生がA子を理解することへのチャンスに変容することにしました。児童らはこれまでもA子のわがままな行動に振り回されており、A子と同じ班になることを嫌がっていました。
　保護者もA子や家族への不信感を根強く持っており、できればA子とは関わりたくないと思っています。

◆ノーマライゼーションへのヒント◆
（児童へ）

234

- 児童たちの思いを傾聴する
- 具体的な不安を取り除く方法を教える

（保護者へ）
- 保護者の思いを傾聴する
- A子の理解を押しつけない
- 学校の具体策を伝える

2）検査のフィードバック面接

児童相談所の心理士による発達検査の結果のフィードバックが学校で行われ、父親、教頭、SC、相談員が参加しました。結果は以下の通りです。
① 全体的な知的能力は平均より少し劣る
② 見通しを立てて行動することが苦手
③ 短期記憶の弱さが多少あり、授業中や友だちの音声での指示が混乱しやすいため支援が必要

父親や担任も、A子の不安が強かったり途中で作業を投げ出したりする衝動性があるのは、相手が何をしろと言っているのかがよく理解できていなかった可能性と、作業の見通しが立たないためであったということが理解できました。父親は、だまって聞いていましたが表情には驚きがあり、「それじゃあ、繰り返すわけだ」とつぶやいていました。担任は、このままだと記憶の弱さから学習も遅れてA子が余計にいらいらしてしまう可能性を指摘しました。

これを受けた校内チーム会議での支援策は次の通りです。（　）内は誰が行うかです。
① A子の知的能力に配慮した指示を出す
② 記憶力と見通しを立てる支援
- 予定帳書きのチェック（担任）
- 宿題は放課後すませて下校（担任・特別支援教育コーディネーターで分担、管理職も協力）
- 衛生面の習慣作りへの支援（養護教諭）
- ストレスマネジメント授業準備（担任・SC）
- 半日下校時のお弁当を忘れないよう前日の帰りに家に寄り確認を入れる（担任）
- 他児へのねぎらいとA子への効果的な声かけを具体的にモデルで示す（担任ほか）
- 夏休み前の懇談会で保護者に全児童の成長ぶりと学級の取り組みを伝え、夏休み中の子どもの見守りを依頼する（担任）
- 8月にも個別事例会議を開き、そのあと学期に1度のペースで開催し、緊急時は家庭児童相談室に連絡を入れる

③ 学級に対するノーマライゼーション
- A子と同じ班になる児童には、A子が苦手な刺激や特性を伝え、具体的にどう接すればよいかを教える
- A子と班の児童と担任で、班の約束を作成し、できたらごほうびの遊びを先生とできることにする

【〈3か月後〉7月中旬・SC勤務日】

通告後3か月たち、夏休みを直前に控えた4度目の校内チーム会議では、A子が農園でミニトマトの栽培に打ち込んでいることや学級内での班の理解が進んだこと、保護者は、日常生活については地域の児童委員に、特別支援教育についてSCにも相談を始めたことが報告されました。担任の支援体制も作られることになり、外部組織と連携した支援が続いていきました。

第 2 部　事 例 編

表 5-1　通告前と通告後の変化：A 子に対する周囲の対応

	不適切な対応（見立て）	適切な対応
教員	担任：問題行動に対し、感情的に注意をしていた（問題行動の原因を A 子自身の問題ととらえ、「どうして」と問い詰めて A 子の自己評価をさらに低下させがちな対応をしていた。学級のグループダイナミクスへの理解や配慮も不十分） 養護教諭・生徒指導主任：人の物や公共物の盗みや無断持ち帰りに対し、うやむやにしていた（父親から協力を得る自信が持てず、学校での反社会的行為に対しても指導が徹底できなかった） （安全基地やタイムアウトの利用をさせる際、場や人の工夫も不十分で、A 子の新たな問題行動の予防や事後対応策がとれていなかった）	教員全体： ・「反応性愛着障害」「虐待的人間関係の再現傾向」の理解に基づき A 子と信頼関係を築くことを心がけた ・背後の心性を理解したうえで、試し行動に対しては毅然と対応した ・A 子の心の動きをくみ取った言葉かけを増やした 養護教諭：保健室の安全な枠組み作り ① 保健室での A 子に曜日を決めて役割を持たせ（観葉植物の水やり・タオルたたみなど）、自己肯定感を高める機会を設けた ② 身体の安全確認 ③ 衛生面指導 校長：地域との交流である学校農園の活動に誘った
父親	・悪いことをしたり言うことを聞かなかったりすると殴っていた（子どもへの不適切な認知・しつけのつもりで暴力行使・父親自身の育ちの影響） ・妻を思い出し A 子にいらつくことがあった（父親の社会的未熟さ・責任のない感情をぶつけられる A 子にとっては自己統制感を育みにくい環境） ・学校行事、持ち物、提出物や安全面、衛生面に配慮できていなかった	・ごほうび計画を A 子に自ら提案した ・担任との協力で、A 子のよい表れを評価しごほうび計画を実行した ・学校農園活動の参加を許可した ・半日下校時のお弁当を忘れず持たせた
同級生	・みんなで A 子を追いつめる口調で注意をしていた （A 子がスケープゴートになっていた可能性あり・A 子への対応の望ましいモデル不足）	・担任他の教師の言葉がけをお手本に、A 子に声かけするようになった ・A 子への関わりを担任からほめてもらうことで、A 子のよい表れを見つけて帰りの会で伝えるようになった ・主任児童委員とともに、町内美化奉仕活動に誘った

まとめ

1）A子の問題行動の理解と対応

本事例の学校では、通告後も在宅ケアとなったA子への理解と対応を検討し直しながら、本人と家族を支えました。それを土台にA子は、「学校は安全な場所である」ことを実感し、問題行動の改善と、ゆがんだ対人関係パターンの修復に向けて歩みはじめました。通告前と通告後の、A子への周囲の対応がどう変化したかを表にしました（表5-1）。

2）既存のチームを活かして支援策を立てる→組織内連携の強化と関係機関との連携

A子と父親への介入を可能にしたのは断片的な情報交換に終わらせず、見立てから実行可能な支援策を検討して評価し、常に改善していく仕組みを作ることができたからです。それまでは、虐待の疑いを持った教員が個々に情報交換こそしていましたが、情報を収集・総合する場は欠如しており、疑いのまま長い間放置していたことになります。A子の問題行動への理解と対応が検討され実行される機会もありませんでした。

機能していなかったシステムが活性化したのは、校内チームのダイナミクスがうまく働いたことも大きく関係しています。校内チームはメンバーが不安や疑問などを自由に表出でき、互いを支え合うような場としても機能しました。経験に基づく通告へのためらいを語った生徒指導主任に対し、管理職もSCも苦悩を受け止め支援しました。また、日々一番苦慮している担任をみなで支える、という視点でも、実行可能な支援策を具体的に決めていました。チームが分裂して機能不全にならないためのポイントです。これらのことが学校の組織内連携を強化し、関係機関や地域との連携を効果的にしています。

さらに、この事例のSCは、月1回5時間勤務であることにも注目してください。SCは、勤務形態を考慮したうえで担当者との打ち合わせを行い、活動計画を立てることが重要です。

ここでのSCは、A子との個別面談を実施するのではなく、教室や保健室でのA子を見守り、自己肯定感の積み上げや対人関係パターンの修復を、関わる教師とともに支える役割からスタートしました。

学校は治療機関ではなく教育機関であるため、被虐待児を抱え込むのではなく、地域のリソースを活性化させることで「連携」（本来あるべき機能につなげていく）を強めていく、ということが大切になります。

第2部 事例編

表5-2 通告前と通告後の変化：システムの機能

	出来事	見立て	SCの介入	システムの介入（下線の者が行う）
4月下旬 SC勤務初日	初対面のSCにA子がべたべたと甘えた 同級生から注意され、A子が突然キレた 担任が、キレたA子に感情的な反応で注意をした		A子の状況について、虐待の可能性を視野に、要配慮であることを指摘	<u>生徒指導主任</u>が、校内チーム会議を開いて情報収集・協議 <u>チーム全体</u>で、通告の必要性を確認。役割分担と月1回の校内チーム会議開催を決定 <u>教頭</u>が、市の子育て支援課／家庭児童相談室に通告。市教育委員会にも報告した <u>市の子育て支援課／家庭児童相談室</u>が状況把握の調査開始、学校からの情報収集、A子の安全確認。児童相談所への送致はなし
通告後1か月間	父親が、相談員の3度の家庭訪問に応じた A子に大きな変化はなし 担任の家庭訪問	父親へは、価値観を押しつけず傾聴に徹する 相談員との面談で、愚痴をこぼしながらもA子への養育態度に向き合いはじめた		<u>家庭児童相談室の相談員</u>が、家庭訪問をし安全確認と父親への助言指導を行った <u>要保護児童対策地域協議会</u>の支援開始。主任児童委員・相談員・担任・生徒指導主任・管理職で<u>個別事例検討会議</u>を学校で開催 <u>養護教諭</u>が、保健室で安全確認 <u>担任</u>が、父親との信頼関係作りを強化。A子の安全確認
5月下旬 SC勤務日	通告後、A子への暴力が悪化している様子はない 学級での小さないざこざは続いている	父親が相談員や担任の訪問を拒まず、支援を受け入れている 安全な学習の場となるようA子と学級への支援が必要	給食時間と昼休みに、A子への声かけと学級の観察 情報を見立て、介入案を提案	<u>校内チーム会議</u>開催。情報交換し支援策を立てた <u>個別事例検討会議</u>開催。校内チームメンバーと、相談員・主任児童委員・市教育委員会担当指導主事とで役割分担と具体的支援策を確認
6月下旬まで	心理士による発達検査実施 遠足でA子はごほうびのお菓子持参で楽しんだ 遠足の思い出新聞作りでトラブル	明確なルールのごほうび方式が親子に効果的であった 他児童の保護者へのアプローチが不十分であった	ストレスマネジメント授業の準備	<u>心理士</u>が、学校で発達検査のフィードバック面接 <u>相談員</u>が訪問し父親面談を継続 <u>担任</u>が、ごほうび方式を提案 <u>養護教諭</u>が、保健室でのA子の役割決め <u>生徒指導主任</u>が、他児童の保護者対応で担任をバックアップ <u>校長</u>が、学校農園活動をA子に促し地域との交流の機会を作った

●参考文献●●●

阿部 彩（2008）子どもの貧困―日本の不公平を考える　岩波新書
Ainsworth, M. D. S., Blehar, M. C., Waters, E., & Wall, S.（1978）Patterns of attachment: A psychological study of the strange situation.Psychology Press.
荒木紀幸（編著）（1997）続　道徳教育はこうすればおもしろい　北大路書房
Ayres, A. J.／佐藤 剛（監訳）（1982）子どもの発達と感覚統合　協同医書出版社
鮎川 潤（2014）少年非行―社会はどう処遇しているか　左右社
バーンズ亀山静子・川俣智路（2017a）アメリカのUDL: UDLとは何か？なぜUDLか？　授業UD研究（3）48-55
バーンズ亀山静子・川俣智路（2017b）アメリカのUDL: UDLを支えるガイドライン　授業UD研究（4）40-49
バーンズ亀山静子・川俣智路（2018）アメリカのUDL: UDLを積み上げる　授業UD研究（5），50-57
バーンズ亀山静子・竹前セルズ奈津子（2016）UDL: 学びのユニバーサルデザイン―アメリカの学校現場での導入と教員養成　LD研究25（4），511-516
Bowlby, J.（1969）Attachment and loss. Vol.1 Loss.NewYork.Basic Books
Bowlby, J.／二木 武（監訳）（1993）母と子のアタッチメント―心の安全基地　医歯薬出版
Bowlby, J.（2008）Attachment. Basic Books
Bridges, K. M. B.（1932）Emotional Development in Early Infancy Child Development, Vol. 3, No. 4（Dec., 1932），pp. 324-341.
CAST（2018）UDL guidelines—version 2.2. Wakefield, MA: National Center on Universal Design for Learning.
http://udlguidelines.cast.org/binaries/content/assets/udlguidelines/udlg-v2-2/udlg_graphicorganizer_v2-2_japanese.pdf
Connecticut School Counselor Association（2000）Connecticut Comprehensive School Counseling Program
Erikson, E. H.／小此木啓吾（訳編）（1982）自我同一性―アイデンティティとライフ・サイクル　誠信書房
Freud, A.／外林大作（訳）（1999）自我と防衛　誠信書房
藤岡淳子（2007）犯罪・非行の心理学　有斐閣
Gordon,T.／奥沢良雄・市川千秋・近藤千恵訳（1995）T.E.T.教師学　効果的な教師＝生徒関係の確立　小学館
Hall, T. E., Meyer, A., & Rose, D. H.／バーンズ亀山静子（訳）（2018）UDL 学びのユニバーサルデザイン　東洋館出版社
Havighurst, R. J.／児玉憲典・飯塚裕子（訳）（1997）ハヴィガーストの発達課題と教育―生涯発達と人間形成　川島書店
北海道教育委員会（2008）　保護者等との良好な関係づくりのための事例集―要望等への適切な対応のために

参考文献

http://www.dokyoi.pref.hokkaido.lg.jp/hk/gky/grp/05/hogoshatoutonoryoukounakankeidukurinotamenojireishuu.pdf

本田恵子（2002）キレやすい子の理解と対応―学校におけるアンガーマネージメント・プログラム　ほんの森出版

本田恵子（2007）キレやすい子へのソーシャルスキル教育―教室でできるワーク集と実践例　ほんの森出版

本田恵子（2010）キレやすい子へのアンガーマネージメント―段階を追った個別指導のためのワークとタイプ別事例集　ほんの森出版

法務省（2018）犯罪白書〈平成 30 年版〉
http://hakusyo1.moj.go.jp/jp/65/nfm/mokuji.html

石橋良昭（2018）非行・問題行動と初期支援―早期解決につながる見立てと対応　学事出版

石隈利紀（2001）学校心理学―教師・スクールカウンセラー・保護者のチームによる心理教育的援助サービス　誠信書房

石隈利紀・大野精一・小野瀬雅人・東原文子・松本真理子・山谷敬三郎・福沢周亮（責任編集）・日本学校心理学会編（2016）学校心理学ハンドブック第 2 版―「チーム」学校の充実を目指して　教育出版

Janice, W. C. ／三沢直子（監修）幾島幸子（訳）（2002）親教育プログラムのすすめ方―ファシリテーターの仕事　ひとなる書房

Janice, W. C. ／三沢直子（監修）杉田真・幾島幸子・門脇陽子（訳）（2002）完全な親なんていない！―カナダ生まれの子育てテキスト　ひとなる書房

Jorgensen, E. C ／門眞一郎・松林周子・山本由紀（訳）（1996）虐待される子どもたち　星和書店

香川県義務教育課（2009）香川県義務教育課調査結果報告書

警察庁（2018a）平成 29 年中における少年の補導及び保護の概況

警察庁（2018b）警察白書〈平成 30 年版〉
https://www.npa.go.jp/hakusyo/h30/pdf/pdfindex.html

木村　順（2006）育てにくい子にはわけがある―感覚統合が教えてくれたもの〈子育てと健康シリーズ〉　大月書店

子どもの虹情報研修センター HP　http://www.crc-japan.net/index.php

Kohlberg, L. ／永野重史（監訳）（1987）道徳性の形成―認知発達的アプローチ　新曜社

国立教育政策研究所（2016a）いじめ追跡調査 2013-2015
https://www.nier.go.jp/shido/centerhp/2806sien/tsuiseki2013-2015_3.pdf

国立教育政策研究所（2016b）OECD 生徒の学習到達度調査（Programme for International Student Assessment）―2015 年調査国際結果の要約

国立教育政策研究所（2016c）PISA2015　読解力の向上に向けた対応策について
http://www.nier.go.jp/kokusai/pisa/pdf/2015/05_counter.pdf

厚生労働省（2018a）市町村・都道府県における子ども家庭総合支援体制の整備に関する取組状況について（追加資料）

厚生労働省（2018b）平成 29 年度福祉行政報告例の概況
https://www.mhlw.go.jp/toukei/saikin/hw/gyousei/17/dl/gaikyo.pdf

参 考 文 献

栗山八寿子・石橋瑞穂・近藤春樹・萩原千香子（2006）通常の学級における特別な教育的ニーズのある児童生徒に対する支援の在り方―オープン教室を通して子どもの自己肯定感を高める取組　川崎市総合教育センター研究紀要第 20 号

Mahler, M. S., Bergman,A., & Pine,F. ／高橋雅士・浜畑紀・織田正美（訳）（1981）乳幼児の心理的誕生―母子共生と個体化　黎明書房

Main,M & Solomon,J.（1986）・Discovery of an Insecure-disorganized/disoriented attachment Pattern.,In Btazelton,T.B.&Yogman,M.W.,（Eds.）.,Affective Development in Infancy, Ablex, Publishing. pp.95-124

Maslow, A. H. ／小口忠彦（訳）（1987）改訂新版　人間性の心理学―モチベーションとパーソナリティ　産業能率大学出版部

松本俊彦・今村扶美・勝又陽太郎（2009）児童・生徒の自傷行為に対応する養護教諭が抱える困難について―養護教諭研修会におけるアンケート調査から　精神医学　51（8），791―799

Meyer, A., Rose, D. H., & Gordon, D.（2014）Universal design for learning: Theory and practice. Wakefield, MA: CAST.

文部科学省（2004）小・中学校における LD（学習障害）、ADHD（注意欠陥／多動性障害）、高機能自閉症の児童生徒への教育支援体制の整備のためのガイドライン（試案）

文部科学省（2006）「学校等における児童虐待防止に向けた取組について（報告書）」（学校等における児童虐待防止に向けた取組に関する調査研究会議）（概要）
　http://www.mext.go.jp/a_menu/shotou/seitoshidou/06060513.htm

文部科学省（2007）特別支援教育の推進について（通知）
　http://www.mext.go.jp/b_menu/hakusho/nc/07050101.htm

文部科学省（2009a）いじめ対策 Q＆A
　http://www.mext.go.jp/b_menu/shingi/chousa/shotou/040/toushin/07030123/001.pdf

文部科学省（2009b）「教師が知っておきたい子どもの自殺予防」のマニュアル及びリーフレットの作成について
　http://www.mext.go.jp/b_menu/shingi/chousa/shotou/046/gaiyou/1259186.htm

文部科学省（2010a）　平成 21 年度「児童生徒の問題行動等生徒指導上の諸問題に関する調査」について

文部科学省（2010b）特別支援教育の在り方に関する特別委員会（第 3 回）　配付資料　資料 3
http://www.mext.go.jp/b_menu/shingi/chukyo/chukyo3/044/attach/1297380.htm

文部科学省（2010c）生徒指導提要

文部科学省（2012a）通常の学級に在籍する発達障害の可能性のある特別な教育的支援を必要とする児童生徒に関する調査結果について

文部科学省（2012b）共生社会の形成に向けたインクルーシブ教育システム構築のための特別支援教育の推進（報告）

文部科学省（2014）子供の自殺が起きたときの背景調査の指針（改訂版）

文部科学省（2015a）インクルーシブ教育システム構築事業
　http://www.mext.go.jp/component/a_menu/other/detail/__icsFiles/afieldfile/2015/06/16/1358945_02.pdf

● 参 考 文 献 ● ● ●

文部科学省（2015b）「個別の指導計画」と「個別の教育支援計画」について
　www.mext.go.jp/b_menu/shingi/chukyo/chukyo3/063/siryo/__icsFiles/afieldfile/2015/12/07/1364742_04.pdf
文部科学省（2015c）「教育支援センター（適応指導教室）に関する実態調査」結果
文部科学省（2016）新しい学習指導要領の考え方―中央教育審議会における議論から改訂そして実施へ
　http://www.mext.go.jp/a_menu/shotou/new-cs/__icsFiles/afieldfile/2017/09/28/1396716_1.pdf#search='%E8%87%AA%E4%B8%BB%E7%9A%84%E3%80%81%E5%AF%BE%E8%A9%B1%E7%9A%84%E3%81%A7%E6%B7%B1%E3%81%84%E5%AD%A6%E3%81%B3'
文部科学省（2017a）発達障害を含む障害のある幼児児童生徒に対する教育支援体制整備ガイドライン―発達障害等の可能性の段階から、教育的ニーズに気付き、支え、つなぐために
文部科学省（2017b）教育関係職員の定員の状況について
　http://www.soumu.go.jp/main_content/000497035.pdf
文部科学省（2017c）特別支援教育資料（平成 28 年度）
　http://www.mext.go.jp/a_menu/shotou/tokubetu/material/1386910.htm
文部科学省（2018a）平成 29 年度　特別支援教育体制整備状況調査結果について
　http://www.mext.go.jp/a_menu/shotou/tokubetu/__icsFiles/afieldfile/2018/06/25/1402845_02.pdf
文部科学省（2018b）平成 29 年度「児童生徒の問題行動・不登校等生徒指導上の諸課題に関する調査」結果について
村瀬嘉代子（監修）東京学校臨床心理研究会（編）（2013）学校が求めるスクールカウンセラー――アセスメントとコンサルテーションを中心に　遠見書房
永井憲一・寺脇隆夫・喜多明人・荒牧重人（2000）新解説子どもの権利条約　日本評論社
Nelson, L. L. (2014). Design and deliver: Planning and teaching using universal design for learning. Baltimore, MD: Paul H. Brookes Publishing.
PBIS.org Home Page
　https://www.pbis.org/
Piaget, J., Erikson, E. H., & Piers, M. W. ／赤塚徳郎・森楙（訳）（2000）遊びと発達の心理学　黎明書房
Ralabate, P. K. (2016). Your UDL lesson planner: The step-by-step guide for teaching all learners. Baltimore, MD: Paul H. Brookes Publishing.
Reimer, J., Paolitto, D. P., & Hersh, R. H. ／荒木紀幸（監訳）（2004）道徳性を発達させる授業のコツ―ピアジェとコールバーグの到達点　北大路書房
Rose, D. H., Meyer, A. & Hitchcock, C. (2006). The universally designed classroom: Accessible curriculum and digital technologies. Cambridge, MA: Harvard Education Press.
最高裁判所事務総局家庭局（2018）親権制限事件及び児童福祉法 28 条事件の概況（平成 29 年 1 月～12 月）
齊藤万比古（2006）不登校の児童・思春期精神医学　金剛出版
齊藤万比古（編）（2007）不登校対応ガイドブック　中山書店
坂井聖二・奥山真紀子・井上登生（編著）（2005）子ども虐待の臨床―医学的診断と対応　南山堂

参 考 文 献

坂本龍生・花熊曉（編著）（1997）入門新・感覚統合法の理論と実践　学習研究社
坂田 仰（2002）学校・法・社会―教育問題の法的検討　学事出版
坂田 仰・河内祥子（2010）ケーススタディ教育法規―学校管理職として、学校現場での事件・事故・トラブル等にどう対応するか　教育開発研究所
Salzberger-Wittenberg,I., Williams,G., Osborne,E. ／平井正三・鈴木誠・鵜飼奈津子（監訳）（2008）学校現場に生かす精神分析―学ぶことと教えることの情緒的体験　岩崎学術出版社
嶋﨑政男（2005）"困った親"への対応―こんなとき、どうする？　ほんの森出版
Stern, D. N. ／小此木啓吾・丸太俊彦（監訳）神庭靖子・神庭重信（訳）（1989）乳児の対人世界　理論編　岩崎学術出版社
Sugai, George（2018）Positive Behavioral Interventions & Supports：What the Heck is PBIS？
　https://www.pbis.org/Common/Cms/files/pbisresources/PBIS%20-%20MTSS%201%20Dec%202018%20HAND.pdf
融 道男・中根允文・小見山 実・岡崎祐士・大久保善朗（監訳）（2005）ICD-10 精神および行動の障害―臨床記述と診断ガイドライン（新訂版）医学書院

注：HP のアドレスは 2019 年 2 月 1 日に確認したものです。

[編　者]

本　田　恵　子	早稲田大学教育・総合科学学術院教授（公認心理師、臨床心理士、学校心理士、特別支援教育士スーパーバイザー）
植　山　起佐子	岡山県スクールカウンセラー、臨床心理士コラボオフィス目黒（公認心理師、臨床心理士）
鈴　村　眞　理	東京都公立学校スクールカウンセラー（公認心理師、臨床心理士）

[執筆者（50音順）]

石　川　令　子	静岡県スクールカウンセラー、静岡大学留学生カウンセラー（公認心理師、臨床心理士）
	：事例編5
植　山　起佐子	：理論編第1・4章、事例編3中学校
岡　田　佳　子	芝浦工業大学工学部共通学群准教授（特別支援教育士）
	：事例編4小学校
小　西　真理子	元新宿区スクールカウンセラー（臨床発達心理士）
	：事例編2小学校
鈴　村　眞　理	：理論編第3・4章、事例編1小学校
髙　橋　あつ子	早稲田大学大学院教育学研究科高度教職実践専攻教授（公認心理師、臨床心理士、学校心理士、特別支援教育士スーパーバイザー）
	：理論編第1章、事例編4中学校
橋　本　ゆ　き	元東京都公立学校スクールカウンセラー、関口メンタルヘルス相談室室長（臨床心理士、特別支援教育士）
	：事例編1中学校、4小学校
バーンズ亀山静子	米国ニューヨーク州公認スクールサイコロジスト、特別支援教育士スーパーバイザー
	：理論編第2章
本　田　恵　子	：理論編第2・4章、事例編2中学校・3小学校

※所属・肩書などは2019年4月現在のものです。

イラスト　横　春賀

改訂版 包括的スクールカウンセリングの理論と実践
　　子どもの課題の見立て方とチーム連携のあり方

2010年12月25日	初　版第1刷発行
2019年 4月25日	改訂版第1刷発行
2024年 3月25日	改訂版第2刷発行

〔検印省略〕

編　者　　本田恵子　植山起佐子　鈴村眞理
発行者　　金子紀子
発行所　　株式会社　金子書房
　　　　　〒112-0012　東京都文京区大塚3-3-7
　　　　　電話　03(3941)0111(代)　FAX　03(3941)0163
　　　　　振替　00180-9-103376
　　　　　ホームページ　http://www.kanekoshobo.co.jp
印　刷　　新日本印刷株式会社　　製　本　　有限会社 井上製本所

©Keiko Honda, Kisako Ueyama, Mari Suzumura et al. 2019
ISBN978-4-7608-3273-6　C3011
Printed in Japan